基于位置的精准营销研究

李蔚 方正 徐海军 著

图书在版编目（CIP）数据

基于位置的精准营销研究/李蔚，方正，徐海军著．
--北京：企业管理出版社，2018.12

ISBN 978-7-5164-1846-8

Ⅰ.①基… Ⅱ.①李… ②方… ③徐… Ⅲ.①网络营销-研究
Ⅳ.①F713.365.2

中国版本图书馆CIP数据核字（2018）第273744号

书　　名：	基于位置的精准营销研究
作　　者：	李蔚　方正　徐海军
责任编辑：	张平　黄爽
书　　号：	ISBN 978-7-5164-1846-8
出版发行：	企业管理出版社
地　　址：	北京市海淀区紫竹院南路17号　邮编：100048
网　　址：	http://www.emph.cn
电　　话：	编辑部（010）68701638　发行部（010）68701816
电子信箱：	qyglcbs@emph.cn
印　　刷：	北京虎彩文化传播有限公司
经　　销：	新华书店
规　　格：	170毫米×240毫米　16开本　21.75印张　292千字
版　　次：	2018年12月第1版　2018年12月第1次印刷
定　　价：	68.00元

版权所有　翻印必究·印装有误　负责调换

前　言

随着移动通信技术的演进，移动互联网营销蓬勃发展。移动通信技术赋予了移动营销位置敏感（location-sensitive）和实时（real-time）连接两大优势，基于位置的广告由此出现了。基于位置的广告（Location-based Advertising，LBA），即基于消费者地理位置，设计内容并推送到手机的短信广告，实现了精准的"一对一、实时"营销。近年来LBA 的发展非常迅速，应用日益广泛，企业对 LBA 的投入不断增加，LBA 的市场规模和市场份额得到扩大。

如今，消费者对智能手机和移动交互的接受度增加，使得 LBA 迅速成为广为大众所接受的广告媒介。根据 Ji Wire 的调查，78% 的美国消费者在手机上使用有定位功能的应用程序，并且有 17% 的客户在LBA 的影响下产生了购买行为（Skeldon，2011）。行业分析师大胆预测，LBA 比在线广告的营销效率高出 20 倍，比互联网信息广告高出 5 - 10 倍的点击率。鉴于 LBA 在营销业界受到重视，并广为使用，如何有效投放 LBA 成为学界十分关注的问题，是营销研究的前沿热点问题。

尽管 LBA 的研究备受学界关注，但限于数据和方法，仍存在以下 5个方面的局限：①自变量：通常只研究影响 LBA 的某个因素或部分因素，较少考虑多个因素，极少考虑其交互作用；②中间变量：较少探讨因位置、时间等自变量影响销售量的心理机制；③因变量：由于采用调查法或实验室实验法居多，因变量主要是"态度"或"意愿"等心理变量，而不是销售量，但业界关心的却是后者；④外部效度：大部分研究采用调查法或实验室实验，外部效度较低；⑤内容效度：部分概念模型和假设推导，没有非常匹配地构建在一个成熟的理论之上。

针对以上研究问题，本书通过现场实验、二手数据、用户调查等手段，利用营销模型分析方法，重点探讨 LBA 的效果量化、精准定位、策略匹配，回答 LBA 的精准投放问题，并进一步完善 LBA 理论，给出 LBA 投放管理方法。本书研究发现 LBA 的营销效果是动态的，对消费者的影响具有实时、延后、长期的特性；LBA 的投放受到时间、距离、个性化等因素影响；LBA 可与善意营销策略、价格折扣策略、竞争性价格策略、竞争性区位定位策略等相结合。我们深知，完善 LBA 的相关研究任重而道远，并非本书所能独立完成，希望能够抛砖引玉，敲开 LBA 营销的大门。

本书从开始编写到最终定稿历时两年，其间得到了多位教学助理的大力支持。在此，感谢廖成成对前期资料的全面梳理、对成稿的校对和润色；感谢陈莉协助本书的整体编写；感谢王玲洁、杨智涵同学协助第 1 章内容的编写；感谢蔡双双同学协助第五章内容的编写；感谢黄子窈同学协助第六章内容的编写；感谢杜佳欣同学协助第 2 章内容的编写；感谢罗启涛同学协助第 2、3、7 章内容的编写；感谢汪倩同学协助第 1、2、4、5、7 章内容的编写。由于种种原因，本书依然可能存在一些瑕疵，希望广大读者不吝赐教。

作　者

2018 年 10 月

目 录

1 绪 论 ·· 1
  1.1 研究背景和问题 ··· 1
    1.1.1 市场背景 ··· 1
    1.1.2 市场问题 ··· 4
  1.2 理论基础和问题 ··· 6
    1.2.1 理论基础 ··· 6
    1.2.2 理论问题 ·· 10
  1.3 研究内容和目的 ·· 14
    1.3.1 研究内容 ·· 14
    1.3.2 研究目的 ·· 18
  1.4 研究思路与方法 ·· 19
    1.4.1 研究思路 ·· 19
    1.4.2 研究方法 ·· 20
  1.5 研究意义与创新 ·· 21
    1.5.1 研究意义 ·· 21
    1.5.2 研究创新 ·· 23
  1.6 本章小结 ·· 23

2 文献综述 ·· 25
  2.1 精准营销 ·· 25
    2.1.1 多渠道顾客管理 ··· 25

2.1.2 企业营销沟通 ………………………………………… 26
　　2.1.3 移动营销 ……………………………………………… 26
　　2.1.4 服务补救 ……………………………………………… 27
2.2 LBA ………………………………………………………… 28
　　2.2.1 LBA 的概述和特征 …………………………………… 28
　　2.2.2 LBA 所带来的影响 …………………………………… 30
2.3 情景营销 …………………………………………………… 32
　　2.3.1 物理距离 ……………………………………………… 32
　　2.3.2 时间距离 ……………………………………………… 33
　　2.3.3 环境拥挤 ……………………………………………… 34
　　2.3.4 位置竞争 ……………………………………………… 35
2.4 顾客营销 …………………………………………………… 37
　　2.4.1 心理距离 ……………………………………………… 37
　　2.4.2 介入程度 ……………………………………………… 37
　　2.4.3 社会行为 ……………………………………………… 38
2.5 广告内容 …………………………………………………… 38
　　2.5.1 个性化信息 …………………………………………… 38
　　2.5.2 善因广告 ……………………………………………… 39
　　2.5.3 价格折扣 ……………………………………………… 39

3 LBA 效果的精准量化 ………………………………………… 40
3.1 渠道迁移策略的效果对比——基于 PVAR 模型的
　　通信行业实证研究 ………………………………………… 40
　　3.1.1 研究问题 ……………………………………………… 40
　　3.1.2 理论基础 ……………………………………………… 41
　　3.1.3 研究内容 ……………………………………………… 42
　　3.1.4 研究设计 ……………………………………………… 44
　　3.1.5 数据分析 ……………………………………………… 46
　　3.1.6 研究结论 ……………………………………………… 48

3.2 量化LBA的销售影响 ·············· 50
  3.2.1 研究问题 ················· 50
  3.2.2 理论基础 ················· 51
  3.2.3 研究内容 ················· 52
  3.2.4 研究设计 ················· 53
  3.2.5 数据分析 ················· 55
  3.2.6 研究结论 ················· 56
3.3 LBA对实时和延后销售的影响 ········ 58
  3.3.1 研究问题 ················· 59
  3.3.2 理论基础 ················· 60
  3.3.3 研究内容——LBA动态影响 ······ 62
  3.3.4 研究设计——随机现场实验 ······ 63
  3.3.5 数据分析 ················· 66
  3.3.6 研究结论 ················· 69

4 LBA营销的精准投放 ················ 71

4.1 心理距离对LBA的影响研究 ········· 71
  4.1.1 心理距离的直接影响 ·········· 73
  4.1.2 心理距离的交互影响 ·········· 74
  4.1.3 心理距离的作用机制 ·········· 76
  4.1.4 控制变量的影响调节 ·········· 77
4.2 移动目标定位对LBA的影响 ········· 79
  4.2.1 研究问题——时间定位与地理定位的组合策略对移动促销效果的联合效应 ··· 80
  4.2.2 理论基础 ················· 81
  4.2.3 研究内容——时间定位与地理定位的不同组合对移动促销效果的影响 ····· 83
  4.2.4 研究设计 ················· 84
  4.2.5 数据分析 ················· 90

4.2.6　研究结论 …………………………………………… 111
4.3　时间、距离、个性化对 LBA 的销售效果的影响 ………… 112
　　4.3.1　研究基础 …………………………………………… 113
　　4.3.2　研究内容——时间、距离和个性化对
　　　　　　LBA 有效性的影响 ………………………………… 117
　　4.3.3　研究设计 …………………………………………… 119
　　4.3.4　数据分析 …………………………………………… 122
　　4.3.5　研究结论 …………………………………………… 129
4.4　LBA 效果：拥挤时的超情景目标定位 …………………… 131
　　4.4.1　研究问题——拥挤时的超情景目标定位对
　　　　　　LBA 效果的影响 …………………………………… 131
　　4.4.2　理论基础 …………………………………………… 133
　　4.4.3　研究内容——拥挤时的超情景目标定位对
　　　　　　LBA 效果的影响 …………………………………… 135
　　4.4.4　研究设计 …………………………………………… 136
　　4.4.5　数据分析 …………………………………………… 138
　　4.4.6　研究结论 …………………………………………… 154

5　移动营销策略的精准匹配 ……………………………………… 157
5.1　善因营销、价格折扣和愉悦感对 LBA 销售效果的影响 … 157
　　5.1.1　广告内容 …………………………………………… 157
　　5.1.2　研究问题 …………………………………………… 158
　　5.1.3　理论基础 …………………………………………… 160
　　5.1.4　研究内容 …………………………………………… 164
　　5.1.5　研究设计 …………………………………………… 165
　　5.1.6　Logistic 回归 ………………………………………… 172
　　5.1.7　研究结论 …………………………………………… 183

5.2 不同 LBA 情景下竞争性价格定位对销售水平的影响 …… 185
    5.2.1 研究问题——竞争性价格定位对
          销售水平的影响 …………………………… 185
    5.2.2 理论基础 ………………………………… 186
    5.2.3 研究内容 ………………………………… 191
    5.2.4 研究设计 ………………………………… 191
    5.2.5 数据分析 ………………………………… 199
    5.2.6 研究结论 ………………………………… 219
5.3 地理征服：移动促销的竞争性区位定位 …………… 233
    5.3.1 研究问题——竞争性区位定位对
          移动促销效果的影响 ……………………… 233
    5.3.2 理论基础 ………………………………… 234
    5.3.3 研究内容——竞争性区位定位的有效性 …… 236
    5.3.4 研究设计 ………………………………… 237
    5.3.5 数据分析 ………………………………… 243
    5.3.6 研究结论 ………………………………… 245

6 LBA 营销的场景应用 …………………………………… 257
6.1 LBA 对提升电影票房的影响效果：贝叶斯 VAR 法 …… 257
    6.1.1 研究问题 ………………………………… 258
    6.1.2 理论基础 ………………………………… 259
    6.1.3 研究内容 ………………………………… 263
    6.1.4 研究设计 ………………………………… 265
    6.1.5 数据分析 ………………………………… 266
    6.1.6 研究结论 ………………………………… 271
6.2 量化移动营销服务补救对手机用户的动态影响：
    以中国移动手机市场为例 …………………………… 279
    6.2.1 研究问题 ………………………………… 279
    6.2.2 理论基础 ………………………………… 282

5

  6.2.3 研究内容——服务补救措施对恢复顾客满意度的
     有效性：动态效应、累积强度及高峰时间 ……… 284
  6.2.4 研究设计——中国移动公司掉线率 …………… 285
  6.2.5 数据分析 …………………………………………… 286
  6.2.6 研究结论 …………………………………………… 289

7 研究总结 ……………………………………………………… 293
7.1 研究结果与结论 …………………………………………… 293
  7.1.1 LBA 营销效果的精准量化 ……………………… 293
  7.1.2 LBA 的精准投放 ………………………………… 294
  7.1.3 LBA 的精准匹配 ………………………………… 294
  7.1.4 LBA 营销的场景应用 …………………………… 294
7.2 管理启示 …………………………………………………… 295
7.3 研究局限 …………………………………………………… 296

参考文献 ……………………………………………………………… 297

1 绪 论

1.1 研究背景和问题

随着移动通信技术演进，移动互联网营销蓬勃发展，仅2018年基于手机位置的广告（Mobile Advertising）的市场规模就达到了1600亿美元（eMarketer，2015）。相比其他媒介，基于位置的广告（Location-based Advertising，以下简称LBA），即基于消费者地理位置，设计内容并推送到手机的短信广告，具有位置敏感（location-sensitive）和实时（real-time）连接两大优势，可以实现更为精准的"一对一、实时"营销。随着移动技术的发展，营销产生了新的空间，为企业提供了与消费者直接交流的机会（Scharl等，2005），有助于企业随时、随地、低成本地实现精准营销（Mirbagheri和Hejazinia，2010）。在互联网发展得如火如荼之际，LBA（Bruner和Kumar，2007）成为学界和业界共同关注的热点问题。目前相关研究的核心问题是：①如何精准量化LBA的营销效果？②如何精准投放LBA？③如何将LBA与其他营销策略进行组合使用，即LBA如何与其他营销策略精准匹配。为了解决学界与业界所关注的热点问题，本书将从LBA的投放管理研究导入，进行系列解析。

1.1.1 市场背景

1.1.1.1 LBA的营销效果

LBA的营销效果，即购买率，购买率与消费者所处的拥挤程度既不是简单的相关，也不是线性的相关，而是非线性的相关。在其他条件相同的情况下，身体的拥挤程度与消费者对LBA的反应为超越低阈值的正向关系。在消费者行为研究中，发现拥挤可以诱发消费者的回避行为并减少其购物时间（Harrell等，1980），也会威胁消费者的独特性。当独特性受到威胁时，消费者会选择购买更有特色的产品，以恢复他们的个性感知（Xu等，2012），并希望通过选择来维护自由（Levav和Zhu 2009），所以拥挤还可以促使消费者增加购买的品类。拥挤的环境会使购物者变得更不愿冒险，更喜欢以安全为导向而做出选择。行为限制理论认为，人们会通过变得更加内向来适应外界拥挤的环境（Milgram，1970）。相似的是，学者们论证了当人们感受到威胁时，他们会重新评估自身的自由状况（Brehm，1966；Wicklund，1974）。在最开始，人们会通过调整自身的位置来获取不拥挤的空间，一旦空间变得越来越拥挤，人们会改变自身的心理状态，变得内向，并通过玩手机来进行更高的沉浸以逃避拥挤——这种方式可能表现为关注手机上随处可见的LBA。人们在被包围的环境中阅读LBA，会更少地受到外界的影响，对LBA更加敏感，且更有兴趣，从而更易对LBA信号进行响应，LBA的营销效果在这种情况下得到了提升。

1.1.1.2　LBA与LBS

对营销人员来说，移动技术为其带来了新的营销空间，因为它为企业提供了与消费者直接交流的机会（Scharl等，2005），并且这种交流随时、随地均可发生，且企业需要付出的成本相对较低（Mirbagheri和Hejazinia，2010）。

近年来，移动技术发展迅猛，其中，基于位置的服务（Location-based Services，LBS）作为移动互联网的细分市场，正在成为最具增长性的业务之一（李凯 等，2016）。LBS借助无线电通信网络或者互联网，在移动用户与固定用户之间进行定位与服务，同时作为一种广泛的创新通信技术，包含紧急通知、协助服务以及到兴趣点的位置/路线、交通信息、社区服务和支付服务，LBA也被视为其中之一（Driscoll，2006；Küpper，2005）。

与社交网络相关联的 LBS，可以启用定位系统（即将照片、视频、网站、SMS 消息等媒体信息添加至地理标识数据），将消费者的评论附加到特定地理位置。例如打开具有点评功能的 APP，即可查看特定位置的餐馆、商店和博物馆的消费者的评价信息（Blackwell，2005）。与 LBS 类似，LBA 可以通过与消费者进行相关度更高且更深入的互动，来改善营销绩效，例如增加销售影响，提升品牌忠诚度和客户终身价值（Shankar 和 Balasubramanian，2009）。

1.1.1.3 移动营销策略

移动技术已经深刻地改变了消费者的在线消费行为，它使消费者能随时随地访问互联网并购物，还能在购物时使用移动设备进行信息搜索和与商家互动（Shankar 等，2010）。与传统信息通信技术相比，移动技术不仅具有存储信息、运行运用程序、与其他信息源相连接、沟通等传统功能，还具有新的独特功能——位置敏感性和可达性（Nysveen 等，2005；Ghose 等，2012）。位置敏感性是指设备辨识其地理位置的能力，是基于全球定位系统下移动技术的独特能力（Xu 等，2011），这能让企业扩大对消费者的接触，获得有关消费者行踪的信息。据此，企业就可以根据消费者的位置和周围环境定制个性化的营销信息。移动技术中的可达性，是指实时设备和信息接入的便利程度。鉴于移动设备体积较小，常被使用者随时随地携带（Junglas 和 Watson，2006），这使得企业能够在任何时间、任何地点触及移动用户。与广告牌、电视、印刷品等传统渠道相比，移动设备已经成为消费者日常生活中最受欢迎的个人设备之一，消费者更关注通过移动设备传递的信息（Ghose 和 Han，2014）。可达性和位置敏感性的结合使得移动推广（Location – based Mobile Promotion）成为一种理想的实时营销渠道。

据统计，超过 84% 的美国人口由移动用户组成，专家预测到 2013 年这一数字将超过 100%。同时，Kim 等（2010）注意到"在非洲、亚洲和欧洲的一些欠发达国家，移动服务的增长更为惊人"。移动技术为目标营销创造了新的机会，特别是移动设备的用户往往会一直携带它们。与基于 PC 的互联网接入相比，移动设备更有可能与单一用户绑定，为企业提供位置特定的服务，更有利于广告商通过对消费者进行实时定位，来推送个性化营销信息（Leppaniemi，2006）。因此，移动技术基于消费者的实时位置和与单一用户绑定的行为历史进行目标定位，为广告商与其终端用户提供交流互动渠道，进行提高广告商利润的一系列增值促销活动。另外，移动技术还提供改进个人的行为测量和在个人层面上进行随机实验的能力，进而提高管理者评估营销策略有效性的能力。行业专家定期报告令人印象深刻的回应率和地理目标移动，给公司提供了增量回报。美国领先的地理目标 LBA 投放提供商 Rocket Fuel 报告称，地理目标定位活动的平均提升率为 41.23%。学者们已经证实，基于实时地理邻近零售商的活动的反应率有所提高（e.g. Ghose, Goldfarb 和 Han，2013；Luo, Andrews, Fang 和 Phang，2014；Danaher, Smith, Ranasinghe 和 Danaher，2015）。

Danaher, Smith, Ranasinghe 和 Danaher（2015）解释了移动优惠券的吸引力，它们不贵、传播快速、适应性强，可以传递合理数量的信息，吸引众所周知却难以触及的年轻消费者；并根据位置、个人信息和购买行为进行定制。他们报告说，2013 年全球有超过 100 亿的移动优惠券被兑换，验证了移动营销策略的有效性。

1.1.2 市场问题

1.1.2.1 LBA 营销效果的精准量化和多渠道经营

广告运营者可以通过短信服务（SMS），以相对较低的成本向消费者提供最有可能产生购买的时间地点的广告消息。研究表明，对于营销人员来说，移动媒体，如短信服务（SMS）是一种用来增加用户对广告活动记忆的相对便宜的方法（Wouters 和 Wetzels，2006）。消费者会下意识地携带移动电话和其他无线通信设备（Laszlo，2009），而手机是人们整天携带的少数设备之一。正是这种无处不在的优势，许多公司开始将 LBA 纳入其营销策略。根据 Ji Wire 的调查，78% 的美国消费者在手机上使用有定位功能的应用程序，并且有 17% 的客户已经利用 LBA 进行了购买（Skeldon，2011）。行业分析师大胆估测，LBA 比在线广告

(Butcher，2011）的效率高出 20 倍，比互联网信息广告高出 5-10 倍的点击率（Ververidis 和 Polyzos，2002），精准量化的 LBA 取得了良好的效果。令人意外的是，精准量化 LBA 虽然有着优越的战绩，但它仍然缺乏其具体营销量上的研究，本次研究将进行补充。

另一方面，随着互联网和信息技术的快速发展，企业提供产品或服务的渠道日趋多样化，超过 80% 的零售商已经采用多样化的渠道策略，包括线上、线下等渠道（Nelsin 和 Shankar，2009）。如何精准量化 LBA 的销售效果，以及如何更高效地进行多渠道经营，成为企业管理者面临的重要问题。

1.1.2.2　LBA 的精准投放

对营销人员来说，移动技术为其带来了新的营销空间，它为企业提供了与消费者直接交流的机会（Scharl 等，2005），这种交流可以随时随地发生，而且需要企业付出的成本相对较低（Mirbagheri 和 Hejazinia，2010）。

LBA 可通过移动短信将个人消费环境和偏好联系起来，从而增加潜在消费者的购买行为（Unni 和 Harmon，2007）。LBA 的投放在实际中受到位置、实时、个性化等因素的影响（Luo, Andrews, Fang, Phang 和 Aaker，2014）。由此对 LBA 投放的影响因素进行研究，以提升 LBA 的投放有效性，具有重要的实际意义。

1.1.2.3　LBA 营销策略的精准匹配

基于竞争对手的位置推送价格促销 LBA，可以有效提升利润，并可以将转化率从 0.5% 提升到 4%（40% 的价格折扣）和 3%（60% 的价格折扣）。然而在实际运用 LBA 时，遇到竞争对手使用 LBA 进行营销推广的可能性也并不为零。当竞争对手同样结合价格竞争使用 LBA 时，将会导致损失预期增量收入的 80%。鉴于此，在充分考虑 LBA 投放的影响因素时，还要对 LBA 内容中进行丰富，将其与有效的营销策略进行精准匹配，才能确保 LBA 营销的有效性并始终为企业带来高额利润。

1.2 理论基础和问题

1.2.1 理论基础

1.2.1.1 顾客购买行为

与顾客的购买行为相关的文献研究，主要是围绕五个方面因素展开。一是顾客的购买决策，即走进商店的顾客是否真正做出购买决策。二是顾客前后两次购买的时间间隔长度，一般日用消费品顾客购买的时间间隔具有一定的规律性，可假设近似服从某一特定分布（Schmittlein 和 Morrison DG，1987；Gupta 等，1988）。三是重购概率，顾客在首次购买以后，之后的购买决定都会受到前一次的购买感受的影响（Wagner 和 Taude，1986，1987；Zufryden，1988）。如果产品的性能与售后服务好于顾客预期，这种意外惊喜会给顾客带来愉悦，而愉悦的顾客往往会积极地进行新一轮购买，这就是购买过程的学习行为（Bush 和 Mosteller，1955；Lilien，1974）。四是顾客的逃逸，顾客逃逸是指顾客永久性地放弃某一品牌的购买。顾客逃逸，可能是产品自身的内部原因造成的，也可能是竞争性品牌、替代性产品或者是顾客生活习惯、收入变化等外在性因素造成的。最后是经典的市场营销组合变量，营销组合变量的作用渗透到其他各因素之中，对强化产品的市场竞争力，吸引新顾客首次购买，促进老顾客重复购买意义重大（Andrews 和 Manrai AK，1994；Bagozzi，1982）。

CNNIC 数据显示，截至 2017 年 12 月，我国网民规模达 7.72 亿，普及率达到 55.8%，超过全球平均水平 4.1 个百分点，超过亚洲平均水平 9.1 个百分点。其中，手机网民规模达 7.53 亿，占 97.5%。手机和其他无线通信设备都在无形中暴露出消费者的位置（Laszlo，2009）。Kim（2010）注意到"非洲、亚洲和欧洲的一些发展中国家，移动业务的增长更为惊人"。Friedrich 等（2009）得出结论，移动营销平台拥有着前所未有的潜力，这表现在消费媒体的使用和商业价值上。移动技术为客户带了诸多便利，这也使得顾客的购买行为更偏向于支持带有移动技术的服务。

1.2.1.2 行为限制理论

行为限制理论认为，人们会通过变得更加内向来适应外界拥挤的环境（Milgram，1970）。相似的是，学者们论证了当人们在感受到威胁时，会重新评估自身的自由状况（Brehm，1966；Wicklund，1974），因此 LBA 在此种情况下可能会引起更高的响应率。拥挤会侵入个人空间并制约消费者的行为，因此人们在拥挤的环境中会通过改变自身心理状态来适应。更具体地来说，拥挤的程度与"手被挤压"的情况非常相近（Milgram 和 Sabini 1978，p. 32）。随着上班族越来越多，人们的物理空间被侵占，个人空间的被挤占会导致人们行为的改变，例如，当环境非常拥挤时，人们通常不愿意东张西望（Aiello 等，1977；Evans 和 Wener，2007）。

1.2.1.3 营销动态

营销动态，即在多维空间中的多种引力作用下，在动态中进行营销。营销动态既要考虑到市场上的销量渠道、竞争状况等多种引力，也要考虑到企业的财务状况、社会消费趋势等多方面因素。企业必须经常考虑和评估各种市场引力及其自身因素的变化，从而不断调整自己的营销方式、方法或策略，以适应不断变化的市场。从长远来看，营销动态对评估营销变量的时变效应至关重要。之前的时间序列研究指出了"积累和衰减效应"（Little，1979），或广告的"磨合"和"磨损"效应（Pauwels 等，2004；Luo，2009）。根据以前的研究，积累和衰减影响是由动态模型中的脉冲响应函数（IRF）建模的，在 IRF 达到峰值影响点之前，积累意味可以增加影响效果，而衰减是指从峰值影响点到零（Bronnenberg 等，2008；Pauwels 和 Hanssens，2007）随着时间的推移逐渐减小的影响。

1.2.1.4 服务补救

服务补救对于销售经理们来说尤为重要，因为服务营销的目的是做到让顾客满意,但即使是最受欢迎的服务提供商也不能保证"零缺陷"服务,服务失效必然会损害顾客满意度,因此企业需要通过服务补救来降低服务失败的负面影响。服务补救是一个动态的过程,相关文献已经提出了几个重要的策略。质量改进策略是公司为避免类似的服务失败,为客户提供优质服务方面的改进,(Johnston 和 Michel 2008; Van Vaerenbergh, Larivie're 和 Vermeir, 2009)。补偿策略,是指机构提供折扣、免费商品、退款、优惠券等其他经济补偿,以抵消服务失败造成的不平衡(Smith, Bolton 和 Wagner, 1999)。服务提供商的道歉措施会向服务失败的客户表达出礼貌、谦虚、担心等(Hart, Heskett 和 Sasser, 1990; Kelley, Hoffman 和 Davis, 1993; Smith, Bolton 和 Wagner, 1999)。此外,交流策略是为了使客户了解问题的根源,以及识别补救过程而采取的公关活动(Andreassen, 2000; Van Vaerenbergh, Lariviere 和 Vermeir, 2009; Yavas 等, 2004; Smith, Bolton 和 Wagner, 1999)。越来越多的企业在进行服务补救时应用移动营销策略,随时随地根据顾客行为数据的反馈调整策略,量化对用户造成的动态影响,达到补救的目的。

1.2.1.5 多渠道顾客管理

多渠道顾客管理(Multichannel Customer Management, MCM)是企业为了有效吸引、保留和开发顾客,对渠道的设计、调度和评估。多渠道顾客管理已经成为消费品企业、B2B 企业、零售企业和服务企业关注的热门话题。多渠道营销实践是发展迅速,且具有广阔发展前景的营销活动,已经有40%的零售商通过三种或以上的渠道销售产品,42%的零售商通过两种渠道销售产品。

1.2.1.6 情景营销与解释水平理论

情境营销(Scene Marketing)是指在销售过程中,运用生动形象的语言给目标群体描绘使用产品后的美好图景,或是在客户不经意的碎片时间,提供关联服务的有效信息,激起顾客对这幅图景的向往,并有效刺激顾客购买欲望的手段(荣华,2016;王鹏,项凯标,2015)。

情境营销理论（Kenny 和 Marshall，2000）可以解释时间和地理定位对移动用户的重要性。从本质上讲，这一理论认为，营销人员的努力必须是与环境相关的，并以此影响消费者的购买决策。有人指出，"新的（移动）技术正在涌现，这将使企业随时随地都能接触到消费者"。移动商业的焦点将从内容转移到情境（Kenny 和 Marshall，2000，p. 119）。

基于解释水平理论（Trope 和 Liberman，2010），我们预计地理距离（即与促销活动在位置上的距离）和时间距离（即距离促销活动有多长时间）可以使消费者产生不同的心理理解，反过来，也可以解释为移动购买的差异。简而言之，这一理论假定个体形成一个具体或抽象的心理解释，进而指导他们的决定和行为。具体来讲，当个人接近（远离）某一事件时，他们会对事件的情景细节形成更具体（更抽象）的心理理解。在涉及时间的心理学文献中，当人们被问到"他们有多大可能参加一个将要开始的演讲"时，一个具体的心理解释（即演讲的时间）由此形成了，并对他们的决定产生了深远的影响（Liberman 和 Trope，1998）。

1.2.1.7 竞争性促销与实时促销

在营销管理过程中，管理者不仅要考虑顾客的需要，还要考虑企业在本行业中的竞争地位。企业的营销战略和战术，必须从自己的竞争实力出发，并根据自己同竞争者实力对比的变化，随时加以调整，使之与自己的竞争地位相匹配。由于竞争在现代市场营销中的重要性，市场营销不仅包括产品、价格、促销、渠道四方面因素，还应让"竞争"成为现代市场营销的第五大因素（Rick Page，2004）。

竞争性促销活动的研究有着悠久而丰富的历史，但它仍然是一个活跃的研究领域。研究人员广泛使用理论模型分析竞争定位，并专注于战略价格歧视后果的研究。其中的重点是描述在避免"偷猎"客户的前提下，竞争公司在冒险心理的驱使下侵蚀利润（Shaffer 和 Zhang，1995）。在这样的情况下，由于价格竞争的加剧，各公司的优势就是另一个公司的薄弱环节（Corts，1998），在这样的条件下出现自然空间的竞争，信息优势或者说位置信息，可以影响卖方是否应该提供折扣给自己的客户和竞争对手客户的决策（Shin 和 Sudhir，2010）。

评论者们早已预测，在合适的时间和地点，采取正确的行动是移动营销成功的关键（Kenny 和 Marshall，2000）。学术研究最近才开始证实。消费者的实时环境对移动营销的有效性，例如，促销反应是在拥挤的交通环境下产生的（Andrews 等，2015）。我们的研究表明，竞争位置的距离是移动营销环境的一个重要方面。几个推广 LBA 行之有效的渠道，可能受益于需求提高竞争力。然而，与现存的渠道相比，移动营销有其独有的特征，在作用于目标竞争对手的物理位置、传单、户外广告等方面，移动促销更不突兀，因为如果是实时促销，移动设备的通知很容易被忽略。

1.2.2 理论问题

1.2.2.1 心理距离对 LBA 的影响

LBA 是基于位置服务的重要应用，因具有巨大的收入潜力，且与移动商务活动直接联系，而受到了学术界以及业界的广泛关注。移动通信技术的发展，赋予了 LBA 位置敏感性以及实时沟通的优势，因此，如何充分发挥 LBA 的优势从而提升广告的效果，成了一个重要的问题。尽管有学者尝试展开研究，但过往研究仍存在以下缺陷：①通常只研究影响 LBA 的单个或部分因素，对整体以及交互影响的考虑较少；②较少探讨位置、时间等变量影响 LBA 效果（即最终销售量）的心理机制；③由于过往研究采用实验法、调查法居多，因变量主要是态度、意愿等心理变量，而业界往往更关心销量；④或多或少地忽略了一些无关变量对最终结果的影响。

为了解决上述问题，本研究不仅提出了心理距离各维度单独影响以及交互影响的假设，还通过研究解释水平理论，试图找出心理距离与消费者反应之间的中介变量。

1.2.2.2 LBA 的动态销售效果精准化

由于消费者对智能手机和移动交互的接受度迅速增加，使得 LBA

迅速成为被大众所广泛接受的广告形式（Laszlo，2009）。研究表明，移动媒体是营销人员增加广告回报的手段（Wouters 和 Wetzels，2006）。因而，尽管一些研究人员认为，LBA 的效果在最初时被夸大了（Okazaki 和 Barwise，2011），但正如上面所述，LBA 作为其中一个使用到移动技术的策略，其的确可以为任何产品的销量增加带来帮助。

LBA 能够满足营销人员对销量变动的关心，而营销销量并非短暂、片面的，其具有长期性与同期性等特点，因此我们尝试探索 LBA 全过程的动态营销效果，并从长期、短期影响及实时、延后影响两个方面展开研究，以助于精准量化 LBA 的销售影响。

1.2.2.3 LBA 研究中时间定位与地理定位的有效性

之前的文献表明，促销的时机影响了促销的效率（Zhang 和 Krishnamurthi，2004）。例如，Prins 和 Verhoef（2007）展示了营销通信如何减少消费者的使用时间，以获得新的移动电子服务。实时了解客户需求，可以让公司在反应速度快、投入少的情况下获得竞争优势（Mckenna 1995，Scott 2012）。事实上，技术进步带来的虚拟亲密，会使市场和客户保持联系，从而促进从实时洞察到实时行动的转变（Macdonald 等，2012，P.108）。实时目标定位的好处，已经由店内促销展现出来，即动态支出（Stilley 等，2010）。Hui 等（2013）记录了在店内通过实时目标定位发送的移动优惠券，可以增加消费者的计划外购买。

时间和空间是所有经济活动最基本的维度（Balasubramanian 等，2002，p.350）。理论方面，移动商务中，时间目标定位和地理目标定位相结合的有效性有待量化。实践方面，营销人员根据时间和地点考虑将资源转移到目标市场时，他们需要能够平衡这两者组合的可操作的指导方针。基于此，本研究为分析不同的时间目标定位与地理目标定位组合，对消费者对移动促销的反应产生的影响，以便促进 LBA 的精准化投放。

1.2.2.4 时间、距离、个性化对 LBA 销售效果的影响

定位广告，即网络运营商巨头通过使用一些监测技术，根据用户在

网上的浏览情况，统计和分析用户的行为特征，建立规模庞大的用户个人信息数据库，从而根据用户的搜索行为和网络浏览习惯来提供广告。已有研究发现，精准明确的定位广告，能够通过技术准确地识别目标人群，并在合适的时间将符合消费者消费偏好的广告发送到他们手中。基于此，本研究从LBA定位广告的时间、距离以及个性化三个维度展开，以探索其对销售效果的影响，以助于实践中LBA的精准投放。

1.2.2.5 拥挤程度对LBA效果的影响

"环境拥挤"是我们在周围人数较多时的感受，是身受局限后的主观感知。拥挤可能降低其购买私人用品的几率（Xu等，2012），提高购买差异（Levav和Zhu，2009）。并且拥挤的环境会降低消费者承受风险的能力，例如人们更愿意去药店购物，而不是便利店（Maeng等，2013）。Harrell及Anderson（1980）认为在客观拥挤环境中，当个人行为被束缚，个人空间被入侵时，其在心理上会产生拥挤感知。这种感知被认为是负面的和不愉快的，会导致规避等消极行为的产生，譬如缩短消费时间，提前离开。Ditton等（1983）认为拥挤会降低人的满意度和游玩乐趣（Absher和Lee，1981；Ditton等，1983）。行为限制理论认为，人们会通过变得更加内向，来适应外界拥挤的环境（Milgram，1970）。在现实生活中，关注手机是一种常见的针对拥挤的逃避行为，人们借此摆脱拥挤感，逃离现实困境。LBA在手机上非常常见，LBA的效果与消费者所处环境的拥挤程度，可能存在着某种联系。基于此，本研究探索了拥挤环境对LBA的影响，有助于LBA营销的精准投放。

1.2.2.6 善因营销、价格折扣和愉悦感对LBA销售效果的影响

从概念上讲，善因营销是将企业产品销售与企业捐赠慈善事业结合起来的营销方式。对于消费者来说，善因营销为其提供了参与慈善的机会，对其产生了营销激励，从而促进个人欲望和他人需求的和谐汇合。在这个意义上，善因营销提高了公司的形象并迎合了客户的喜好，消费者被吸引，并产生积极情绪进而由此做出慈善购买。此外，善因营销与价格折扣结合也是一个行业趋势。不同程度的折扣对善因营销销售效果

的调节效果不一样，一些折扣可能通过善因捐赠对提高消费者参与慈善事业产生积极作用，一些折扣可能会掠夺消费者的愉悦感而产生负作用，因此，移动营销策略的精准匹配问题是至关重要的。

1.2.2.7 竞争性区位定位对移动促销效果的影响

竞争区位定位具有直观的吸引力，消费者接近竞争对手的位置，表明其潜在的感兴趣的产品或服务类别。然而，在缺乏强有力的市场干预的情况下，区位转换成本使其严重倾向于竞争对手。能够达到个人消费者附近竞争对手的能力，表明营销人员可以利用促销来吸引那些不愿从焦点零售商购买商品的顾客。据我们所知，之前的研究没有充分量化竞争区位定位的有效性。因此，我们的目标是对如何使用竞争区位定位做出更为清楚的解释。

1.2.2.8 LBA 对电影票的销售影响

电影产业是世界上最引人注目的产业之一（Joshi 和 Hanssens, 2009）。由于新产品的频繁引入和产品短暂的生命周期（Rennhoff 和 Wilbur, 2011），电影行业很少会有高水平的广告。而广告是公众获取即将上映的电影的主要信息来源，人们普遍认为，在广告上花钱的多少决定了电影的成功与否（Joshi 和 Hanssens, 2009）。随着电影行业的竞争越来越激烈，广告将比以前发挥更重要的作用。因此，提高票房绩效的一种可行的方法，就是关注广告的有效性。

然而，电影广告只覆盖了最敏感的广告市场的53%（Gopinath, Chintagunta 和 Venkataraman, 2013）。与此同时，90%的电影广告预算在影院上映前的几周里就被使用了（Elberse, 2007）。因此，增加受众对广告的响应是影院经理关注的主要问题。然而，以前的文献主要关注传统广告（Brewer 和 Jozefowicz, 2009；Elliott 和 Simmons, 2011；Rennhoff 和 Wilbur, 2011），如电视、新闻和户外广播，很少有关于手机广告的研究。自从智能手机被广泛使用以来，移动媒体已经成为最具影响力的电影广告渠道。此外，移动媒体的普及也使得手机上的电影广告增加了很多。虽然 LBA 采取多种形式（TsangHo 和 Liang, 2004），不过 LBA 成为具有最大移动媒体技术优势的典型代表是因为其地点敏感、实时，还具有个性化（Luo，Andrews 和 Fang，2014）。LBA 包括根据手机用户地理位置向其提供广告信息（Banerjee 和 Dholakia，2008；Bruner 和 Kumar，2007）。它提供给人们以比过去更有针对性的方式接触消费者，也提升了准确性（Bruner 和 Kumar，2007）。因此，LBA 可能是增加电影广告覆盖面和受众响应度的有效途径。由此，LBA 对电影票销售究竟有何效果，也成为电影销售方及学界颇为关注的问题之一。

1.2.2.9　量化移动营销策略对手机用户的动态影响

从长期来看，市场动态对于评估营销变量的时变效应和贡献是很重要的。例如当服务失败后，企业为降低负面影响进行服务补救时，随着时间的推移和顾客的成熟，服务补救措施的效果会产生动态变化，评估这些措施对客户产生的动态影响，能够帮助企业提升补救效果，重新使顾客满意。其中，道歉、沟通等措施可通过移动营销策略实现，企业可以随时随地与客户产生联系，并根据顾客行为数据的反馈来调整策略。因此，量化移动营销策略对手机用户的动态影响，能够帮助企业进行措施组合决策，优化分配有限资源。

1.3　研究内容和目的

1.3.1　研究内容

1.3.1.1　心理距离对 LBA 的影响

本研究调查了心理距离对 LBA 效果的影响。作为心理距离的三个维度，空间距离、时间距离以及社交距离对 LBA 的影响已经较为清楚，单独考虑每个因素，它们的减小都有可能增加 LBA 效果，已有的研究明确提出如何识别最优投放时间以及最优投放距离。然而，任何经济活动都存在于特定的时空之下，特别是物理距离和时间距离不能割裂开来（Balasubramanian 等，2002，p. 350）。因此，必须考虑它们的共同作用才能得到可靠的结论。三者交互颇为复杂,并非简单的促进或削弱,可能存在最优组合。

不仅如此,过往研究还忽略了心理距离和广告效果之间可能存在的中介变量,即消费者对信息的解释水平以及消费者感知价值。解释水平理论指出,心理距离可以使消费者对事件产生不同的心理解释。心理距离通过影响消费者的解释水平,进而调整消费者从 LBA 中得到的情景化利益,改变消费者的最终决策。由此,本研究基于解释水平理论,提出了解释水平与感知价值作为中介变量的假设。

1.3.1.2 迁移策略效果比较

渠道迁移,是企业通过高效率、低成本渠道替代低效率、高成本渠道的过程。银行、电信运营商是渠道迁移的代表,它们都试图将客户从线下渠道(如电信营业厅和银行营业厅)尽可能迁移到线上渠道(如网上营业厅和电子银行)。渠道迁移不仅可以有效分流线下渠道服务请求,缓解服务压力,还能降低服务成本。如何将客户从线下渠道迁移到线上渠道,成为银行和电信运营商十分关注的问题。目前,电信运营商已经开始尝试通过多种策略推广网上营业厅,如 LBA 策略、定向 LBA 策略、价格策略、体验策略。研究这些策略是否有效,并研究比较涉及 LBA 的策略与其他策略的效果,有助于丰富渠道迁移理论,为服务企业提供借鉴。

1.3.1.3 LBA 动态销售效果精准化

LBA 动态销售效果精准化的研究从两个方面展开,文章分别验证了 LBA 的短期、长期销售效果及实时、延时销售效果。

在 LBA 的短期、长期销售精准化研究中,运用 DESM(Dynamic Structural Equation Model)动态结构模型对数据进行分析,探究了 LBA 与 PUA(Pop–Up Advertising 弹出式广告)在当期和长期的销量比较。在这项研究中,我们不仅量化了 LBA 的销售影响,而且还比较了其与 PUA 在电影销售方面的不同影响。

在 LBA 的实时、延时销售精准化研究中,我们基于世界上最大的移动服务运营商提供的随机现场实验，通过控制条件下的手机用户随机样本，测量销售实验组的结果，从而揭示LBA的动态影响，即探究了移动推广对实时和延后销售的影响。

1.3.1.4 时间和地理定位的组合策略对移动促销效果的联合效应

我们研究的目标是分析地理和时间目标策略在综合考虑时的效果。具体来说，为了探索移动目标策略的有效性，我们使用与移动运营商合作的大型随机实验的数据。在我们的实验中，我们为智能手机设备创建了一个新的应用程序，为手机用户提供电影票，从而明确了处理条件的因果关系。在电影放映前的不同时段，近端和非邻近地区的顾客收到了短消息服务（SMS），提供打折电影票。这些票可以通过下载新的电影票应用程序进行购买。

在我们的实验中，移动服务提供商主要依靠如下两种方法来影响销售：一是服务商通过充分挖掘自身用户信息，更好地维系客户关系和推广旗下的产品、服务；二是借助庞大的用户数、高效的信息收集方式以及便利的终端渠道优势，运营商甚至可以考虑向外部企业提供数据库营销服务，为企业提供从营销决策、内容制作、信息送达直到营销效果评测的一整套移动营销解决方案（许政，2007）。实验采用三个操作进行时间目标定位，即在电影上映的当天、前一天、或者前两天发送消息给移动用户，通过三个独立的操作实现地理定位，即发送消息给位于电影院附近的、距电影院一定距离或者离电影院很远的移动用户，研究了时间和地理目标对产生移动销售的共同作用。

1.3.1.5 时间、距离、个性化对LBA销售效果的影响

本研究与国际连锁影院以及全球最大的无线运营商之一合作，向两公里内的消费者发送促销折扣电影票的短信，接收者由附带下载的电影票应用程序选择和购买电影票。对于收集来的数据构建logit函数分析模型，建立以LBA发送时间和距离为主要自变量的估计模型，并加入"个性化"因素，明晰这三个要素对于LBA销售效果的影响。

1.3.1.6 拥挤情景下目标定位对LBA效果的影响

本研究与一家大型移动通信公司合作，通过实验设计和数据的独特

属性，可以直接分析出拥挤对潜在顾客的影响。该移动通信公司通过短信服务（SMS）向地铁上的消费者发送有针对性的 LBA，而消费者可以通过短信来购买商品。通过测量抽样乘客的购买率，来分析拥挤对购买可能性的影响。

1.3.1.7 善因营销、价格折扣和愉悦感对 LBA 销售效果研究

LBA 往往配合其他营销策略使用（如价格促销、善因营销），那么要如何精准匹配 LBA 与其他营销策略？为探究价格折扣调节善因营销的销售效果，本研究根据作者系列论文，设计了两个现场试验和一个实验室实验。在研究善因营销对 LBA 销售效果的实验中，实验人员随机在治疗条件和控制条件（无善因营销）下，通过购买电影票进行实验。在此基础上加入三个价格折扣条件（无折扣、中等折扣和深度折扣），并且在治疗条件中明确将钱捐赠给电影票出售的慈善机构，以研究价格折扣的调节作用。为研究作为中介变量的愉悦感的效果，我们在实验中测量了具有温暖美好情感的语句和购买意向的"11 点量表"。

1.3.1.8 竞争性区位定位的有效性

在合适的地点和时间下触达顾客，在一个给定的折扣深度上得到更高的促销响应。此外，适当的时机在目标位置对客户进行促销活动，应该比未进行目标定位或异步促销多产生一个积极的增量效应。

由上述因素导出一些预测。首先，当以竞争位置为目标时，我们希望证明位置定位的有效性。当定位在竞争对手附近的客户，收到竞争对手的促销时，相对于反事实的场景应该有一个更高的响应，在该场景中，他们在另一个时间（一周后）或地点（基准位置）得到相同的折扣。这种差异可以归因于区位定位的效果。

1.3.1.9 LBA 对电影票的销售影响

本研究运用贝叶斯 VAR（Vector Auto – Regressive）向量自回归法，具体地分析研究 LBA 对短期和长期的购票行为存在何种影响，并考虑 LBA 对不同受众人群的销售效果，再将其与其他诸如弹出式窗口广告进行比较，以验证 LBA 的营销效果。

1.3.1.10 量化移动营销策略对手机用户的动态影响

本研究使用对中国移动电话电信行业实地考察的数据。这是一个典型的寡头垄断市场，只有三个主要竞争对手。其中一家在地震后启动了各种补救措施，以提高客户满意度，并根据每周的消费者满意度调整恢复策略。通过VAR模型，分析了在LBA中补救策略和客户满意度之间的复杂动态关系。

1.3.2 研究目的

为了解决学术界与业界的热点问题，本书通过之前发表的系列论文与研究，系统地探讨了基于移动互联网的精准营销问题，并期望解决①LBA营销效果的精准量化问题；②LBA营销的精准投放问题；③移动营销策略的精准匹配问题。

首先，LBA备受青睐，精准量化其效果，特别是与传统互联网广告（如弹窗广告）的比较效果，是更好发挥LBA优势的关键，也是广告定价的基础。过往对LBA效果的研究，大多是研究手机用户态度的实验和调查研究。然而，经理们更关心的是销售效果。基于此，本研究展开对LBA销售效果的研究，并通过量化LBA的当期效果、滞后效果、累计效果以及比较效果，综合以量化LBA的销售效果，继而推进移动互联网营销效果的量化研究。

第二，LBA虽具有位置敏感、实时连接两大优势，但现有文献通过实验数据，要么关注实时销售，要么关注消费者购买意愿，过于关注实时营销，所以一定程度上忽略了LBA可能会刺激需求认知，而且消费者往往需要时间来实现购买计划；不仅如此，虽已有研究关注了拥挤的消极影响，却在一定程度上忽视了拥挤所带来的正面影响。因此，本研究旨在通过识别出位置、时间、内容、情景等LBA效果的驱动因素（即最佳投放时间、最佳投放距离、最佳投放情景），同时关注拥挤的积极影响，为LBA提出一种新的思考目标定位的方法，丰富移动互联网营销理论的因果研究，从而更能在现实中指导营销经理们的运营。

第三，LBA往往配合着其他影响策略使用（如价格促销、善因营销），如何精准匹配LBA与其他营销策略成为一个重要的问题。已有研究表明，价格折扣通过善因营销调节销售是一个复杂的过程。价格折扣与善因营销对企业销售是至关重要的，是企业普遍的做法，但一个组合策略可能并不总是有效，所以两者往往相伴而行。因此，根据现有研究，将价格折扣对善因营销的调节研究与LBA销售效果相结合，进而探索这一影响策略对LBA是否可行有效。

最后，除去前文提到的三个重要且亟待解决的问题，过往研究极少在实际市场中寻求合作，而本研究通过两个与市场合作的实例研究项目，来试图量化LBA在电影票销售中的具体营销作用并尝试量化移动中的补救措施对手机用户的动态影响，达到辅助解决三个重要问题的目的。

1.4 研究思路与方法

1.4.1 研究思路

本书对LBA的研究从四个方面展开，分别为LBA效果的精准量化、LBA营销的精准投放、移动营销策略的精准匹配及运用型案例研究。

1.4.1.1 LBA效果的精准量化

本部分通过三个研究展开，以精准评价LBA效果。首先。对来自移动运营商向300万消费者平均每天投放的187,518条LBA真实销售数据，进行向量自回归模型构建，以精准量化LBA的动态效果与比较效果；再与弹出式广告相对比，探索了LBA的长期、短期精准化效果；最后从实时及延后的角度，进一步展开LBA的精准化效果研究。

1.4.1.2 LBA营销的精准投放

本部分由三个研究组成，首先采用11,974个真实样本的现场试验，探索LBA投放的位置、时间、内容对广告效果的影响；然后在距离、时间的基础上添加个性化因素，以探索LBA投放效果的影响因素；

再在地铁情景下，采用 14，972 个真实样本的现场实验，探索 LBA 最有效的投放情景。

1.4.1.3 移动营销策略的精准匹配

本部分由三个研究构成，首先利用样本量为 10，500 和 30，300 个真实消费者的 2 个随机现场实验，来探索 LBA 结合善因营销策略的效果；再通过 1.8 万个真实样本的随机现场试验，探索 LBA 和价格策略的联合作用；最后探索了竞争性区位定位对 LBA 销售效果的影响。

1.4.1.4 LBA 营销的场景应用

在第一个实例研究中我们与电影院合作，通过手机销售电影票，量化 LBA 在电影票销售中的具体营销作用；在第二个实例研究中，与中国移动合作，量化了在 LBA 中的服务补救对手机用户的动态影响。

1.4.2 研究方法

1.4.2.1 文献分析法

所有研究均采用逐步梳理的方法，对移动商务发展现状与趋势、情景营销理论、LBA 营销的含义、影响因素以及影响后果等与此相关的内容进行回顾，提出尚未探讨的问题为后续研究指明方向。

1.4.2.2 问卷调查法

部分研究采用问卷调查法，比如 LMP（Location – Based Mobile Promotion，基于地理位置的移动促销）对电影票销售的影响。通过邀请受访者填写回答相关问题获得所需数据。

1.4.2.3 现场实验法

大部分研究开展了现场实验，并利用各种统计分析工具，对收集到的数据进行数理统计分析，验证模型提出的各种假设，增加了研究过程的科学性及研究结论对现实的解释力。

1.5 研究意义与创新

1.5.1 研究意义

1.5.1.1 理论意义

精准营销是营销理论希望达成的重要目标，移动互联网技术带来的位置敏感和实时连接，使精准营销成为可能。尽管移动互联网营销实践飞速发展，但由于研究方法和数据来源的限制，难以验证移动互联网营销中的真实变量及因果关系，阻碍了移动互联网营销理论的发展。这使得LBA效果的精准量化、LBA的精准投放、移动营销策略的精准匹配等方面，依然存在重要理论空白。而本书的研究结果可填补部分的理论空白，其具体理论价值如下：

1. 丰富LBA营销效果精准量化的研究

解决了LBA效果的精准量化问题，量化了LBA的当期效果、滞后效果、累计效果和比较效果，推进了移动互联网营销效果的量化研究。在对LBA的策略研究中，前人的研究更多的是关注客户态度反应问题，然而，LBA可以同时预测和影响移动销售，比起态度反应，营销经理更关心销售影响。我们研究的目标填补了LBA销售效果的研究空白，丰富了LBA研究的理论体系。

2. 丰富移动互联网营销理论的因果研究

以往的研究分析了地理定位（Ghose等，2013）和时间定位（Hui等，2013），但并没有将两者结合在一起。空间和时间是相互联系的，所以仅单独增加两者的影响可能是不够的，应该通过情景的角度来进行整体的考虑。在这个意义上，我们开拓了对移动用户地理和时间目标的联合效应的探索。解决了LBA营销的精准投放问题，识别出位置、时间、内容、情景等LBA效果的驱动因素，丰富了移动互联网营销理论的因果研究。

3. 丰富移动营销策略的精准匹配的理论问题

通过研究发现了价格促销、善因营销与LBA重要变量的联合作用，深化了移动互联网营销理论的策略研究。

在善因营销理论和利他行为理论的基础上探究了善因营销、价格折扣、愉悦感对 LBA 销售效果的影响。分别探究了不同的竞争性价格定位和竞争性区位定位，对于移动促销效果的影响。相关研究结论可使管理者更加明晰，在不同的 LBA 情景下如何进行竞争性定位和定价，在精准匹配移动营销策略的基础上，最大效率地发挥移动广告促销效果。

1.5.1.2 现实意义

根据 JiWire 的调查，78% 的美国消费者在手机上使用有定位功能的应用程序，并且有 17% 的客户已经利用 LBA 进行了购买（Skeldon，2011）。行业分析师大胆推测，LBA 比在线广告（Butcher，2011）的效率高出 20 倍，比互联网信息广告高出 5 – 10 倍的点击率（Ververidis 和 Polyzos，2002）。因此，本书的研究结果再次论证了 LBA 的有效性，其现实意义如下。

1. 精确量化 LBA 的营销效果

在研究中，首先从传统的迁移渠道入手，研究了自助服务机的引导使用、触发式短信及话费补贴三种迁移策略和移动客户端顾客线上使用量的关系。然后将关注点由传统的渠道转移到 LBA 新渠道，比较公司的 LBA 与 PUA（弹出式广告）策略的动态效果和效率，以量化 LBA 的短期与长期销售效果。研究发现 LBA 的销售影响比 PUA 同期大 10 倍以上，从长远来看，LBA 的销售影响则约是 PUA 的 3 倍。这一研究发现将有助于营销经理更好地分配资源。最后，对随机现场实验中获取的数据，进行逻辑回归研究，进而从实时及延后两个影响层面，探索移动广告销售的影响。

2. 确定了 LBA 投放的影响因素

我们发现，从长远来看 LBA 是一种拥有潜力的全新营销渠道。我们的研究结果呼应了"简单地增加接触点"的警告，营销人员应该将注意力从多点触点转移到正确的位置。本研究解决了 LBA 营销的精准投放问题，识别出位置、时间、内容、情景等 LBA 效果的驱动因素，有助于营销经理人在实践中更巧妙地投放 LBA。我们还提醒各公司，在迎合顾客需求时，不要采用提前过短或过长时间通知的目标策略，并强调了理解客户场景的重要性，通过了解客户是谁以及他们正在做什么，可以使公司实现更大的移动目标效率。

3. 探索了 LBA 营销策略的精准匹配

本研究分别将 LBA 营销策略与善因营销、竞争性价格及竞争性地理定位结合，探索了 LBA 营销策略匹配的可能性，有助于营销经理人在实践中扩展 LBA 的使用策略。

1.5.2 研究创新

第一，丰富了量化 LBA 的销售影响。本研究在现场实验的基础上，采用了硬数据，通过量化 LBA 的销售影响，来扩展先前的移动营销领域的研究。

第二，丰富了精准投放移动营销广告研究体系。本研究不仅将时间和空间结合在一起对移动定位进行探索，还加入了内容定位与拥挤程度对 LBA 效果的影响研究、竞争性区位定位对移动促销效果的影响研究、竞争性价格定位对盈利能力的影响研究，扩大了影响 LBA 营销效果的情景因素范围。

第三，研究扩展了提高 LBA 策略有效性的研究。研究丰富了移动营销测量的竞争匹配研究。

第四，丰富了运用 LBA 的案例研究。研究实现了理论向现实的跨越，运用两个具体实例（手机销售电影票、服务补救对手机用户的动态影响）分析研究了 LBA 在现实生活中的运用。

1.6 本章小结

移动技术为企业提供了与消费者直接交流的机会，相比于传统信息通信技术而言，它能存储信息、运行应用程序、与其他信息源和人相连接和沟通。LBA 作为移动互联网技术的在营销方面的重要运用，具有位置敏感和实时连接两大优势，能够实现精准营销，并已形成了规模巨大的市场。而另一方面，如何发挥 LBA 的精准优势，提升 LBA 效果，成为学界和业界亟待解决的问题。本书通过解决 LBA 效果的精准量化、LBA 营销的精准投放、移动营销策略的精准匹配三方面问题提升 LBA 的精准性，并根据 LBA 的运用实例为市场营销人员提供参考依据。

首先是 LBA 效果的精准量化。LBA 备受青睐，精准量化其效果，特别是与传统互联网广告（如弹窗广告）比较效果，是更好发挥 LBA 优势的关键，也是广告定价的基础。本书根据移动运营商向 300 万消费者平均每天投放的 187518 条 LBA 真实销售数据，构建向量自回归模型（Vector Auto–Regressive，VAR），精准量化了 LBA 的动态效果和比较效果；再与弹出式广告相对比，探索了 LBA 的长期、短期精准化效果；最后，从实时及延后的角度，展开 LBA 的精准化效果研究。

第二是 LBA 营销的精准投放。LBA 具有位置敏感和实时连接两大优势，因此，基于这两项优势精准投放广告尤为重要。本书采用 11874 个真实样本的现场实验，探索了 LBA 投放的位置、时间、内容对广告效果的影响。不仅如此，本书还采用了 14，972 个真实样本的现场实验，探索了 LBA 的最优投放情景。综合两项实验研究成果，我们给出了时间、地点、情景以及投放内容的最优组合，不仅推进了 LBA 的理论研究，还为企业提供了切实可靠的精准投放方案。

第三是移动营销策略的精准匹配。LBA 往往配合着其他策略使用，如何将 LBA 与其他营销策略精准匹配成为一个问题。本书先采用 18000 个真实样本的随机现场实验，研究了 LBA 和价格策略的联合作用。然后，采用样本量分别为 10500 和 30300 个真实消费者的两个随机现场实验，探索了 LBA 结合善因营销策略的效果。

最后，本书与合作伙伴进行了两个重要实例研究。在第一个实例研究中我们与电影院合作，通过手机销售电影票，量化 LBA 在电影票销售中的具体营销作用；在第二个实例研究中，我们与国内一个移动运营商合作，量化了服务补救在 LBA 中对手机用户的动态影响。

2 文献综述

本章节为本书的理论章节,通过回顾国内外相关文献,综合梳理了有关精准营销、情景营销、顾客营销、LBA、广告内容的相关概念以及其所包含的子概念,并且对本书所涉及的两大主题——营销和广告做了详尽的理论铺垫,将用理论对广告在营销中的重要作用,做了强有力的支撑。通过对国内外相关文献的梳理,明确了这一研究主题的研究背景、研究现状以及目前存在的研究空白,从而为本书后续章节做了理论铺垫,使得本书的研究目的更为明确。

2.1 精准营销

2.1.1 多渠道顾客管理

多渠道顾客管理(Multichannel Customer Management,MCM)是企业为了有效吸引、保留和开发顾客,而对渠道进行的设计、调度和评估。多渠道顾客管理已经成为消费品企业、B2B 企业、零售企业和服务企业关注的热门话题。多渠道营销实践是具有广阔发展前景的营销活动,其发展十分迅速,目前,已有40%的零售商通过三种或以上渠道销售产品,42%的零售商通过两种渠道销售产品。

了解顾客渠道选择和迁移行为可以帮助企业管理者适当调整渠道策略,提升顾客价值。Valentini、Montaguti 和 Neslin 发现,将顾客从传统渠道迁移至互联网渠道,企业利润能够提升24%左右。现有研究发现,影响顾客渠道选择的主要因素有6个,包括营销因素、渠道属性、社会影响、渠道集成、个体差异和情景因素。现有研究证实，企业可以通过营销策略，来影响顾客的渠道决策，从而实现渠道迁移。这是因为营销策略，能够降低消费者的不确定性，强化顾客偏好。Venkatesan、Kumar 和 Ravishanker 指出，可以通过分析顾客首次使用渠道和再次使用渠道的时间，获得顾客迁移的方法。

2.1.2 企业营销沟通

美国的 D. E. 舒尔兹在其《整合营销传播》一书中，对营销沟通的内涵做出了概括和解释，即以消费者为核心，以资料库为基础，以建立消费者和品牌之间的关系为目的，以一种声音为内在支持点，以各种传播媒体的组合运用为手段。并在 D. E. 舒尔兹对营销沟通的内涵进行解释的基础上，对其实施要点进行了阐述。

有学者指出，企业营销沟通能够改变顾客渠道选择，促进渠道迁移，实现顾客和渠道间的匹配。Valentini、Montaguti 和 Neslin 发现，学习意愿更高的顾客更容易迁移，这些顾客可以通过吸引方式、是否提供邮件地址和年龄等指标来识别。尽管如此，他们还指出，顾客对渠道迁移策略的反应，随时间推移而减弱。

2.1.3 移动营销

移动营销，也称为手机互动营销或无线营销，指的是组织将任意的无线媒介（主要是手机和掌上电脑）作为信息传递和回应的载体、跨媒介营销传播的即时沟通程序，针对消费者（也就是终端用户）对时间和地点的敏感性和个性化的互动性，直接向分众目标、受众定向、精准的传播个性化即时信息，从而达到一对一的影响目的，打造出最适合消费者的营销信息。

近年来随着消费者对手机的使用率和接收度的提高，移动营销的应用也持续增加。美国成年人每天花费在非语音手机上的时间超过 1 个小时（eMarketer, 2013）。此外，47% 的受访者会提供他们的位置，以获得相关的优惠或折扣，57% 的受访者相信短信服务（SMS）或推送通知，可以传达最有说服力的促销（Mblox，2013）。区位定位已被广泛应用于移动营销，预计在2014美国LBA支出的114亿美元中的占比达到40%（BIA和Kelsey，2014）。

评论者们早就有预测，在合适的时间和地点采取正确的行动，对移动营销的成功至关重要（Kenny和Marshall，2000）。学术研究最近才开始显示出消费者的实时环境对移动营销的有效性。例如，在拥挤的交通环境下，促销反应更高（Andrews等，2015）。我们的研究则揭示了竞争位置的距离是移动营销环境的一个重要方面。几个行之有效的促销渠道，可能受益于竞争地点附近需求的增加。然而，移动营销因其独有的特征，而区别于现存渠道。与可以用于定位竞争对手物理位置的渠道（如传单和户外广告）相比，移动通知容易阅读，且如果需要也可以进行忽略，所以移动促销相对来讲不那么突兀。此外，手机促销是私人性质的，让竞争对手更难以监控和应对。客户的个人可寻址性允许无法共享的促销活动，也使更好的试验和测量成为可能，因为线下营销人员会通过直接营销的方式调整测试策略。

2.1.4 服务补救

服务补救，是指组织机构为了应对服务失败而采取的行动（Grönroos，1988）。补救管理对客户评估有重大影响，因为客户在面对公司第一次补救措施时，会有情绪化反应。如表2-1所示，服务营销的相关文献已经提出了几个重要的补救策略。质量改进策略是公司为避免未来类似的服务失败，为客户提供优质服务方面的改进（Johnston和Michel 2008；Van Vaerenbergh，Larivie`re和Vermeir，2009）。补偿策略是指机构提供折扣、免费商品、退款、优惠券等其他经济补偿，以抵消服务失败造成的不平衡（Smith，Bolton和Wagner，1999）。服务提供商的道歉措施会向服务失败的客户表达出礼貌、谦虚、担心等（Hart，Heskett和Sasser，1990；Kelley，Hoffman和Davis，1993；Smith，Bolton和Wagner，1999）。此外，交流策略是为了使客户了解问题的根源，并识别补救过程而采取的公关活动（Andreassen，2000；Van Vaerenbergh, Lariviere 和 Vermeir, 2009；Yavas 等, 2004)。Smith, Bolton 和 Wagner (1999) 通过调查实验证明，例如道歉、赔偿等补救策略，可以快速提高顾客对公司的认知感，从而影响顾客满意度。

表 2-1 服务补救

研究	服务补救措施				数据		动态影响		
	质量提升	补偿	道歉	交流	感知软数据	公司档案硬数据	长衰减	积累规模	模型内生性
Bitner (1990)			√	√	√				
Bitner 等 (1990)		√	√	√	√				
Kelley, Hoffman 和 Davis (1993)	√	√	√		√				
Johnston (1995)				√	√				
Conlon 和 Murray (1996)		√	√	√	√				
Boshoff 和 Leong (1998)			√		√				
Smith 和 Bolton (1998)					√	√			
Boshff (1999)		√	√		√				
Smith (1999)		√	√		√				
Smith 和 Bolton (2002)		√	√		√				
Wirtz 和 Mattila (2004)			√	√	√				
Harris 等 (2006)		√	√		√				
Grewal 等 (2008)				√	√				
This research	√	√	√			√	√	√	√

2.2 LBA

2.2.1 LBA 的概述和特征

美国移动营销协会（MMA）将 LBA 定义为：使用移动媒体传送广

告信息，鼓动人们购买产品和服务的商业活动。LBA 实际上就是一种互动式的网络广告，它由移动通信网承载，具有网络媒体的一切特征，同时因其移动性使得用户能够随时随地地接收信息，使其比互联网更具优势。

LBA 的内容会影响消费者对 LBA 的态度与行为，另一方面，位置同样对 LBA 的效果有着很重要的作用，人们在拥挤的店中更有可能点击 LBA 的链接。Molitor 等（2014）发移动电子优惠券更有可能在实体店中被使用。Luo 等（2014）发现，不同的位置对 LBA 的效果是不一样的。研究者们也同样发现了，消费者若去郊外的超市购物，其购买的不确定性将会增加，距离这一因素产生了很大的影响。除此之外，学者们发现，移动端的营销效果要好于 PC 端（Ghose 等，2013）。移动营销同样对市场竞争者有效（Fong 等，2015；Molitor 等，2013）。

LBA 离不开移动技术的强力支持，对营销人员来说，移动技术带来了发展空间的希望，因为它为企业提供了与消费者直接交流的机会（Scharl 等，2005），且这种交流可以发生在任何时间、任何地点，且成本相对较低（Mirbagheri 和 Hejazinia，2010）。尽管一些研究人员认为，最初，LBA 的效果被夸大了（Okazaki 和 Barwise，2011），但由于消费者对智能手机和移动交互的接受度迅速增加，LBA 也随之迅速成为广泛接受的广告媒体（Laszlo，2009）。

此外，相比于传统信息通信技术而言，移动技术有许多独有的特征。与传统信息技术类似，它能存储信息、运行运用程序、与其他信息源和人相连接和沟通。同时，移动技术也具有其独特之处——位置敏感性和更高的可达性（Nysveen 等，2005；Ghose 等，2012）。位置敏感性是指设备辨识其地理位置的能力，是移动技术基于全球定位系统的独特能力（Xu 等，2011）。可达性是指实时设备和信息接入的便利。因为其体积小，用户能随时随地携带移动设备（Junglas 和 Watson，2006）。可达性和位置敏感性的结合，使得 LBA 成为一种理想的实时营销渠道。实时推广可以在消费者需要的时间和地点满足其需求（Oliver 等，1988）。重要的是，实时营销意识到消费者需求会随着时间和地点的变化而不断变化（McKenna，1999）。移动技术使得企业能够获得消费者的实时位置信息，并针对消费者位置和时间推送个性化的营销信息。

LBA 有关的研究才刚开始，表 2-2 列出了相关文献，并指出现了有研究与以往研究不同之处。首先，尽管最近一些的研究考虑到了 LBA 的销售影响（Ghose 等，2012；Luo 等，2014），但它们中大多数只考虑了实时销售，并没有考虑 LBA 对延后销售的可能产生影响。这就忽略了 LBA 能够激发将来购买的需求认知。其次，已有的研究使用实验室实验（Soroa-Koury 和 Yang，2010；Ghose 等，2012；Brunner 和 Kumar，2007；Zhang 和 Mao，2008）或者点击流数据来评估 LMP 的影响。几乎没有运用现场实验中实际消费者购买数据来进行验证。

表 2-2 移动推广

参考文献	因变量	数据	产品和技术	动态影响
本研究	实际销售	销售数据	LMP	是
Ghose 等，(2012)	移动浏览	点击流数据	LMP	否
Molitor 等，(2012)	优惠点击和使用	点击流数据	LMP	否
Soroa-Koury 和 Yang (2010)	意愿	调查	总体移动推广	否
Xu 等，(2009)	意愿	实验室实验	LMP	否
Brunner 和 Kumar (2007)	对 LMP 的态度	调查	总体位置广告	否
Xu 等，(2009)	意愿	实验室实验	LMP	否
Ghose 等，(2009)	对移动展示广告的回应	点击流数据	移动展示广告（不同位置）	否

2.2.2 LBA 所带来的影响

LBA 被视为是创新通信技术更广泛的一部分，即定位服务（LBS），这其中包括紧急通知、协助服务以及到兴趣点的位置/路线、交通信息、社区服务和支付服务（Driscoll，2006；Küpper，2005）。通常与社交网络相关联的 LBS 可以启用定位系统，即，将各种媒体，例如照片、视频、网站、SMS 消息等添加至地理标识数据，并将消费者评论附加到特定地理位置，例如餐馆、商店和博物馆（Blackwell，2005）。如果后续消费拥有相应的软件应用和设备，那么上述的信息就可以继续被访问（Bruner 和 Kumar，2007）。因此，LBA 可以通过与消费者的深层互动来增加其营销绩效，例如可以增加销售影响、品牌忠诚度和客户终身价值（Shankar 和 Balasubramanian，2009）。

学者们对 LBA 研究的数量越来越多。如表 2-3 所示，大多数学者是在研究客户态度反应问题，但在与其他广告渠道相比时，很少有人研究 LBA 的销售影响，这可能是因为缺乏大规模的样本数据。然而，比起态度反应，营销经理更关心销售影响。

表 2-3 LBA 的影响

文献	LBA 的影响	数据感知软数据	数据公司档案硬数据	评估长期影响	解决内生性	与其他广告渠道对比
Banerjee 和 Dholakia（2008）	增加广告的有效性、商店评价以及回应他人意愿的认知	√				
Brunner 和 Kumar（2007）	增加广告的有效性、实用性和娱乐价值	√				
Xu 等，（2009）	更赞成的态度、更高的使用 LBA 应用的意愿，以及更高的购买意愿	√				
Gopal 和 Tripathi（2006）	更高的广告召回率	√				
Lee（2010）	更赞成的态度	√				
Mazaheri 等，（2010）	增加广告效果	√				
Xu 等，（2011）	增加购买意愿	√				
Gupta 等，（2011）	采用意愿	√				
Molitor 等（2012）	消费者信息搜索和赎回行为		√			
本研究	通过手机应用程序产生电影门票销售		√	√	√	√

31

2.3 情景营销

情境营销理论（Kenny 和 Marshall，2000），可以解释时间和地理定位对移动用户的重要性。这一理论认为，营销人员的努力必须是与环境相关的，以影响消费者的购买决策。有人指出，"新的（移动）技术正在涌现，这将使企业随时随地都能接触到消费者。"（移动）商业的焦点将从内容转移到情境（Kenny 和 Marshall，2000，p. 119）。由于手机无处不在，移动用户可以对基于位置服务和时间敏感的产品做出反应（Johnson，2013）。因此，市场营销人员可以利用情境信息来与移动客户建立无所不在的关系，每天 24 小时，每周 7 天，在他们的车里，在购物中心，在飞机上，在运动场上（Kenny 和 Marshall，2000，p. 123）。因此，对于移动用户的时间/地理定位是有效的。

而情境营销理论也表明，时间和空间边界条件，可能对消费者行为产生了交互影响。不同语境和情境约束的交互影响消费者决策，因为消费者决定参加活动可能会因事件的时间和地点不同而有所不同（Cappelli 和 Sherer，1991；Johns，2006）。在信息系统文献中，Galletta 等（2006）发现网络使用环境是协同作用的，以影响消费者重新访问网站的意图。Deng 和 Chi（2012）证明情境约束，会影响消费者对信息系统的使用。

2.3.1 物理距离

从物理学出发定义距离，为同一时间下，空间两点之间的最短连线长。管理学领域的大量概念以及研究，都是以物理学为基础的，例如物理距离和管理两者都是矢量，都存在方向和大小。但是管理与物理中单纯的距离相比存在更高明的地方，即作用时间与作用方式。比如，管理措施的推行要选择合适的时机，而针对不同的对象要采取有针对性的方式。

已有研究强调了位置邻近性，在移动决策中的重要性。消费者更愿意为一项位置与他们相近的促销活动采取行动（Banerjee 和 Dholakia 2008；Spiekermann 等，2011）。具体来说，当消费者离促销商店较近时，比消费者在家的时候更有可能对移动促销做出反应（Banerjee 和 Dholakia，2008）。在一个实地实验中，Spiekermann 等人（2011）发现，当消费者在离餐馆更远的地方收到餐厅的优惠券时，他们不太可能去兑换餐厅的优惠券。同样，Ghose 等（2013）也认为消费者在进行基于手机移动的互联网搜索时，对接近他们的地点有偏好。消费者还依赖于基于位置的应用程序，来与朋友协调并获取本地信息（Lindqvist 等，2011；Molitor 等，2013）。随着越来越多的消费者使用 GPS 技术，营销人员也逐渐开始采用移动营销策略（Shankar 等，2010）。因此，与这些研究一致的是，预期在近距离（相对于非近距离）的地理定位，将更有效地获得移动销售。

2.3.2 时间距离

时间距离是衡量某地可达性的一种指标，指的是在单位时间内，按最近路径和最快速交通工具，在各个方向上能够达到的距离地点。根据消费者购买决策理论可知，消费者会在可供选择的两个或者两个以上的购买方案中。通过分析、评价、选择并且实施最佳的购买方案。而由于消费者决策又具有主体的需求性以及购买过程的复杂性，以至于消费者要经过一系列分析以确定在何时、何地，以何种方式、何种价格、购买何种品牌商品。时间距离在消费者的决策起着重要作用，是影响消费者决策的必不可少的因素。

之前的文献表明，促销的时机影响了促销的效率（Zhang 和 Krishnamurthi，2004）。例如，Prins 和 Verhoef（2007）展示了营销通信在极短的时间内使消费者获得新的移动电子服务。获取客户需求的实时洞察，可以赋予公司在应对"速度与懒惰"的方法时的竞争优势（McKenna，1995；Scott，2012）。事实上，技术进步带来的虚拟亲密，会使市场和客户保持持续的联系，从而促进从"实时洞察到实时行动"的转变（Macdonald 等，2012，p. 108）。实时目标的好处，已经被店内促销展示出来，即动态支出（Stilley 等，2010）。Hui 等（2013）记录了在店内的实时目标定位移动优惠券，可以增加消费者的计划外购买。因此，预期在同一天内，以较少的促销前置时间（相对于更早的时间）为目标，将是一种有效的移动销售策略。

当一个事件在附近即将发生，消费者关注的是事件的情景效应，即根据情景营销理论（Kenny 和 Marshall，2000），就在此时此地做。的确，消费者往往更看重那些立即体验到的和更容易想象的好处（Prelec 和 Loewenstein，1991；Chandran 和 Menon，2004），这便增加了购买。与此相反，当事件发生的时间较晚时，对即时决策（Goodman 和 Malkoc，2012；Liberman 和 Trope，2008）所感知到的情境好处就越少。考虑到移动设备的小屏幕尺寸，消费者倾向于使用手机进行即时活动，因此不太及时的信息会被认为对消费者没有好处（Molitor 等，2013）。

在客户满意度方面，根据情绪灌注模型（AIM）（Forgas，1995），在短期内，消费者更可能依赖他们的感受，因为感觉通常是立即产生的（Pham 等，2001）。也就是说，情感反应比认知反应要快得多。然而随着时间的推移，客户体验的积累，情感因素对客户满意度的影响会降低，而认知因素对客户满意度的影响会增加（Homburg，Koschate 和 Hoyer，2006）。这是因为当顾客作出判断时，认知因素比情感因素更可靠（Leventhal，1980）。因此，情感因素会引起短暂的反应，从而导致短暂的衰退。相反，认知因素会诱发长期反应，并对顾客满意度产生影响，从而导致长期衰退。

2.3.3 环境拥挤

环境拥挤是我们对周围人数的感受，这不是物理比率，而是个人定义的、主观感受到周围是否拥有太多人。社会学以及心理学的研究显示，居住的拥挤程度与疾病、青少年犯罪率密切相关（Schmitt，1966）。拥挤能增加压力和敌意，个人会在拥挤中感到愤怒，并且降低对外友好性（Zimbardo，1969）。在更加拥挤的场合中，例如，在监狱里人们很有可能发生二次犯罪。在对消费者行为的研究当中发现，拥挤会导致人们的规避行为，并降低人们的购买欲望（Harrell 等，1980）。其他的研究发现拥挤会威胁消费者独特性的存在感，可能会导致其购买私人用品的几率降低（Xu 等，2012）。研究人员还发现，拥挤可以提高购买差异，其原因是消费者主张自由选择（Levav 和 Zhu，2009）。相对应的是，Maeng 和 colleagues（2013）发现，拥挤的环境会使消费者承受风险的能力降低，比如人们更愿意去药店购物而不是便利店。

通过对上述文献的回顾，我们发现 LBA 的效果与消费者所处环境的拥挤程度密切相关。LBA 可能会引起更高的响应率，人们在拥挤的地铁上个人空间会被入侵并且行为会受到制约，所以人们通过改变自身心理状态来适应，适应的方式就是越来越关注 LBA。更具体地来说，拥挤的程度与"手被挤压"的情况非常相近（Milgram 和 Sabini，1978，p. 32）。行为限制理论认为，人们会通过变得更加内向来适应外界拥挤的环境（Milgram，1970）。相似的是，学者们论证了当人们感受到威胁时，他们会重新评估自身的自由状况（Brehm，1966；Wicklund，1974）。在当今时代，人们会越来越内向，并且越来越多地关注自己的手机，关注手机是一种逃避行为，通过玩手机这种行为来逃避拥挤感。拥挤会导致人们通过技术的手段，来逃离自身现实当中的困境（Bull，2005，p. 354），因此，拥挤的列车会使人们的购买率增加。

然而，拥挤程度与购买率之间的关系既不是简单相关的，也不是线性相关的，而是非线性的关系，并且达到最低阈值。在地铁拥挤的环境当中，最开始，人们会通过调整自身的位置来获取阈值不拥挤的空间，一旦空间变得越来越拥挤，人们会变得内向并开始玩手机来疏忽对拥挤的感受。例如，在拥挤的交通环境下促销回应更高（Andrews 等，2015）。

2.3.4 位置竞争

位置营销与闭环体验零售商基于自身位置，针对处于或进入其商圈范围内、具有位置属性的目标消费者，进行的精准营销推广，即为位置营销。与其相对应的位置竞争，即不同商家需在其共有的商圈范围内，

基于位置的精准营销研究

精准识别目标顾客,并采用一系列高科技通信技术,以率先吸引消费者眼球,抢占先机。

在一个公司的强势部分是另一个公司的薄弱环节的前提下(Corts,1998),在空间竞争下自然产生的条件时,价格竞争会加剧。信息优势可以被解释为位置信息,它会影响销售者是否给自己的客户或竞争对手的客户提供折扣的决策(Shin 和 Sudhir,2010)。Bawa 和 Shoemaker(1987)通过直邮优惠券的现场实验表明同一个品牌的最近的买家响应较高,使用准实验设计重新分析数据,他们推断出买家和非买家销售增量大致相等(Bawa 和 Shoemaker,1989)。

美国领先的地理目标 LBA 投放提供商 Rocket Fuel 报告称,地理目标定位活动的平均提升率为 41.23%[①]。学者们已经证实,基于实时与零售商的地理邻近进行的目标定位,活动的反应率有所提高(e.g. Ghose,Goldfarb 和 Han,2013;Luo,Andrews,Fang 和 Phang,2014;Danaher,Smith,Ranasinghe 和 Danaher,2015)。Danaher,Smith,Ranasinghe 和 Danaher(2015)解释了移动优惠券的吸引力——"它们不贵,传播快速,适应性强;此外,它们可以传递合理数量的信息;吸引众所周知难以触及的年轻消费者,并根据位置、个人信息和购买行为进行定制。"他们报告说,2013 年全球有超过 100 亿的移动优惠券被兑换。

从业者继续在一个地点(例如在一个商店内)和不同地点(例如地点类型的差异)中寻找越来越细粒度的地理定位。一种越来越受欢迎的地理定位目标是地理征服,即 LBA 商将目标客户锁定在竞争对手的位置附近。早期的从业者报告表明,地理征服导致更高的反应速度[②]。在一个季度的移动定位洞察报告中,Xad 指出,他们现在 1/3 的地理目标定位活动包括了这样的地理征服。最近一项针对电影影院的手机促销的学术研究发现,实时目标定于在竞争对手位置附近的移动客户,可以

[①] "Rocket Fuel 证明数字广告影响物理行为,通过程序目标定位,使得商店访问量提升了 41.3%". Business Wire, February 17, 2015.

[②] Mark Walsh,"地理征服"驱动更高的移动点击率. Online Media Daily, May 17, 2013.

36

提高购买率，大大低于正常价格的折扣，会得到更高的增量购买（Fong，Fang 和 Luo，2015）。

2.4 顾客营销

2.4.1 心理距离

国内外针对传统市场的研究结果初步表明，当心理距离较远时，消费者倾向使用高解释水平来表征目标对象或事件；当心理距离较近时，消费者倾向使用低解释水平来表征目标对象或事件。国内学者王丽荣依据增加距离维度的递进式设计思路，使用多重实验设计方法，通过一系列网购情景模拟实验，观察了在单维度心理距离、两维度心理距离以及三维度心理距离下的消费者购买决策意向，并以此解释对消费者购买决策产生影响的内部机制和边界条件。

2.4.2 介入程度

介入度（Involvement）的概念，最早由社会心理学家 Sherif Muzafer 和 Cantril Hadley（1947）在其关于人们对社会事件态度的研究中提出。Sherif 和 Cantril 发现，人们对有关某一社会事件的说服意见和反对意见的态度，是在对自身与该事件关联程度和自身在事件中所处角色地位的判断基础上形成的，并将介入度定义为"个人对任何刺激与情境中感受到的自身与其相关的程度"。1965 年 Herbetr E. Krugman 借助介入度概念，解释了电视广告作用于受众的原理。至此，介入度被引入了广告和营销领域。

Assael（1978）基于介入度和品牌差异，将消费者购买行为进行了四种分类，形成了四分类理论。Krugman（1956）进行了介入度与消费者决策过程中信息处理机制间相互关系的研究，分别对高介入度以及低介入度下人们的消费决策过程，进行了比较。此外，他还做了关于低介入度产品促销策略的研究。他认为任何试图提高介入度的促销手段，都不如改善消费者品牌态度的促销手段有效,即低介入度产品的促销策略,最终只能作用于消费者关注的品牌态度才能奏效。James Bettman, CWhan Park (1980) 进行了关于介入度与简化决策过程的研究,开创了"启发性选择"模型。

价格折扣可以增加购买,原因在于消费者省钱的经济效用(Lemon 和 Nowlis, 2002)。对于大多数消费者来说,节俭是美德。采购相同的产品,降价可以提升消费者的感知价值(Inman, McAlister 和 Hoyer, 1990; Lemon 和 Nowlis, 2002)。因此,折扣越高,消费者购买的商品量越大。

2.4.3 社会行为

亲社会行为(Prosocial Behavior)泛指一切符合社会期望而对他人、群体或社会有益的行为,主要包括,合作、分享、助人、捐献、谦让、安慰、同情等。亲社会行为作为一种非常普遍的社会现象,对人类的生存和社会的进步,具有极其重要的积极作用。

现有研究发现,大众对社会性消费的评价是基于社会公平的判断,个人能力较强的消费者,具有较高的亲社会行为期望,认为社会贡献较大者的炫耀性消费,是合理的自我补偿交换。

2.5 广告内容

2.5.1 个性化信息

广告传播的信息个性化,是指在商品经济条件下,在激烈的市场竞争中,所形成的独特、新颖的信息特点。它是区别于其他产品信息的重要标志。这种信息个性化的表现,集中地反映在商标这个形象化的标志上。广告的信息个性必须包括广告的性质、广告的目标、商品的信息、大众的消费心理以及广告媒介的传播风格等诸多方面的差异性表现;它也是广告品牌个性特征的表现,是吸引消费者购买行为的重要因素。

同样的产品信息，以独特的视角，与众不同的创意和诉求，传播出特有的产品信息个性，贴近大众生活、符合消费者的心理需求，而且能向消费者做出承诺，并引导他们的消费行为，这样鲜明而独特的广告信息才会引起消费者的注意和兴趣，才会刺激消费者的购买欲。

2.5.2 善因广告

善因广告，即为企业在进行善因营销中所运用的具有公益性质的广告。许多品牌在广告作品中融公益因子于其中，降低了大众对商业广告的戒备心理，丰富了广告表现方式，同时也能达到良好的社会效应。

2.5.3 价格折扣

价格折扣是指企业向消费者或买方出售商品的过程中，通过让价给消费者或买方，以达到吸引购买、稳住老客户、开发新客户、加快企业资金周转、盘活经营模式等的效果的定价策略。通常有以下几种情况的价格折扣形式。

首先为现金折扣，可称之为付款折扣，是指企业为鼓励消费以某种付款方式支付的一种优惠政策。比如买方按规定付款期提前付款，为酬谢买方，企业在价格上给予其一定的折扣，从而使得双方都获利。但企业要注意确定合理的折扣率和折扣期限，并且要注意防范风险。

其次为数量折扣，也可称之为批量折扣，一般是指折扣幅度随购买量的增大而加大。一次购买的数量越大，折扣越大，以鼓励消费者大批量的订货。这样的折扣有利于鼓励经营者，集中向一个生产者或供应者多次进货，成为可信赖的长期顾客。

最后是季节折扣策略，是指企业对季节商品在淡、旺季时给予买方或消费者一定价格折扣的策略，鼓励中间商及用户及早采购，有利于减轻储存压力，加快资金周转。

3 LBA 效果的精准量化

如何精准量化 LBA 的销售效果,以及如何更高效地进行多渠道经营,成为管理者日渐关心的问题。本章共进行了三个研究。第一个研究从传统的迁移渠道入手,研究了自助服务机的引导使用、触发式短信、话费补贴三种迁移策略与移动客户端顾客线上使用量的关系,通过设计 C 移动公司案例,运用 VAR 向量自回归模型,发现了三大迁移效果的比较关系。在第二个研究中,视角由传统的渠道过渡到新渠道 LBA,设计了 X 公司移动电影票销量案例,比较公司的 LBA 与 PUA(弹出式广告)策略的动态效果和效率,以量化 LBA 的短期与长期销售效果。在最后一个实验中,对随机现场实验中获取的数据,进行逻辑回归研究,进而从实时及延后两个影响层面,探索 LBA 对电影票的销售影响。

3.1 渠道迁移策略的效果对比——基于 PVAR 模型的通信行业实证研究

3.1.1 研究问题

随着现代经济的快速发展,企业提供产品或服务的渠道日趋多样化,超过 80% 的零售商已经采用了多渠道战略(Neslin S 和 Shankar V. Key Issues, 2009),如何管理多样化渠道,成为企业管理者面临的重要问题(Valentini S, Montaguti E 和 Neslin S A., 2011)。

渠道迁移,是企业用高效率、低成本的渠道替代低效率、高成本渠道的过程。银行、电信运营商是渠道迁移的代表，它们都试图将客户从线下渠道（如电信营业厅和银行营业厅）尽可能迁移到线上渠道（如网上营业厅和电子银行）。渠道迁移不仅可以有效分流线下渠道服务请求，缓解服务压力，还能降低服务成本。企业常常试图让顾客通过能够提升企业和顾客价值的渠道，来获取产品或服务（Valentini S 和 Neslin S A，2008）。随着电信在线渠道的兴起和完善，网上营业厅已经能够提供大部分服务。如何将客户从线下渠道迁移到线上渠道，成为银行和电信运营商十分关注的问题。LBA 策略、定向 LBA 策略、价格策略、体验策略……这些策略有效吗？哪种策略更有效？本研究将结合某移动运营商渠道迁移实践，研究渠道迁移策略的效果，丰富渠道迁移理论，为服务企业提供借鉴。

3.1.2 理论基础

3.1.2.1 多渠道顾客管理

多渠道顾客管理（Multichannel Customer Management，MCM），是指企业将尽可能多的零售渠道进行组合和整合的营销行为。其目的在于通过对渠道的设计、调度和评估来吸引、保留和开发顾客（Neslin S A，Grewal D 和 Leghorn R，2006）。多渠道顾客管理，目前已经成为消费品企业、B2B 企业、零售企业和服务企业关注的热门话题。多渠道营销实践是发展十分迅速，且具有广阔发展前景的营销活动，已经有 40% 的零售商通过三种或以上渠道销售产品，42% 的零售商通过两种渠道销售产品（Neslin S 和 Shankar V. Key Issues，2009）。

了解顾客渠道选择和迁移行为，可以帮助企业管理者适当调整渠道策略，提升顾客价值（Neslin S A，Grewal D，Leghorn R，2006）。Valentini、Montaguti 和 Neslin 发现，将顾客从传统渠道迁移至互联网渠道，企业利润能够提升 24% 左右（Valentini S，Montaguti E，Neslin S A，2011）。现有研究发现，影响顾客渠道选择的主要因素有 6 个，包括营销因素、渠道属性、社会影响、渠道集成、个体差异和情景因素（Neslin S A，Grewal D，Leghorn R，2006；Blattberg R C，Kim B D，

Neslin S A，2008）。现有研究证实，企业可以通过营销策略影响顾客渠道决策，实现渠道迁移（Valentini S，Montaguti E，Neslin S A，2011）。这是因为，营销策略能够降低消费者的不确定性，强化顾客偏好（Narayanan S，Manchanda P，Chintagunta P K，2005）。文克特（Venkatesan）、库马尔（Kumar）和扎维山克（Ravishanker）指出，可以通过分析顾客首次使用渠道和再次使用渠道的时间，获得顾客迁移的方法（Venkatesan R，Kumar V，2007）。

3.1.2.2 企业营销沟通

企业营销沟通，是指一个品牌的营销组合，通过与该品牌的顾客进行双向的信息交流建立共识，而达成价值交换的过程。有学者指出，企业营销沟通能够改变顾客渠道选择，促进渠道迁移，实现顾客和渠道间的匹配（Ansari A，Mela C F，Neslin S A，2008；Thomas J S，Sullivan U Y，2005）。Valentini、Montaguti 和 Neslin 发现，学习意愿更高的顾客更容易迁移，并可以通过吸引方式、顾客是否提供邮件地址和年龄等指标来识别这些顾客（Valentini S，Montaguti E，Neslin S A，2011）。尽管如此，他们还指出，顾客对渠道迁移策略的反应随时间推移而减弱。

3.1.3 研究内容

接受模型（Technology Acceptance Model，TAM）是研究信息系统采用行为的经典模型。1985 年，戴维斯（Davis）在他的博士论文中提出了该模型，用来研究信息系统采用行为。在该模型中，感知有用性和感知易用性是决定实际行为的关键变量。感知有用性反映使用信息系统对工作业绩提高的程度，感知易用性反映信息系统易于使用的程度。现有研究已经在不同情境和不同样本情况下证实了技术接受模型的有效性。

线上渠道（网上营业厅）是电信运营商三大渠道之一。与线下渠道（网下营业厅）和电话渠道（电话营业厅）相比，网上营业厅功能全、成本低，在网下营业厅租金成本和人力成本高的背景下，运营商试图通过多种策略将用户吸引到网上营业厅，进而控制和降低总的经营成本。

电信运营商推广网上营业厅主要采用三种策略。第一种是引导使用策略，第二种是触发短信策略，第三种是话费补贴策略。

根据技术接受模型，提升用户对线上渠道的感知有用性和感知易用性，是用户接受并使用线上渠道的关键。由此，本文基于三种升级策略的特征，分析它们提升用户感知有用性和感知易用性的效果，提出本文研究假设。

3.1.3.1 引导使用与顾客线上渠道使用量关系

服务体验是顾客消费服务过程中的个人感受（Chen C F，Chen F，2010），是影响顾客服务评价和满意度的重要因素。服务具有不可感知性、不可分离性、不可储存性和异质性等特征，顾客只有消费服务之后才能评价服务质量（Gronroos C，1988）。网上营业厅具有典型的服务特征，顾客只有亲身体验后才能准确感知其有用性和易用性。顾客现场体验网上营业厅功能时，服务人员的现场指导加快了顾客学习的过程，可以进一步提升其对易用性感知。因此，现场体验策略能够增强顾客对网上营业厅的感知有用性和感知易用性。据此，本文提出假设 H1a：

H1a：引导使用，能够提升顾客线上渠道的感知有用性和感知易用性。

3.1.3.2 触发短信与顾客线上渠道使用量关系

短信广告是最早出现的 LBA（Kim M J，Jun J W. A，2008），具有覆盖广、成本低、不受时空限制等特点（Mirbagheri S，Hejazinia M.，2010）。随着人们生活节奏的加快，传统媒体越来越难以吸引甚至接触目标人群，LBA 的高渗透率使其成为重要的新型广告。电信运营商利用 LBA 告知用户，在网上营业厅可以更便捷地办理相关业务，能够增加用户对网上营业厅的感知有用性。现有研究指出，触发短信与接收者相关性越高，越能够给消费者传递更有用的信息（Gidofalvi G，Larsen H R，2008）。有学者证实，触发短信的效果优于普通 LBA（Drossos D，Giaglis G，2006）。据此，本文提出假设 H1b：

H1b：触发短信能够引导顾客增加线上渠道使用量。

3.1.3.3 话费补贴与顾客线上渠道使用量关系

价格策略能够刺激需求、提高销售额、维护或改进市场（Bawa K, Shoemaker R W, 1987; Zeithaml V A., 1988）。价格优惠策略是价格策略中的一种形式，通过价格优惠吸引线下用户是渠道升级的常见策略。然而探讨不同渠道间价格差异效果的学术研究却较少。就电信运营商网上营业厅而言，用户使用网上营业厅办理业务时，可以获得一定程度的价格折扣或优惠，提升用户的感知有用性。据此，本文提出假设 H1c：

H1c：话费补贴能够提升顾客的感知有用性，从而增加线上渠道使用量。

3.1.3.4 三种迁移策略效果的比较

从技术接受模型角度来看，触发短信和话费补贴只能够提升顾客的感知有用性，但难以提升感知易用性；引导使用可以同时通过增强感知有用性和感知易用性，来增加网上营业厅的使用量。所以，现场体验策略的效果优于触发短信和话费补贴。虽然触发短信和话费补贴都能够提升顾客的感知有用性，但是话费补贴降低了顾客货币成本，提升了顾客价值。所以，话费补贴优于触发短信。

据此，本文提出假设 H2a、H2b 和 H2c。

H2a：引导使用对渠道迁移的效果优于触发短信。

H2b：引导使用对渠道迁移的效果优于话费补贴。

H2c：话费补贴对渠道迁移的效果优于触发短信。

3.1.4 研究设计

C 公司渠道迁移策略：本研究数据来自国内某通信运营商（简称 C 公司）的渠道迁移实例。2008 年，C 公司的用户规模超过 4 亿，庞大的用户规模使公司很难通过单一的线下渠道模式（实体营业厅），来进行有效服务。为进一步减少对线下渠道的依赖，C 公司开展了一系列营销活动，促使顾客从线下渠道迁移到线上渠道（网上营业厅）。

第一，引导使用。C 公司在线下渠道设立了自助查询区，该区有 1 至 2 台能登录线上渠道的电脑，并安排营业员在现场引导使用，指导顾客登录、使用线上渠道。

第二，触发式短信。如果顾客在线下渠道办理了可以在线上渠道办理的业务，当顾客办完业务离开线下渠道后，C 公司就会发送一条提示短信给该顾客，提示他下次办该类业务可以到线上渠道。

第三，话费补贴。在每月月初，C 公司会将上月的消费情况通过短信发送给顾客。如果顾客从未使用过线上渠道，C 公司就会在这条短信末尾增加一条内容，通知顾客，如果登录网上营业厅，当月会补贴赠送 2 元话费。

C 公司的渠道迁移是一个动态闭环过程。具体而言，C 公司以月为营销活动周期，每月都基于上月的渠道迁移情况，制订不同的营销活动策略。因此，C 公司的渠道迁移，既是对各种营销活动的权衡决策过程，也是一个渠道迁移结果和营销活动相互反馈影响的过程，这说明我们的数据很可能存在因果倒置的内生性问题。根据以上描述，本研究的业务背景如图 3-1 所示。

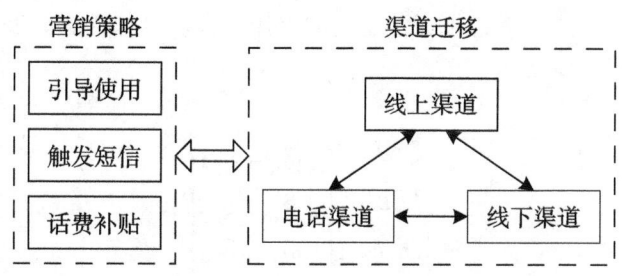

图 3-1　本业务的研究背景

基于 SAS 软件的随机函数 Ranuni，从参与渠道迁移的顾客中，C 公司随机抽样 10000 个顾客的数据。剔除缺失数据后，剩余 9217 个有效观测，数据从 2008 年 4 月到 8 月，持续 6 个月。具体的描述性分析如表 3-1 所示。其中 ARPU 代表月消费额，MOU 代表月通话时长，SMS 代表月收发短信数，GPRS 代表月手机上网流量。

表 3-1　迁移顾客的描述性统计

变量	均值	标准差
ARPU（元）	76.34	67.92
MOU（分钟）	345.63	398.72
SMS（条）	95.44	126.58
GPRS（kb）	7271.39	5957.29
引导使用（次数）	0.06	0.11
触发短信（次数）	0.15	0.36
补贴短信（次数）	0.89	0.73

3.1.5 数据分析

在 VAR 向量自回归模型研究中，我们使用的是面板向量自回归模型（PVAR），原因在于：①以向量自回归（VAR）的方式，考虑了渠道迁移结果和营销活动之间由于因果倒置产生的内生性；②以面板数据（Panel）的方式，考虑了无法观测的个体差异。具体而言，我们建立的一阶 PVAR 模型如下：

$$\begin{vmatrix} ONLI_{i,t} \\ TELE_{i,t} \\ OFFL_{i,t} \\ GUSE_{i,t} \\ REMI_{i,t} \\ SUBS_{i,t} \end{vmatrix} = \begin{vmatrix} \delta_{10} + \delta_{11}t \\ \delta_{20} + \delta_{21}t \\ \delta_{30} + \delta_{31}t \\ \delta_{40} + \delta_{41}t \\ \delta_{50} + \delta_{51}t \\ \delta_{60} + \delta_{61}t \end{vmatrix}$$

3 LBA 效果的精准量化

$$+\sum_{j=1}^{p}\begin{vmatrix}\varphi_{11}^j & \varphi_{12}^j & \varphi_{13}^j & \varphi_{14}^j & \varphi_{15}^j & \varphi_{16}^j \\ \varphi_{21}^j & \varphi_{22}^j & \varphi_{23}^j & \varphi_{24}^j & \varphi_{25}^j & \varphi_{26}^j \\ \varphi_{31}^j & \varphi_{32}^j & \varphi_{33}^j & \varphi_{34}^j & \varphi_{35}^j & \varphi_{36}^j \\ \varphi_{41}^j & \varphi_{42}^j & \varphi_{43}^j & \varphi_{44}^j & \varphi_{45}^j & \varphi_{46}^j \\ \varphi_{51}^j & \varphi_{52}^j & \varphi_{53}^j & \varphi_{54}^j & \varphi_{55}^j & \varphi_{56}^j \\ \varphi_{61}^j & \varphi_{62}^j & \varphi_{63}^j & \varphi_{64}^j & \varphi_{65}^j & \varphi_{66}^j\end{vmatrix}\begin{vmatrix}ONLI_{i,t-j} \\ TELE_{i,t-j} \\ OFFL_{i,t-j} \\ GUSE_{i,t-j} \\ REMI_{i,t-j} \\ SUBS_{i,t-j}\end{vmatrix}$$

$$+\sum_{j=0}^{s}\begin{vmatrix}\theta_{11}^j & \theta_{12}^j & \theta_{13}^j & \theta_{14}^j \\ \theta_{21}^j & \theta_{22}^j & \theta_{23}^j & \theta_{24}^j \\ \theta_{31}^j & \theta_{32}^j & \theta_{33}^j & \theta_{34}^j \\ \theta_{41}^j & \theta_{42}^j & \theta_{43}^j & \theta_{44}^j \\ \theta_{51}^j & \theta_{52}^j & \theta_{53}^j & \theta_{54}^j \\ \theta_{61}^j & \theta_{62}^j & \theta_{63}^j & \theta_{64}^j\end{vmatrix}\begin{vmatrix}ARPU_{i,t-j} \\ MOU_{i,t-j} \\ SMS_{i,t-j} \\ GPRS_{i,t-j}\end{vmatrix}+\begin{vmatrix}u_{1,i,t} \\ u_{2,i,t} \\ u_{3,i,t} \\ u_{4,i,t} \\ u_{5,i,t} \\ u_{6,i,t}\end{vmatrix}$$

其中，ONLI（Online Channel）代表线上渠道的使用次数，TELE（Telecommunication Channel）代表电话渠道的使用次数，OFFL（Offline Channel）代表线下渠道的使用次数。在本研究中，电话渠道虽然不是主要的关注点，但它作为控制变量出现，可以避免因缺失变量而导致的内生性的产生。GUSE 代表在线下渠道该顾客被引导现场使用的次数，REMI 代表发送提示短信的次数，SUBS 代表发送话费补贴短信的次数。t 代表时间，j 代表延迟期数（Lag Length）。所有系数中，代表三种营销活动，即引导使用、提示短信、话费补贴对线上渠道使用次数影响的是 φ14、φ15、φ16。ui.t = {u1, i.t, u2, i.t, u3, i.t, u4, i.t, u5, i.t, u6, i.t}，由两部分构成：无法观察的个体差异 ui 及剩余的误差项 vi、t。在估计时，为解决内生性问题和弱工具变量问题，我们使用 SYSGMM 方法[25]。系数估计后，本文进一步以脉冲响应函数（IRF：Impulse-Response Function），估计迁移策略对渠道迁移的影响时长和大小。IRF 可以估算出一个内生变量受到外生冲击后，其他内生变量对此冲击的动态反应模式。将 IRF 标识为 ψij（s），是指第 j 个 ij 变量在 t 期受到外生冲击以后，相隔 s 期对第 i 个变量造成的影响。ψija 即为 AIRF（Accumulated

IRF）代表长期影响，是指第 j 个变量在 t 期受到外生冲击以后，在 t + 1 期及以后的未来各期，对第 i 个变量造成的累积影响。

3.1.6 研究结论

3.1.6.1 服务的引导使用效果

在 ADF 检验和格兰杰检验的基础上，建立以渠道使用量、引导使用、触发短信和补贴短信为因变量，这些内生变量的滞后值为自变量的 VAR 模型。为确定 VAR 模型的最优滞后期，计算了 4 个拟合优度指标来进行判别。从 AIC 和 BIC 两个指标的取值来看，滞后一期的统计量最小，所以 PVAR（1）模型是最优的。

基于 IRF 分析，首先描述迁移策略对线上渠道使用量的短期、长期和峰值影响，如表 3 - 2 所示。第一，引导使用对线上渠道使用次数的短期影响都很显著，长期影响是短期影响的 5.249 倍。

表 3 - 2　各种营销策略对线上渠道使用的短期和长期影响

	短期影响	长期影响	长期/短期之比	持续时间（月）
引导使用	0.337** (0.167)	1.769** (0.825)	5.249	6
触发短信	0.052** (0,027)	0.052* (0.027)	1.000	1
话费补贴	0.085* (0.046)	0.128* (0.075)	1.506	2

注：**表示 p < 0.05，*表示 p < 0.1

3.1.6.2 LBA 触发效果

如表 3 - 2，触发短信的短期影响显著（$\psi_{15}^{(1)}$ = 0.052，p < 0.1），但其对线上渠道使用的影响在短期内迅速降为 0，从第 2 个月开始就不再显著（$\psi_{14}^{(1)} = \psi_{14}^{a} = 0.052$），持续时间非常短，没有长期影响。

3.1.6.3 话费补贴效果

如表 3-2，话费补贴的短期影响（$\psi_{15}^{(1)} = 0.085$，$p < 0.1$）和长期影响（$\psi_{15}^{a} = 0.128$，$p < 0.1$）都显著，长期影响是短期影响的 1.506 倍。因此，假设 H1a、H1c 得到完全验证，H1b 得到部分验证。

3.1.6.4 研究总结

本文从某电信企业渠道迁移项目中获得研究数据，重点分析了引导使用、触发短信和话费补贴三个策略的效果，对渠道迁移策略效果进行了探索，填补了现有研究的空白。

在对迁移策略的动态效果进行初步了解后，我们通过检验 H2a、H2b、H2c，以对比各种营销策略的效果大小。检验结果如表 3-3 和表 3-4 所示，无论从短期还是长期来看，引导使用的效果优于触发短信和话费补贴，但话费补贴和触发短信之间的差异并不明显。因此，H2c 完全没有得到证实。

表 3-3 营销策略对线上渠道使用的短期影响比较

营销策略的比较（b > c）	$\Psi_{ib}^{(s)} - \Psi_{ib}^{(s)}$	$p = 0.1$ 临界值	检验结论
引导使用 > 触发短信	0.285	0.279	显著
引导使用 > 花费补贴	0.252	0.173	显著
话费补贴 > 触发短信	0.033	0.053	不显著

注：$\Psi_{ib}^{(s)} - \Psi_{ib}^{(s)} \sim N [0, \Psi_{ib}^{2(s)} + \Psi_{Ic}^{2(s)} - 2COV(\Psi_{ib}^{(s)}, \Psi_{ib}^{(s)})]$，据此确定置信区间临界值。

表 3-4 营销策略对线上渠道使用的长期影响比较

营销策略的比较（b > c）	$\Psi_{ib}^{a} - \Psi_{ib}^{a}$	$p = 0.1$ 临界值	检验结论
引导使用 > 触发短信	1.717	1.362	显著
引导使用 > 花费补贴	1.641	1.367	显著
话费补贴 > 触发短信	0.076	0.132	不显著

注：$\Psi_{ib}^{a} - \Psi_{ib}^{a} \sim N [0, \Psi_{ib}^{2a} + \Psi_{Ic}^{2a} - 2COV(\Psi_{ib}^{a}, \Psi_{ib}^{a})]$，据此确定置信区间临界值。

本文使用面板向量自回归模型对 9217 个有效样本，进行了持续 6 个月的观测分析，发现：①引导使用对线上渠道使用次数的短期影响和长期影响都很显著，长期影响是短期影响的 5.249 倍；②触发短信的短期影响显著，没有长期影响；③话费补贴的短期影响和长期影响都显著，长期影响是短期影响的 1.506 倍；④引导使用对顾客渠道迁移的效果大于触发短信；⑤引导使用对顾客渠道迁移的效果大于话费补贴；⑥话费补贴对渠道迁移的效果与触发短信之间没有显著差异。

本研究具有三点理论意义。第一，首次识别出三种迁移渠道策略并验证了其效果，增补了渠道迁移策略效果的研究，填补了研究空白；第二，识别了不同渠道迁移策略时间效果的差异，增进了渠道迁移策略的纵向研究；第三，首次识别出三种渠道迁移策略的比较效果，增进了渠道迁移策略相对效果的认识。

根据本研究得出的以下结论，可为企业渠道迁移的实践提供借鉴。第一，本文证实了手机用户能够向更为高效的网上营业厅迁移，电信企业可以运用渠道迁移策略实现顾客渠道迁移，为电信企业渠道迁移实践提供理论指导；第二，电信企业应合理组合三种渠道迁移策略，实现引导使用、触发短信和话费补贴理想组合，从长期和动态的角度影响顾客的渠道选择。

3.2 量化 LBA 的销售影响

3.2.1 研究问题

3.2.1.1 LBA 与 PUA 销量比较

LBA 侧重于销量影响的研究，而销量影响也是所有营销人员所关心的问题。但营销销量不是短暂、片面的问题，其具有长期性与同期性等特点，因此我们尝试探索 LBA 全过程的动态营销效果。虽然有一些实证研究 LBA 作品（e.g., Banerjee 和 Dholakia, 2008; Bruner 和 Kumar, 2007; Xu 等, 2009），但这些研究也许是因为缺乏大型规模公司的数据，它们都没有调查过 LBA 的销售影响。在本研究中，我们采用了真实的公司归档的数据来量化 LBA 的销售影响。为了量化销售的持续影响，我们选择了另一个广告渠道，即 PUA（弹出式广告）与 LBA 作比较。PUA 相对来讲更为常见，只要是 PC 电脑用户且安装了相应的服务软件，PUA 便会自动为用户推出广告。在本研究中，我们从同期、长期的角度展开，探索公司分别选择 LBA 和 PUA 策略，而为其自身销量带来的变化。

3.2.1.2 LBA 与 PUA 销售持续时间比较

研究表明，移动媒体是营销人员增加广告回报的手段（Wouters 和 Wetzels，2006）。LBA 作为其中一个使用到移动技术的策略，其可以给公司的电影票销量带来帮助。对于 LBA 来说，其不仅可能对公司的销量有直接影响，也可能对公司的销售持续时间产生影响，由此，我们同样使用了 PUA 与其作为对比，探究 LBA 与 PUA 在同期和长期中，给公司销售持续时间带来的影响有何不同。

3.2.2 理论基础

3.2.2.1 营销中的移动技术

移动技术主要是基于无线通信设备之间的信息技术融合，常见的移动设备包括笔记本电脑、平板电脑、手机等。对营销人员来说，移动技术具有拓展空间的可实现性，因为它为企业提供了与消费者直接交流的机会（Scharl 等，2005），这样的机会可以出现在任何时间、任何地点，并且成本相对较低（Mirbagheri 和 Hejazinia，2010）。尽管一些研究人员声称，LBA 的效果最初被夸大了（Okazaki 和 Barwise，2011），但由于消费者对智能手机和移动交互的接受度迅速增加，LBA 也迅速成为被广泛接受的广告媒介（Laszlo，2009）。

3.2.2.2 社交网络

LBA 被视为一种更广泛的创新通信技术，即定位服务（LBS）的一部分，这其中包括紧急通知、协助服务以及到兴趣点的位置/路线、交通信息、社区服务和支付服务（Driscoll，2006；Küpper，2005）。通常与社交网络相关联的 LBS 可以启用定位系统（即，将各种媒体，例如照片、视频、网站、SMS 消息等添加至地理标识数据），并将消费者评论附加到特定地理位置，例如餐馆、商店和博物馆（Blackwell，2005）。如果后续消费者拥有相应的应用软件和设备，那么上述的信息就可以继续被访问（Bruner 和 Kumar，2007）。因此，LBA 可以通过与消费者的深层互动来增加其营销绩效，例如可以增加销售影响，提升品牌忠诚度和客户终身价值（Shankar 和 Balasubramanian，2009）。

3.2.3 研究内容

3.2.3.1 LBA 与 PUA 的当期与长期销量影响比较

LBA 对销售的影响是可以被量化的，我们的研究内容正基于此。本研究的数据收集基于一家 X 移动公司，该公司与电影院合作，通过手机销售电影票。消费者可以从手机应用上查询电影信息、挑选座位并预订门票。我们将 LBA 设立在电影院附近，消费者便可以通过 LBA 获得电影票的详细信息，为了更清楚地展示 LBA 的效果，我们选取了 PUA 这一广告渠道与之作为比较，最终运用 DESM 动态结构模型对数据进行分析，探究了 LBA 与 PUA 在当期和长期销量的差别。在这项研究中，我们不仅量化了 LBA 的销售影响，而且还比较了其与 PUA 在电影销售方面的影响，这将有助于管理者在不同的广告渠道之间，进行更有效的资源分配。

3.2.3.2 LBA 动态销售影响

本研究调查了 LBA 销售的动态影响。以往学者对 LBA 的研究，大多停留在研究顾客态度的问题上，但在与其他广告渠道相比时，很少有人研究 LBA 的销售影响。本文在已有的研究基础上，以销售量角度为新视角展开对 LBA 动态销售影响的研究，即对公司销售持续时间所产生的效果。为此，我们同样选择 PUA 作为对比，参照前文的数据以及分析方式，数据也来源于同样一家移动公司，并使用动态结构模型分析，最终探究了 LBA 与 PUA 在当期和长期中，对移动公司销量的持续时间产生了怎样的影响。

3.2.4　研究设计

X公司移动电影票销量：我们从中国的一个移动公司（希望保持匿名）获取数据，该公司推出了移动电影票购买业务，来培养客户的移动商务习惯。选取数据的时间段为2009年8月1日至2010年7月31日，一共365天。总共约20,000个客户，他们是已经订阅多媒体消息服务（MMS）"电影粉丝"的电影迷。虽然这些客户可能会购买更多的电影票，但本研究的因变量是通过移动手机购买的电影票数量。因此，"电影粉丝"的样本不是一个混淆变量，不会导致选择偏见。

该公司与电影院合作，通过手机销售电影票。消费者可以从手机应用上查询电影信息、选取座位并预订门票。如果消费者在电影院附近时，他们可能会通过手机连接到无线公司的先进IT设备上，这些设备通常位于电影院周围的商店和餐馆中。一旦移动客户在IT设备覆盖200米的范围之内，那么当有广告活动时，移动公司将会向他们推送LBA。LBA的消息每天都会推出，通常包括两种信息：①最近上映的电影有哪些；②如何通过手机应用预订电影票。

阅读完LBA消息后，如果客户有兴趣的话，他们可以用手机立即定下电影票。一旦客户通过应用购买了电影票，公司便可以从客户的手机账户中扣掉费用。在通过分析客户用其手机购买的电影票数量后，公司便可以相应地调整其广告策略和电话营销策略。

除了LBA，该公司还有另外一个PUA渠道进行售票。这种渠道适用于已安装了Instant Message业务的PC客户端消费者。如果消费者的PC客户端连网了，移动公司便可以向他们推送PUA消息。为了避免对顾客造成过度营销和侵扰，公司平衡了这两种广告信息的数量，通常一个消费者每天不会接受多于一个广告的信息量。两种广告渠道推送电影的消息内容，以及交易方式都是一样的，所以二者的电影票销售量具有很强的可比性。

表3-5提供了关键的描述性统计数据。LBA的SMS短信量平均值

基于位置的精准营销研究

为2012,标准差为46。移动销售量的平均值为476,每天的电影票标准差为98张(无法获取销售收入数据,因为每天不同电影票销售组合非常复杂)。其中还包括三个控制变量:周末,假期和大片。周末控制变量包括星期六和星期日以及星期五,因为消费者通常会在星期五晚上去看"大片",即一个星期以来票房数量超过1亿元的电影。

表3-5 变量描述

变量	平均数	标准差	最小值	最大值
销量	476	98	255	621
PUA	12403	614	11227	13459
LBA	2012	46	1932	2146
周末	0.40822	0.49218	0	1
假日	0.06301	0.24332	0	1
大片	2.43562	1.05317	1	5

图3-6描述了所有变量的时间序列。暑假(七月)至寒假(二月的中国春节),电影市场处于旺季。因此,这一时期手机购票量相对较高。冬季假期后,电影市场通常回落淡季,除国庆节、五一节的小高峰外。在后续模型中,我们会控制这些季节影响。

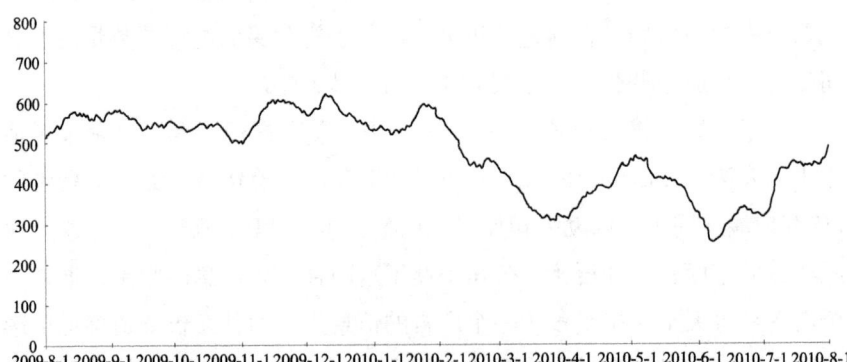

图3-6 移动电话日常电影票销量

3.2.5 数据分析

DESM 动态结构方面模型：从数据设置来看，我们知道广告决策和移动销售是一个闭环，①不同种类的广告渠道及其互动影响的移动销售量；②每日广告渠道的决策都是基于以前的移动销售量。

为了处理这种内生循环并估计动态影响，先前的研究常使用矢量自回归（VAR）模型（Luo，2009；Bronnenberg e.g.，2000；Dekimpe 和 Hanssens，1999）。然而，VAR 模型并不能估计同期的影响，这种影响对研究 LBA 的效能非常重要，因为广告运营者希望 LBA 能在定位点产生销售量。因此，我们将 VAR 模型扩展到 DSEM，以同时处理内生循环问题，并考虑同时期的影响。DSEM 模型是基于变量的协方差矩阵来分析变量之间关系的统计方法，这种模型的建模分析过程是一个动态的、不断修改的过程。在建模的过程中，研究人员要通过每次建模计算得到的结果，去分析这个模型的合理性，然后依据经验及前一模型的拟合结果去不断调整模型的结构，最终得到一个最合理的、与事实相符的模型。

本研究构建的 DSEM 如下：

$$\begin{bmatrix} \Delta Sales_t \\ \Delta PUA_t \\ \Delta LBA_t \end{bmatrix} = \begin{bmatrix} \delta_{10} \\ \delta_{20} \\ \delta_{30} \end{bmatrix} + \begin{bmatrix} \delta_{12}t \\ \delta_{21}t \\ \delta_{31}t \end{bmatrix} + \begin{bmatrix} 0 & \gamma_{12} & \gamma_{13} \\ 0 & 0 & \gamma_{23} \\ 0 & \gamma_{32} & 0 \end{bmatrix} \begin{bmatrix} \Delta Sales_t \\ \Delta PUA_t \\ \Delta LBA_t \end{bmatrix}$$
$$+ \sum_{j=1}^{p} \begin{bmatrix} \varphi_{11}^j & \varphi_{12}^j & \varphi_{13}^j \\ \varphi_{21}^j & \varphi_{22}^j & \varphi_{23}^j \\ \varphi_{31}^j & \varphi_{32}^j & \varphi_{33}^j \end{bmatrix} \begin{bmatrix} \Delta Sales_{t-j} \\ \Delta PUA_{t-j} \\ \Delta LBA_{t-j} \end{bmatrix} \quad (1)$$
$$+ \sum_{j=0}^{q} \begin{bmatrix} \theta_{11}^j & \theta_{12}^j & \theta_{13}^j \\ \theta_{21}^j & \theta_{22}^j & \theta_{23}^j \\ \theta_{31}^j & \theta_{32}^j & \theta_{33}^j \end{bmatrix} \begin{bmatrix} Weekend_{t-j} \\ Holiday_{t-j} \\ Blockbuster_{t-j} \end{bmatrix} + \begin{bmatrix} \varepsilon_{1t} \\ \varepsilon_{2t} \\ \varepsilon_{3t} \end{bmatrix}$$

其中 ΔSales 指手机购票的增量（当天与昨天相比），ΔLBA 指 LBA 所带来的电影票增量（当天与昨天比），ΔPUA 指弹出式广告所带来的电影票增量（当天与昨天比）。

在 DSEM 中，p 和 q 是滞后长度，ε 是随机扰动项。δ_{10}、δ_{20} 和 δ_{30} 是截距，δ_{12}、δ_{21} 和 δ_{31} 捕获潜在的时间趋势影响。系数 γ13 估计 LBA 对移动销售的同期（在同一天的 t）效应，系数 φ_{13}^j 可以长期估计 LBA 对移动销售的时变衰减效应（t + 1，t + 2，t + 3，……t + j）。系数 γ_{23}、γ_{32}、φ_{23}^j 和 φ_{32}^j 捕获两个广告渠道之间的交互效果。系数 φ_{21}^j 和 φ_{31}^j 捕捉移动销售对广告渠道的反馈影响。此外，DSEM 可以估计所有变量与 φ_{11}^j、φ_{22}^j 和 φ_{33}^j 的结转效应，即过去移动销售量对当前的影响。

此外，我们将控制变量（周末、假期、时间趋势和大片）视为外生变量的影响。周末控制变量包括星期六、星期日以及星期五，因为消费者通常会在星期五晚上去看电影。$\theta_{11} \sim \theta_{33}$ 代表这些外生变量的影响。

最后，基于参数估计结果，我们使用脉冲响应函数（IRFs）来计算动态影响。在 DSEM 模型的基础上，IRFs 可以估计系统内生变量中其他内生变量对意外冲击的动态响应。例如，如果 LBA 更改一个单位，IRF 可以跟踪移动销售在未来 10 天内对这一变化的回应。在 IRF 的基础上，我们使用累积 IRF（AIRF）来衡量长期影响，这些影响是由 t + 1 周期到 t + j 期间的 IRF 总和计算的。

3.2.6　研究结论

3.2.6.1　LBA 与 PUA 当期和长期销量的比较

本研究对两个广告渠道的有效性进行了比较（见表 3 - 6）。研究发现在同期影响方面，LBA 的功效（γ_{13} = 0.14338，$p < 0.001$）是 PUA 功效的 10 倍以上（γ_{12} = 0.01389，$p < 0.001$）。在长期影响方面，虽然 LBA 没有明显的长期影响（$\psi_{13}^a = 0$），但同期影响是 PUA 累积影响的 3 倍（累积影响由 γ_{12} 和 ψ_{12}^a 的和计算得出）。因此，LBA 的销售影响远远超过 PUA 在同期和长期的影响。

在研究中我们确认了 LBA 同时预测和影响手机电影票销售量的有效性，且证明相较于 PUA，LBA 的销售影响在同期与长期方面影响更大。实践中，LBA 的成本主要来自企业内部的研发及短信的发送，相较于 PUA 其所需要支付的费用更低，其在未来营销策略的选择中将更为营销经理人青睐。

表 3-6 两渠道移动销量对比

时滞	参数	PUA 效果	参数	LBA 效果
t = 6	Ψ_{12}^{6}	0.00272*** (0.00105)	Ψ_{13}^{6}	-0.00426 (0.00916)
t = 7	Ψ_{12}^{7}	0.00235*** (0.00103)	Ψ_{13}^{7}	-0.00342 (0.00677)
t = 8	Ψ_{12}^{8}	0.00170*** (0.00073)	Ψ_{13}^{8}	-0.00265 (0.00495)
t = 9	Ψ_{12}^{9}	0.00123** (0.00060)	Ψ_{13}^{9}	-0.00198 (0.00361)
t = 10	Ψ_{12}^{10}	0.00071 (0.00046)	Ψ_{13}^{10}	-0.00146 (0.00262)
t = 1 to 10	Ψ_{12}^{a}	0.03815	Ψ_{13}^{a}	0.0000

p<0.05，*p<0.001

3.2.6.2 LBA 与 PUA 当期和长期的销售持续时间比较

我们比较了 LBA 与 PUA 对销售影响的持续时间（见图 3-2 和图 3-3）。一般来说，LBA 在同一天（t）内产生移动销售量，但没有显著的长期影响。然而，PUA 不仅产生同期的移动销售量，而且还产生长达（t+1，……，t+j）持续 9 天的销售量。具体而言，PUA 在同一天内产生移动销售累计影响的 26.3%，并在接下来的 9 天内释放其他 73.7% 的影响量。因此，持续时间在两广告渠道中是非常不均匀的，而 PUA 具有更长的持续时间。

本研究发现，在同期中，LBA 的销售影响超出了 PUA 的 10 倍以上；在长期中，LBA 销量影响也超过 PUA 的 3 倍。在尚未经过研究检验之前，我们无法得知 LBA 功效强于 PUA 的实际原理，但在铺天盖地的互联网广告被放置于顾客眼前时，顾客极有可能忽略，而 LBA 更容易受到顾客的注意，进而极有可能激发顾客的购买行为。将 LBA 作为重要的广告渠道，并分配给其更多的资源，将成为今后营销经理们的选择。

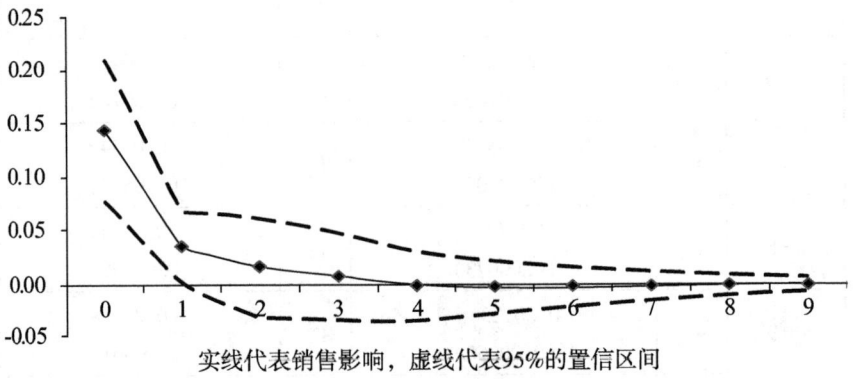

实线代表销售影响，虚线代表95%的置信区间

图 3-2　LBA 持续销量影响

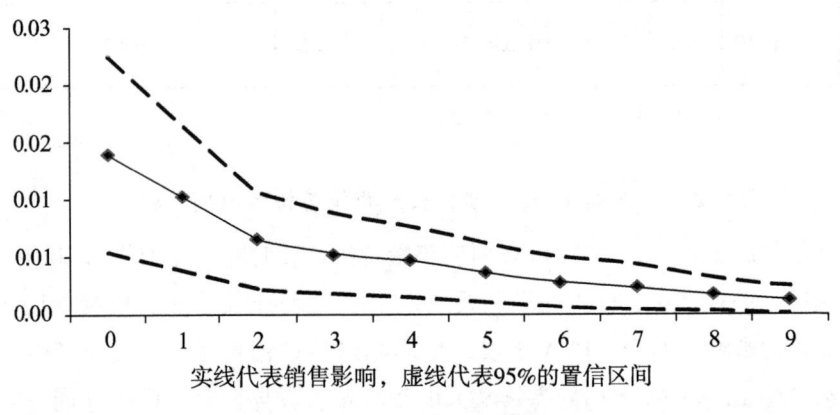

实线代表销售影响，虚线代表95%的置信区间

图 3-3　PUA 持续销量影响

3.3　LBA 对实时和延后销售的影响

CNNIC 数据显示，截至 2017 年 12 月，我国手机网民规模达 7.53

亿。在如此高普及率的情况下，考虑成本及跨设备的兼容性，移动推广采用的常见方式为 LBA。LBA 如此火热，其对销售的动态影响却未被研究证明。基于此，本研究运用随机现场实验，精确量化 LBA 对电影票的销售影响，并从实时及延后两个影响层面展开。

3.3.1 研究问题

近年移动技术的飞速发展，为企业提供了新的移动推广营销渠道。移动推广使得企业有了与目标消费者个性化的沟通机会（Andrews 等，2015；Ghose 等，2012；Scharl 等，2005）。尽管移动推广有许多形式，如手机网站上的网页横幅广告（Goh 等，2009）、移动设备视频播放中插入的中间广告、利用搜索引擎竞价的移动推广广告，这些都需要企业花费大量的成本来实现。再基于成本的考虑和跨设备的兼容性，移动推广更常用的方式是通过手机短信服务（SMS）发送（Mirbagheri 和 Hejazinia，2010）。目前，全球移动设备覆盖面极广，超过 84% 的美国人拥有移动设备，非洲、亚洲、欧洲等地的移动设备数量增长显著（Luo 等，2014）。

LBA 是指基于接收者地理位置信息定制的推广，当消费者出现在推广活动附近时，自动推送信息至其移动设备。相对于传统手段而言，LBA 有两个独特的技术特点。首先，移动技术是具有位置敏感性的。不仅使得企业扩展其能够触及的消费者，也能使得它们能够获取消费者去向的信息。有了这一信息，企业能基于消费者位置和周围环境，推送针对性的营销信息。其次，移动技术增加了消费者的可达性。一位手机用户能在任何时候、任何地点被 LBA 触及。考虑到这一无所不在的可达性，移动设备已经成为消费者日常生活中使用最频繁的私人设备，同时用户更多地关注通过移动设备而非传统渠道（如广告牌、电视和印刷广告）推送的信息（Ghose 和 Han，2014）。企业将移动平台作为新的营销手段已屡见不鲜（Fong 等，2015；Friedrich 等，2009）。因此，LBA 是一种实现实时营销的手段。

在本研究中，我们关注 LBA 这种特定的移动推广类型，并通过消费者购买数据，来评估其对销售的动态影响。尽管这一研究具有广阔前景，但 LBA 的销售影响在现有文献中被严重地忽略了。为数不多的文献中，借助实验数据，要么关注实时销售，要么关注消费者购买意愿（Butcher，2011；Molitor 等，2012；Ververidis 和 Polyzos，2002）。这些研究假设实时营销等同于冲动、自发的购买。然而，LBA 也可能会刺激需求认知，并发起需要时间来实现的计划购买过程，即促使消费者产生的购买行为是非冲动的，延后购买的影响。这是因为消费者可能将 LBA 保存在其移动设备上，并在之后进行评估和计划购买。现有证据表明，没有研究在实验环境下，提出 LBA 能否且在何种程度上诱发实时冲动性购买和将来的计划购买。在本研究中，我们采用随机现场实验的方式，通过对现场的数据处理与分析，来辨识 LBA 的动态影响，即探究移动推广对电影票销量的实时和延后销售影响。

3.3.2　理论基础

3.3.2.1　*移动推广*

移动推广，是运营商基于各类移动设备为媒介载体的一种按效果付费的网络推广方式。在移动互联网流量迅猛增长的大背景下，这种推广方式被广泛使用。与 LBA 有关的研究才刚开始。表 3-7 列出了相关文献，指出了现有研究与以往研究不同之处。首先，尽管最近的一些研究考虑到了 LBA 的销售影响（Ghose 等，2012；Luo 等，2014），但是它们中的大多数只考虑了实时销售，并没有考虑 LBA 对延后销售的可能影响。这就忽略了 LBA 能够激发促使将来购买的需求认知。其次，已有的研究使用实验室实验（Soroa - Koury 和 Yang，2010；Ghose 等，2012；Brunner 和 Kumar 2007；Zhang 和 Mao，2008）或者点击流数据来评估 LBA 的影响。几乎没有运用现场实验中实际消费者购买数据来进行验证。

3 LBA 效果的精准量化

表 3-7 移动推广已有文献

参考文献	因变量	数据	产品和技术	动态影响
本研究	实际销售	销售数据	LBA	是
Ghose et al. (2012)	移动浏览	点击流数据	LBA	否
Molitor et al. (2012)	优惠点击和使用	点击流数据	LBA	否
Soroa-Koury and Yang (2010)	意愿	调查	总体移动推广	否
Xu et al. (2009)	意愿	实验室实验	LBA	否
Brunner and Kumar (2007)	对 LBA 的态度	调查	总体 LBA	否
Xu et al. (2009)	意愿	实验室实验	LBA	否
Ghose et al. (2009)	对移动展示广告的回应	点击流数据	移动展示广告（不同位置）	否

3.3.2.2 冲动性购买

冲动性购买是指消费者一种事先无计划的即兴购买行为，或没有对负面或长期结果，进行深思熟虑购买的行为（Mishra 和 Mishra，2010，p. 1130；Sengupta 和 Zhou，2007，p. 297）。该定义表明冲动性购买有两个关键要素：①对一种突然的、未计划的冲动的刺激；②克服各种抑制因素，并允许该欲望快速实现，以满足消费需求的心理状态。考虑到实时的本质，LBA 能在合适的时间、合适的地点向消费者推送高度相关的营销信息，这两个要素是能成功激发导致冲动性购买的关键（Luo，2005）。LBA 的物理接近或者位置一致性越高，就越有可能诱发实时购买。同时，值得注意的是与企业的时间接近也能克服抑制因素，并导致冲动性购买（Hoch 和 Loewenstein，1991；Ainslie，1975；Mischel，1974；Loewenstein，1988；Luo 等；2014）。因此，考虑到 LBA 是基于位置临近和时间临近向手机用户推送，可以理解 LBA 能导致实施的冲动性购买。

3.3.2.3 计划购买

同时，LBA 也能够影响消费者将来消费的计划购买行为。根据计划行为理论，消费者购买时有如下五步：问题识别、信息搜寻、产品选择评估、购买决策和购买支持（Engel 和 Kollat 1978；Kotler，2002）。对 LBA 未产生冲动性购买的用户而言，LBA 能够影响上述阶段。这是因为 LBA 有助于用户进行需求识别，且用户可将 LBA 存储在其移动设备上，以便将来的评估和决策，即非冲动性和计划购买。在问题识别阶段，LBA 能激发消费者将来消费的需求，并促进计划购买行为的进程。在信息搜寻阶段，LBA 允许推广信息被存储在手机上，这就给用户获取并检索移动推广信息带来了便利（Ghose 等，2012；Molitor 等，2012）。在评估和决策阶段，LBA 使得消费者很容易地与朋友、家人分享信息，并向他人征求意见，也允许和其他相关者进行社交活动计划与合作（Kotler，2002；Zhang 等，2011）。上述讨论表明 LBA 有助于消费者在将来消费时，进行计划购买行为的决策，产生 LBA 的延后销售影响。

3.3.3 研究内容——LBA 动态影响

移动商务是近来受到广泛关注的研究领域，这一领域的研究对于运用消费者与企业之间的移动通信技术相当重要（Ghose 和 Han，2014）。尽管学者对 LBA 有极大的兴趣，仍缺乏实际实验背景下的销售有效性研究。通过解决 LBA 销售影响这一问题，我们推进了行为态度和移动推广采纳方面的研究（Brunner 和 Kumar，2007；Provost，2011）。在传统实验控制中，随机现场实验控制了无法观测的异质性并避免了内生性差异（Goldfarb 和 Tucker 2011，Luo 等，2014）。用户购买的差异被归因于 LBA，而控制条件下没有 LBA。在基于态度的调查数据之外，我们使用了随机现场实验的购买记录和公司档案数据，来作为 LBA 销售效果的实证证据。

就我们所知，这是第一次为了量化 LBA 的实时和延后效果而在信息系统（IS）和市场营销学科进行的尝试。市场营销和信息系统的已有文献，几乎没有提供移动推广的即时和将来购买的有力实证研究（Andrews 等，2015；Ghose 和 Han，2014；Luo 等，2014）。这是我们主要填补的研究空白。基于上述情况，本研究的目标是基于世界上最大的移动服务运营商提供的随机现场实验，通过控制条件下的手机用户随机样本，测量销售实验组的结果，从而揭示 LBA 的动态影响，即探究移动推广对实时和延后销售的影响。

3.3.4 研究设计——随机现场实验

我们进行了随机现场实验，来辨识 LBA 的动态影响。现场实验法，即通过控制条件下的手机用户的随机样本，准确地测量销售实验组结果。随机现场实验能解释用户不能观察到的异质性，用户购买可能性的差异，被归因为没有 LBA 时实验组的控制条件。这样一来，现场实验法避免了可能会影响结果的内生性偏差（Goldfarb 和 Tucker，2011）。我们现场实验的公司合作伙伴是中国最大的移动服务运营商。该运营商和主要的电影院建立移动推广合作，定期向消费者的移动设备推送 LBA。电影移动推广的消费者基数过了 300 万用户。运营商赞助了现场实验，从其用户中随机选取样本，使用 LBA 电影广告平台，在全国范围内推送 2014 年 5 月 27 日在中国上映的《变形金刚 4》。基于运营商的资源，我们随机地选择了距离某一电影院 500 米的 10,000 名手机用户，并对 LBA 对照组进行区域限定，实施了随机现场实验。

同时，我们随机选择了同一城市但距离电影院 500 米之外的 10,000 名手机用户，进行非区域限定控制。这一控制作为非定标性的基准。两组都在同一天的同一时间接收同样的 SMS 广告。非区域限定对照组由用户在接收 SMS 推广广告时是否位于电影院 500 米范围内（即，区域限定）决定。一个隐含的假设是，用户的运动模式是随机的，或由区域限定随机选择的。若用户的运动模式（即，他们是否经常光顾电影院）是非随机的或者与他们的购买决策相关，这一假设就有问题（Ghose 等，2014）。换句话说，非区域限定对照组并没有解决重要的、潜在的自我选择差异的内生性问题，二者可能混淆 LBA 的处理效果。

为了解释这种差异，进一步强化对研究结果的辨识度，我们设计了一个由距离影院 500 米范围内，随机选择的 2000 名手机用户组成的区域限定对照组。实验组和对照组均是在同一时间同一地点抽取，且用户是被随机分配到实验组和对照组的。这就保证排除了用户自我选择差异，样本来自同样的人群。我们向实验组推送 SMS 广告，并追踪其电影购买行为。对区域限定对照组，我们观察在没有 SMS 广告推送的情况下，追踪其移动位置数据来推断他们的电影购买情况。尤其是使用移动运营商的发射塔记录，我们追踪实验阶段（12 天）之内，该组内人们的手机信号，是否在电影院内停留了超过 90 分钟，并且以其作为购买电影票的代理商。作为基线（即反事实的测验，如果没有介入，辨识 LBA 实验带来的实际购买增量的提升），设有 LBA 介入的区域限定对照组是一种非常重要的辨识策略。

SMS 广告提供了指定影院《变形金刚 4》的折扣信息，该广告内容为"保留您的座位并以折扣价购买《变形金刚 4》的电影票，请点击链接"。通过点击 SMS 广告中的链接，接收者可购买电影票。当用户购买电影票之后，费用立即计入其手机账户。本次折扣从实验日起到《变形金刚 4》下映为止。这使得我们能够观察到推送 SMS 广告后的个人层面的购买记录。

该项实验于电影上映一周后的周六，即 2014 年 6 月 5 日 11 点至 13 点进行。实验设计的原因有三个。首先，中午是消费者去商场的高峰时段，而实验电影院又位于商场之中，中午推送 SMS 广告能产生更高的回应率，这就增加了统计数据。同时，大多数的电影都安排在下午，这给了消费者足够多的选择，并使得他们有充足的时间做购买决定。第二，电影上映后一周有助于规范可能的解释。因为《变形金刚 4》是一部大片，电影院在其放映后一周都会很拥挤。这将会导致延后购买，混淆 LBA 的延后购买效应。第三，我们选择周六而不是工作日进行实验，以便尽可能判断 LBA 的延后效应。相对于工作日而言，人们在周六有更多的可供支配的时间来看电影，从而实现实时购买而非延后购买。

为了辨识 LBA 的延后影响，我们也控制了五个因素，以保证其结果是可靠的。首先，我们选择了一个特定的电影来进行推广，排除了产品异质性的可能影响。第二，我们将样本限制在从来没有通过类似的 SMS 广告购买电影票的手机用户，这一点我们能够通过公司历史购买记录进行确认。这是为了控制用户的先前经验，因这可能会影响他们的购买习惯。第三，随机地向数据库中的手机用户推送 SMS 信息。在 Dengand Graz（2002）的基础上，我们运用 SAS 软件随机数字生成器的 RA-NUNI 函数，给每个用户编上了随机数字。接下来将所有随机数字排序并从中提取样本。这些步骤在无线运营商的 IT 系统中进行整合，保证运算快速运行以避免在发送 SMS 时手机用户地点出现变动。这种随机性控制了非随即样本差异。第四，在目前的实验设计中，对实验组有严格的要求，接收到 LBA 的用户，后续不会再收到公司类似的定向广告。因此，能辨识出的 LBA 动态影响，没有受其他定向广告的影响[①]。第五，基于可能对实验组和对照组产生差异的个人用户的每月手机账单、通话时间、收发短信数和其他数据使用，我们控制了用户的手机行为异质性。

  由于法律规定，移动服务运营商不能泄露消费者的私人信息，所以我们无法辨识用户的人口统计学信息。然而，法规允许移动服务运营商提供个人层面的手机使用信息，包括 ARPU、MOU、SMS 和 GPRS 作为用户使用手机的关键指标。ARPU（每个用户的平均收入）测量消费者移动设备产生的收入的指标。MOU（通话时间）构成了用户使用移动设备进行语音的时间。SMS 是单个用户发送和接收短信的数量。GPRS（通用分组无线业务）是衡量用户使用运营商提供的数据总量。表 3-8 给出了实验组和对照组的手机活动，通过比较表明实验组和对照组之间的手机活动，几乎没有差异（所有的 T 检验值 $p>0.2$），由此不用担心实验组的选择差异。为进一步控制可能的选择差异，我们在分析中将个人手机活动作为控制变量。

[①] 我们也注意到实验组和对照组中的主体，后续可能会受网站横幅广告和其他形式的非定向营销的影响，但这些推广的影响对实验组和对照组而言在统计上是一样的。因此，不会影响结果的可靠性。

表 3-8 试验组和对照组的比较

面板 A 变量的基本汇总统计						
	均值			标准差		
变量	LBA实验组	非区域限定对照组	区域限定对照组	LBA实验组	非区域限定对照组	区域限定对照组
ARPU	82.6748	83.7922	81.5571	51.1089	51.8566	50.8292
MOU	712.0853	716.0362	711.6525	606.3850	618.0826	573.9903
SMS	403.5373	403.7748	401.9430	240.8889	249.3136	243.6805
GPRS	72552.778	72948.8422	72614.4935	180098.6081	180507.363	177826.2912
面板 B 额外汇总统计						
	偏度			峰度		
变量	LBA实验组	非区域限定对照组	区域限定对照组	LBA实验组	非区域限定对照组	区域限定对照组
ARPU	2.8112	2.8882	2.9709	15.2385	15.4085	17.3064
MOU	2.0948	2.1780	2.0524	5.8867	6.6796	5.4498
SMS	1.7427	2.0657	2.1538	6.9247	9.9627	10.8371
GPRS	47.6058	46.0542	49.1735	2712.4340	2586.2604	2507.4635

3.3.5 数据分析

3.3.5.1 逻辑回归模型

为了验证 LBA 和两个对照组的统计重要性，我们进行了逻辑回归，结果见表 3-9。模型 1 和 3 包含了主要的影响，模型 2 和 4 包含了个人手机活动的控制变量。表 3-9 面板 A 中的结果表明，与两个对照组（模型 1、2 中的非区域限定组和模型 3、4 中的区域限定组）相比，LBA 实验组对总销售量有更积极和重要的影响。这些重要的发现对手机使用行为是有力的，能够帮助排除由于不同手机使用行为的可能影响，如更多或更少的账单（ARPU）、手机通话分钟数（MOU）、手机短信数（SMS）以及手机流量数（GPRS）。此外，表 3-9 面板 B 中的模型 5 到

8 表明，LBA 实验组在实时销售方面，相比于两个对照组（非区域限定组和区域限定组），有着正向和重要影响。并且这些结果对个人手机使用差异也是有力的。类似地，表 3-9 面板 C 中模型 9 到 12 表明，LBA 实验组在延后销售方面，相比于两个对照组（非区域限定组和区域限定组），也有着正向和重要影响。并且，这些结果对个人手机使用差异也是显著的。

表 3-9　实验组销售效果

	面板 A 总销售效果的比较			
	模型 1	模型 2	模式 3	模式 4
（截距）	-5.6232*** (0.6170)	-5.1390*** (0.2466)	-6.5008*** (0.5778)	-5.9940*** (0.6085)
LBA 实验组 a	1.6951*** (0.1821)	1.6930*** (0.1821)	2.5726*** (0.5823)	2.5890*** (0.5824)
ARPU		-0.0014 (0.0017)		-0.0021 (0.0019)
MOU		-0.0000 (0.0001)		-0.0000 (0.0001)
SMS		-0.0002 (0.0003)		00.0003 (0.0004)
GPRS		0.0000*** (0.0000)		0.0000 (0.0000)
	面板 B 实时销售效果的比较			
	模型 5	模型 6	模式 7	模式 8
（截距）	-6.1622*** (0.2184)	-5.6860*** (0.3276)	-6.9063*** (0.7074)	-6.2520*** (0.7605)
LBA 实验组 b	1.6158** (0.2396)	1.6150*** (0.2397)	2.2040*** (0.7154)	2.2170*** (0.7155)
ARPU		0.0007 (0.0020)		-0.0051 (0.0032)

67

续表

MOU		0.0000 (0.0002)		-0.0001 (0.0002)
SMS		-0.0001 (0.0004)		-0.0002 (0.0005)
GPRS		0.0000** (0.0000)		0.0000 (0.0000)
面板 C 延后销售效果的比较				
	模型 9	模型 10	模式 11	模式 12
（截距）	-6.4987*** (0.2584)	-5.9520*** (0.3696)	-7.5990*** (1.0000)	-7.1830*** (1.0330)
LBA 实验组 c	1.7965*** (0.2795)	1.7920*** (0.2795)	3.0530*** (1.0050)	3.0730*** (1.0050)
ARPU		-0.0047 (0.0029)		-0.0003 (0.0023)
MOU		0.0000 (0.0002)		0.0001 (0.0002)
SMS		-0.0001 (0.0005)		-0.0003 (0.0005)
GPRS		0.0000 (0.0000)		0.0000 (0.0000)

注：

面板 A 中，因变量是购买（实时和延后）或者不购买；面板 B 中，因变量是实时购买或者不购买；面板 C 中，因变量是延后购买或者不购买。

a 模型 1 和 3 使用非区域限定控制，模型 2 和 4 使用区域限定控制。
b 模型 5 和 7 使用非区域限定控制，模型 6 和 8 使用区域限定控制。
c 模型 9 和 11 使用非区域限定控制，模型 10 和 12 使用区域限定控制。
*$p<0.1$；**$P<0.05$；***$p<0.01$。

3.3.5.2 Cox 风险比例分析

为了进一步明确 LBA 的延后影响，我们建立了几个模型来验证 LBA 实验组的每日购买风险。Cox 风险比例分析表明，LBA 实验组与区域限定控制组相比，风险系数 = 0.6692，$p < 0.000$，与非区域限定控制组相比，风险系数 = 0.8073，$p < 0.000$)，随着时间推进，LBA 实验组确实对购买速度有着显著的影响，使其更延后和缓慢。这些结果对于实验和韦伯分布均是有力的，因此，风险分析为我们的结论增加了更多的实证证据，即 LBA 能产生动态的延后销售影响，这对移动商务实践和研究都是很有意思且重要的发现[①]。

3.3.6 研究结论

移动技术因其普遍存在和位置敏感的特性，为推广和定位消费者，提供了极其重要的平台。然而，许多企业将 LBA 仅与冲动性购买相联系，这种倾向会降低移动推广的销售价值。

本研究中，我们使用了随机现场实验、问卷调查和回归分析，以确认 LBA 对电影票销售的影响，分析揭示了两个重要的结果。

3.3.6.1 LBA 对消费者的动态影响

LBA 对消费者购买决策的影响是动态的。LBA 不仅影响当期的产品销售（Butcher，2011；Ververidis 和 Polyzos，2002），同时能够产生将来的销售。本文通过对 22,000 名手机用户进行现场实验，并且增加 LBA 活动的调查和档案数据，验证了这种效果。就我们所知，本文是目前 IS 和营销领域内，第一个运用独特且大规模的实际手机用户样本，对 LBA 的动态效果进行量化的研究。

本研究也为从业人员提供了重要建议。研究证明了 LBA 在实践中的销售结果。手机营销从业人员（如 Levi、Ford 和 P&G）对销售结果的关注超过了认知测量（emarketer.com，2014）。我们量化了 LBA 的

[①] 感谢一位接收者给我们提供了这一建议。

销售影响，帮助营销者进行更谨慎的技术投资，建立施新广告渠道和IT媒体的责任（Andrews 等，2015；Gao 和 Hitt，2012；Ghose 和 Han 2014；Tambe 和 Hitt，2012）。

3.3.6.2 LBA 对产品销售的动态影响

我们发现，LBA 对产品销售有持续的长期影响（实验之日起共12天）。结果指出在评估对产品销售的真实影响时，应强调移动推广的动态效果。解释 LBA 和其他移动推广尝试的延后销售有其价值所在。如果仅计算实时的冲动性购买，参与者和研究者则可能低估了移动推广的价值，且忽略了延后销售的影响。比如，仅考虑实时影响，LBA 总的销售影响将会被极大地低估。

我们对 LBA 动态影响的研究，是建立在电影票购买的背景下的。看电影是一项社交活动，要求时间上的配合。同时，电影票相对来说比较便宜，因此更有可能产生冲动性购买，如源于同伴压力（Zhang 等，2011）、口碑影响（Clemons 等，2010）。然而，我们的研究仍有不足，尽管所有的用户都居住在大城市，但没有顾客居住地的数据（Forman 等，2009），增加的位置变量可能会影响他们看电影的决策。考虑到这一特点，后续研究可调查其他产品类别（如餐馆或零售），以支持本研究的普遍性。

4 LBA 营销的精准投放

移动技术的快速发展使得企业能够随时随地触及客户,情景成为影响消费者购买决策的重要因素之一。本章基于情景营销、解释水平理论以及拥挤等理论,分别探索了时间定位与地理定位的组合策略,对移动促销效果的联合效应,以及消费者对于拥挤时的超情景目标定位反应的效果。本章的三个研究都从随机现场实验中提取数据,经过 logit 函数建模对数据进行处理,研究了相关因素对 LBA 营销的投放影响。本章的结论对于管理者精准投放 LBA,具有重大借鉴意义。

4.1 心理距离对 LBA 的影响研究

本节研究从心理距离概念入手,将心理距离展开为物理距离、时间距离、社交距离三个距离维度,对 LBA 效果的单独影响以及交互影响,并提出了影响 LBA 效果的一系列假设。通过对解释水平理论的分析研究,推测 LBA 启动的心理距离会改变消费者对信息的解释水平,影响广告效果,进而提出中介变量。最后,基于影响调节的原因,设计了五个变量作为控制变量。

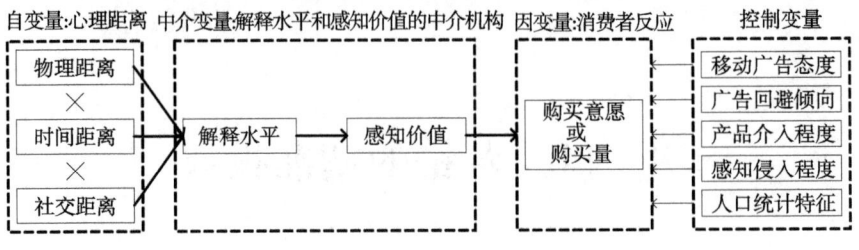

图 4-1 研究模型

移动通信技术赋予 LBA 三大独特优势：①位置敏感（Location - sensitivity），由于内置 Wifi、AGPRS 和 GPS，可以基于位置识别目标顾客。广告受众位置从不可控营销变量成为可控营销变量，从而促进消费者的广告响应（Ghose，Goldfarb 和 Han 2013）。②实时沟通（Real - time Communication），精确控制受众收到广告的时间（Chung, Rust 和 Wedel，2009；Hui 等，2013），进行实时沟通，提升广告感知时效价值。③社交属性（Social），手机是随身携带的社交工具，消费者可以即时回应广告，也可以与广告商展开双向沟通，因此广告效果往往更好（Wais 和 Clemons，2008）。

如何充分发挥以上三大独特优势，以提升 LBA 的广告效果？这个问题，业界期望得到解答，但学界尚未给出满意回答。尽管有学者尝试展开研究，但这些研究在以下五方面存在缺陷：①自变量：通常只研究影响 LBA 的某个因素或部分因素，较少考虑多个因素，极少考虑其交互作用；②中间变量：较少探讨位置、时间等自变量影响销售量的心理机制；③因变量：由于学界研究采用调查法或实验室实验居多，因变量主要是"态度"或"意愿"等心理变量，而不是销售量，但业界关心的却是后者。

本章从心理距离的直接影响、心理距离的交互影响、心理距离的作用机制和控制变量的影响，共四个方面研究 LBA 的效果，深化心理距离的认识。

4.1.1 心理距离的直接影响

心理距离属于跨领域范畴,以自我为中心,其参照零点为此时此地自己的直接经验,并沿不同维度向外扩展,形成人们通常所认为的三个维度(Bar-Anan,Liberman 和 Trope,2006;Bar-Anan,Liberman,Trope 和 Algom,2007;Trope 和 Liberman,2010;Trope,Liberman 和 Wakslak,2007),主要包含时间距离(temporal distance)、空间距离(spatial distance)、社会距离(social distance)三个维度。三个距离维度之间具有潜在的自动化联系,且不同维度之间存在相互影响。

具体而言,空间距离(spatial distance)是指刺激物在空间维度上距离个体有多远;时间距离(temporal distance),代表过去或未来距离个体现在和目标事件有多少时间;社会距离(social distance),代表社会客体与个体之间关系的亲疏或明确性。当个体与某刺激物间的客观距离——时间、空间或社会距离——越远时,所感知到的心理距离也越远(Liberman 和 Trope,2008;Liberman,Trope 和 Stephan,2007),而心理距离的变化将引起对客体心理表征的改变,进而影响人的判断和决策。在日常生活中,人们对事物的心理表征不仅受单一距离维度的影响,也是多种距离维度相互影响的结果,如预测他人的未来行为倾向时,需要同时考虑社会和时间两个距离维度。因此,研究各心理距离维度的关系及其相互影响,显得尤为重要,对解释水平理论在日常生活中的应用研究也具有重要意义。所以,本文在从心理距离的直接影响、心理距离的交互影响、心理距离的作用机制和控制变量的影响入手研究 LBA 的效果,对心理距离的相关研究领域进行了扩展,以期能够扩大解释水平理论,在日常生活中的应用范围。

首先是物理距离的影响。如果 LBA 的物理距离较短(即消费者与 LBA 推介的产品、服务或活动距离较近),消费者可以较快到达售点,参加优惠活动。Kenny 和 Marshall(2000)称之为情景价值(contextualized benefits)。相反,如果 LBA 物理距离较远,消费者感受到的情景化值较小(Goodman 和 Malkoc,2013;Liberman 和 Trope,2008)。因此,

LBA 物理距离较近时，广告效果更好。由此，提出假设 H1a：

H1a：不考虑其他心理距离的影响时，物理距离越近，LBA 效果越好。

其次时间距离的影响同理。营销效果受到营销实时性的影响（Zhang 和 Krishnamurthi，2004），营销者可以较为精确控制消费者收到 LBA 的时间（Prins 和 Verhoef，2007），这能够增加广告效果（Hui 等，2013）。Hui 等指出（2013）店内实时定位优惠券（in‐store real‐time targeting mobile coupons）可以给消费者带来惊喜；同时，时间接近时，实时了解更容易转化为实时购买（real‐time insight to real‐time action）（Macdonald 等，2012）。由此，提出假设 H1b：

H1b：不考虑其他心理距离的影响时，时间距离越近，LBA 效果越好。

第三是社交距离的影响。前文指出，LBA 研究主要关注了物理距离的影响，较少关注社交距离的作用。LBA 的另一优势是社会化，通过手机可以做到一对一的个性化，较为准确地识别与品牌关系较近的消费者。LBA 的这一优势是传统广告不可比拟的，但是现有研究非常不充分，特别是没有将其同物理距离和时间距离一起研究。营销学者借鉴社会学和心理学中人际关系的研究，将其拓展到营销领域，提出品牌关系理论（Fournier，1998）。现有研究发现，顾客与企业或品牌的关系较好时，会提高购买频率和每次购买的数量，也更愿意支付溢价（Schmitt，Skiera 和 Van den Bulte，2011）。也就是说，顾客与品牌或企业的关系越近，社交距离越短，顾客更可能购买 LBA 推介产品或服务。由此，提出假设 H1c：

H1c：不考虑其他心理距离的影响时，社交距离越近，LBA 效果越好。

4.1.2 心理距离的交互影响

单独考虑心理距离的某个方面，单一物理距离、时间距离、心理距离的减小，都可能增加 LBA 效果。然而，任何经济活动都存在于特定的时空之下，特别是物理距离和时间距离不能割裂开来（Balasubramanian 等，2002）。因此，必须同时考虑物理距离、时间距离和社交距离的共同作用才能得到可靠的结论。三者的交互非常复杂，并非简单的促进或削减关系，可能存在最优组合。接下来，我们将探讨物理距离、时间距离和社交距离对 LBA 效果的交互影响。

第一，物理距离与时间距离的交互影响。时间和地点是购买行为发生的重要情景因素（Kenny 和 Marshall，2000），其不同组合会产生不同效果。LBA 的物理距离较近时，如果 LBA 时间距离较近，即 LBA 推介的产品或服务、活动即将开始，消费者可以较快到达售点。相反，如果 LBA 时间距离较长，消费者感受到的情景化价值较小（Goodman 和 Malkoc，2013；Liberman 和 Trope，2008）。另一方面，LBA 的物理距离较远时，LBA 的时间距离与购买行为的关系可能比较复杂。具体而言，LBA 时间距离较短，消费者没有足够时间去参加促销活动（Kenny 和 Marshall，2000；Thomas 和 Tsai，2012），所以 LBA 的情景价值较低，LBA 效果较差。如果 LBA 时间距离较长，即 LBA 推介的产品、服务或活动还有较长一段时间开始，LBA 效果可能也不好。因为，时间距离增加，消费者对事件的感知利益较低。物理距离和时间距离较远，时间对消费者的效用较差（Ghose 等，2013；Yan 和 Sengupta，2013）。因此，LBA 时间距离的最优点，在时间不近不远处出现，也就是说 LBA 时间距离与消费者行为呈"倒 U"形关系。由此，提出假设 H2a 和 H2b：

H2a：**物理距离较近时，时间距离越近，LBA 效果越好。**

H2b：**物理距离较远时，LBA 效果与时间距离呈"倒 U"形关系（比如，广告时间距离为一天时，广告效果大于时间距离在当天或两天的情况）。**

第二，增加考虑社交距离时的交互影响。上文指出，LBA 物理距离较近时，广告效果与时间距离呈正向关系；物理距离较远时，广告效果与时间距离呈"倒 U 形"关系。无论在哪种情况下，消费者与广告推介的品牌或企业的社交距离较近时，广告效果都会较好。因为，消费者与广告中的品牌或企业的关系较高，会将其看作朋友或合作伙伴（Aggarwal, 2004; Aggarwal 和 Law, 2005; Fournier, 1998), 顾客与企业或品牌的关系较好时, 会提高购买频率及单次购买的数量 (Schmitt, Skiera 和 Van den Bulte, 2011)。此时, 社交距离的作用不会因为物理距离和时间距离的远近而改变。考虑到时间距离过短时, 即使社交距离再短, 消费者与品牌或企业的关系再亲密, 他们也没有足够的时间进行购买行为。因此, 只要时间距离没有短到消费者不能进行购买行为, LBA 的社交距离越近, 消费者购买行为越可能发生, 广告效果越好。由此, 提出假设 H3:

H3: 无论消费者与 LBA 推介的产品、服务或活动的物理距离较近还是较远, 只要时间距离没有小到无法完成消费活动的程度, 社交距离越近, 广告效果越好 (基金获批后进一步完善)。

4.1.3 心理距离的作用机制

解释水平理论 (Trope 和 Liberman, 2010) 指出, 心理距离可以使消费者对事件形成不同心理解释。这可以解释 LBA 中的消费者心理过程。该理论指出, 消费者会形成抽象心理解释 (abstract mental construal) 和具体心理解释 (concrete mental construal) 两种解释水平, 进而引导消费者决策和行为方式。基于解释水平理论 (Trope 和 Liberman, 2010), 心理距离较近时, 消费者会形成具体心理解释, 更关注情景化利益 (contextualized benefits); 当心理距离较远时, 消费者形成抽象心理解释, 情景化利益的影响下降。也就是说, 心理距离通过影响消费者的解释水平, 进而调整消费者从 LBA 中得到的情景化利益。Xu, Oh 和 Teo (2009) 研究 LBA 物理距离产生作用时的心理机制时指出, 距离因素是形成消费者感知利益的重要的中介因素, 却没有清晰阐明从物理距离到感知利益的心理过程。王霞、于春玲和刘成斌 (2012) 也证实, 未来事件发生的时间间隔会影响人们对发生事件效价的感知。现有研究发现, 物理距离 (Henderson 等, 2006)、时间距离 (Nussbaum 等, 2003)、社会距离 (李雁晨, 周庭锐和周琇, 2009) 形成的解释水平具有相似的规律, 即消费者距离较近 (远) 时, 他们形成对事件情景细节的具体

(抽象) 心理解释 (Liberman 和 F Örster, 2009)。因此, 我们推测 LBA 启动的心理距离, 改变消费者对信息的解释水平, 进而产生不同水平的感知利益, 最终导致广告效果的差异。由此, 提出假设 H4 和假设 H5:

H4: 消费者感知价值在 LBA 物理距离 (H4a)、时间距离 (H4a) 和社交距离 (H4a) 与广告效果之间具有中介作用。

H5: 解释水平在 LBA 物理距离 (H4a)、时间距离 (H4a) 和社交距离 (H4a) 与消费者感知价值之间具有中介作用。

4.1.4 控制变量的影响调节

除去前文提到的自变量心理距离, 以及消费者感知价值等具有中介作用的变量对消费者反应的作用, 仍然有一些变量存在并可能成为干扰研究最终结果的因素。所以, 我们将五大因素, 包括 LBA 态度 (Xu, Luo, Carroll 和 Rosson, 2011)、广告回避倾向 (Cho 和 Choen, 2004)、产品介入程度 (Drossos 等, 2007)、感知侵入程度 (Andrews, 2006)、人口统计特征 (Xu, Luo, Carroll 和 Rosson, 2011) 等会影响消费者对 LBA 的信息处理, 调节 LBA 启动的心理距离的因素提出, 作为研究的控制变量。

4.1.4.1 LBA 态度

研究消费者对 LBA 的态度特别重要。Alwitt 和 Probhaker (1992) 强调, 消费者对广告态度的研究仍然很重要, 因为消费者的态度很可能影响消费者对个人广告的关注和反应, 他们对广告的态度可以提高他们的品牌态度, 从而增加购买的可能性。Tsang, Ho 和 Liang (2004) 也发现消费者对 LBA 普遍持消极态度, 除非他们特别同意接收广告信息。因此, 本研究将消费者对 LBA 态度作为控制变量, 以期减小它对消费者反应造成的额外影响。

4.1.4.2 广告回避倾向

广告规避倾向是一个自动过程, 涉及内容中广告刺激的实际视觉筛选, 无须消费者的有意识决策或行为反应 (Chatterjee, 2008)。避免实际情况源于消费者有意识地决定避免广告，导致不同程度的心理反应（Brehm，1981）。

Cho 和 Choen（2004）概述了一个概念模型，解释了在线广告规避的决定因素。他们提出了在线广告规避背后的三个主要因素，第一个因素即任务的中断，意味着消费者不能在不被广告干扰的情况下，自由地在互联网上实现他们的目标。第二个因素是消费者过去的负面经历。第三个因素是网络上的混乱，指的是与无用信息相关的大量广告。有些广告以一种侵入性的且过于频繁的方式出现，它们可能会减少消费者的积极情绪。侵入性取决于广告的位置、广告出现的时间，以及广告与互联网用户互动的方式。消费者喜欢控制他们想看的东西。他们想要决定他们何时以及如何收到广告信息。事实上，消费者现在对广告信息的过度曝光，对广告商来说是一个真正的威胁，同时也会导致对沟通品牌的负面看法。消费者参与公司的营销过程并不是一个新概念（Von Hippel，1986）。在 2005 年出现了一个用户生成内容（Vser Generated Content，UGC）的新概念。它与一组媒体通信有关，其中内容主要是由最终用户创建或直接影响的。这一现象是近年来基于新技术开发的视听生产手段的基础（Cooke 和 Buckley，2008），一些 UGC 的例子，如维基、播客、博客和交互式视频。因此，互动广告可能会带来相对较低的广告规避风险，也可能促使消费者产生积极情绪。通过降低广告规避风险，可以最小化消费者的广告规避倾向对消费者反应造成的影响，即最小化研究模型中的因变量的直接影响，保证研究的准确性。

4.1.4.3 产品介入程度

根据 FCB Grid（Ratchford，1987；Vaughn，1986），产品的"感觉"或"思考"性质不同。当个人根据他们对产品的感受做出购买决定时，产品的特点是"感觉"；当购买决策主要基于思想时，产品被定性为"思考"（Ratchford，1987）。如 Laurent 和 Kapferer（1985）认为，消费者以主动或被动的方式，处理广告传播，以及对信息做出反应的程度，取决于他们对产品的参与程度。精化可能性模型（Petty 和 Cacioppo，1986）表明，参与会影响处理信息的动机。产品参与度高的人，更有可能探索更多特定于产品的信息。如果广告论点很强，涉及的消费者更有可能对广告产品形成积极的态度。因为介入程度能影响消费者的购买决策，为了保证最终结果的准确性，本研究将产品介入程度引入作为控制变量。

4.1.4.4 感知侵入程度

研究表明，消费者对 LBA 的看法越来越消极，某些方式被消费者认为是侵扰性的（Chatterjee，2008；McCoy，Everard，Polak 和 Galletta，2007；Rotfeld，2006；Shavitt，Vargas 和 Lowrey，2004）。在评估感知侵入性时，Li、Edwards 和 Lee（2002）确定了具体的因素——分散注意力、令人不安、强迫、干扰、侵入和突兀。与横幅广告相比，特别是弹出式广告可以产生更高水平的广告感知，回忆和点击/购买意愿（Chatterjee，2008；Cho，Lee 和 Tharp，2001；Diao 和 Sundar，2004）。但是，一些研究表示，弹出广告和横幅广告被认为是对用户的干扰，打断和干扰他们的在线任务（Li 等，2002）。例如，弹出广告可能会导致大多数消费者的广告回避和刺激（Li，Edwards 和 Lee，2002）。弹出式广告带来的负面影响会降低品牌态度，并且消费者会逐渐避免这种趋势，这表明应采用规模较小的非侵入式弹出式广告。因为弹出式广告对消费者带来的负面影响会降低其对品牌的态度，所以通过采用规模较小的非侵入式弹出广告，并将感知侵入程度作为控制变量，可以减小它对于研究因变量，即消费者反应的直接影响，从而提高研究模型的准确性。

4.2 移动目标定位对 LBA 的影响

本节基于情景营销理论，来探索移动目标的不同组合，如何决定消费者对移动促销的反应。移动促销的有效性与情景相关，即在合适的地点和时间来与移动客户构建联系（Kenny 和 Marshall，2000）。移动目标定位包括时间目标定位、地理目标定位以及两种定位的组合。时间和空间是"所有经济活动最基本的维度之一"，随着消费者越来越多地使用基于位置的服务和时间敏感的产品，时间目标定位使得企业能够及时通过信息与客户进行沟通（Chung 等，2009；Hui 等，2013），地理目标定位使得企业能够根据地点锁定用户。营销人员能够与移动客户构建无所不在的关系，制订精准的营销计划。因此，从位置和时间两个方面，识别移动目标定位策略的有效性和机制对于移动商务行业的发展至关重要。但同时使用时间目标定位与地理目标定位策略时，对移动促销的结果——销售购买产生的影响还未明确。因此，本节基于情景营销理论来探索移动目标的不同组合，如何决定消费者对移动促销的反应。

4.2.1 研究问题——时间定位与地理定位的组合策略对移动促销效果的联合效应

到 2016 年，移动商务预计将超过 860 亿美元（eMarketer 2013d）。移动技术能够定位时间和位置的独特能力，促进了这种指数增长（Ghose 和 Han，2011，Shankar 等，2010）。一方面，手机的便携性使得营销人员可以通过及时的信息与客户进行沟通（Chung 等，2009；Hui 等，2013）。促销的时机影响促销效果（Zhang 和 Krishnamurthi，2004）。例如，Prins 和 Verhoef（2007）展示了，营销沟通如何减少消费者对新的移动电子服务的使用时间。获取客户需求的实时洞察，可以使公司在以"速度 vs 懒惰"的方法应对时，具有竞争优势（McKenna，1995；Scott，2012）。事实上，技术进步带来的虚拟亲密会使市场和客户保持持续的联系，从而促进从"实时洞察到实时行动"的转变（Macdonald 等，2012，p. 108）。实时目标定位的好处在店内促销中得到了体现，即动态支出（Stilley 等，2010）。Hui 等人（2013）记录了在店内实时目标定位移动优惠券可以增加消费者的计划外购买。因此，预计在当天进行时间目标定位，并提前促销（相对于提前几天进行促销）进行时间目标定位将是一种有效的移动销售策略。

另一方面，基于 GPS 的智能手机，允许营销人员按地点对客户进行定位。消费者更愿意参与位置距离较近的促销事件（Banerjee 和 Dholakia，2008；Spiekermann 等，2011）。当他们靠近进行促销的商店时，他们更有可能对移动促销做出反应（Banerjee 和 Dholakia，2008）。在一个实地实验中，Spiekermann 等人（2011）发现，当消费者在离餐馆较远的地方收到餐馆优惠券时，他们不太去兑换使用优惠券。同样，Ghose 等（2013）验证了消费者在进行基于手机的互联网搜索时，对接近他们的地点的偏好。消费者还依赖于基于位置的应用程序与朋友协调并获取本地信息（Lindqvist 等 2011；Molitor 等，2013）。随着越来越多消费者使用 GPS 技术，营销人员也开始采用移动营销策略（Shankar 等，2010）。而近距离（相对于非近距离）的地理定位将更有效地实现移动销售。

有趣的是，同时采用地理和时间目标策略的效力还有待检验。这一研究差距相当有趣，因为移动设备的商业优势，在于其空间和时间的可操作性，时间和空间是"所有经济活动最基本的维度"（Balasubramanian 等，2002）。理论方面，移动商务中，时间目标定位和地理目标定位相结合的有效性有待量化。实践方面，营销人员依据时间和地点，考虑将资源转移到目标市场时，需要能够平衡这两者组合的可操作的指导方针。因此，我们的研究问题是分析不同的时间目标定位与地理目标定位组合，给消费者对移动促销的反应带来影响，以便促进其对移动商务的全面认识以及移动商务行业的发展。

4.2.2 理论基础

4.2.2.1 情景营销理论

情境营销理论（Kenny 和 Marshall，2000）可以解释时间和地理定位对移动用户的重要性。这一理论认为，为了影响消费者的购买决策，营销人员的努力必须是与环境相关的。有人指出，"新的移动技术正在涌现，这将使企业随时随地都能接触到消费者。"移动商业的焦点将从内容转移到情境（Kenny 和 Marshall，2000）。由于手机无处不在，移动用户可以对基于位置的服务和时间敏感的产品做出反应（Johnson，2013）。因此，市场营销人员可以利用情景、信息来与移动客户建立无所不在的关系，"每天 24 小时，每周 7 天，在他们的车里，在购物中心，在飞机上，在运动场上"（Kenny 和 Marshall，2000，p. 123）。我们可以得出结论——对于移动用户的时间和/或地理定位是有效的。

更重要的是，情境营销理论也表明，时空边界条件可能对消费者行为产生交互影响。不同语境和情境约束的相互关系影响消费者决策，因为消费者是否参加活动的决定可能会因事件的时间和地点的变化而变化（Cappelli 和 Sherer，1991；Johns，2006）。在信息系统有关文献中，Galletta 等人（2006）发现网络使用情景具有协同作用，它影响消费者重新访问网站的意图。Deng 和 Chi（2012）证明情境约束会影响消费者对信息系统的使用。因此，市场营销和信息系统领域的文献中，基于情景的决策研究，促使我们不再停留于研究时间定位或地理定位的单一影响，而是研究时间与距离的交互效应。

4.2.2.2 解释水平理论

解释水平理论（Trope 和 Liberman，2010）假定个体形成了一种具体或抽象的心理解释，这种心理解释反而指导他们的决定和行为。

具体地说，当个人接近（远离）某一事件时，他们会对事件的情景细节形成更具体（更抽象）的心理理解。在关于时间的心理学文献中，当人们被问到他们有多大可能参加一个在不久的将来开展的讲座时，一种具体的心理解释（即讲座的时间）形成了，并且在他们的决定中更具影响力（Liberman 和 Trope，1998）。同样，在关于地点的文献中，当参与者被告知一段视频是在国内拍摄的（接近），他们描述的比被告知在国外拍摄的参与者更具体。更重要的是，与情景营销的强调时间和地点的交互作用（Kenny 和 Marshall，2000）相一致，解释水平理论认为，在近距离和近时间的情况下，消费者关注于情景化的利益，形成了更具体的心理解释，从而引发更多的购买。比如，当消费者在移动服务提供的时间和地点附近接受 SMS 的时候，他们会形成更具体的心理解释，通过这种具体的解释，他们对活动的参与度和购买意愿会变得更高。

4.2.3 研究内容——时间定位与地理定位的不同组合对移动促销效果的影响

基于情景理论，当结合两种看似有利的目标定位营销策略时，交互效应可能会相当复杂，并不总是产生协同的销售结果，因为不同组合的成本和收益可能会因消费者决策而不同。

一方面，目标定位近距离的移动用户，我们预计促销提前的时间将对销售购买产生负面影响。这是因为，当一个事件即将发生并且近在咫尺时，消费者关注的是该事件情景化的好处，根据情景理论而言，意味着就在当时当地做该事。事实上，消费者往往更重视那些能立即体验到好处（Prelec 和 Loewenstein，1991）并且好处更容易通过增加购买被可视化（Chandran 和 Menon，2004）的事件。相比之下，当事件发生时间较晚的时候，在即时决策过程中，人们就认为与情景相关的好处较少（Goodman 和 Malkoc，2012；Liberman 和 Trope，2008）。由于移动设备的屏幕尺寸较小，消费者倾向于使用移动设备进行即时活动，因此不及时的信息会被认为对消费者不利（Molitor 等，2013）。所以，当目标定位距离较近的移动用户时，促销提前的时间，会对消费者因移动促销而可能产生的购买造成负面影响。

另一方面，目标定位非近距离的移动用户时，促销提前的时间对作为促销结果的销售购买的影响不会是简单的、线性的，而是倒 U 形的。这是因为提前时间过短（当天进行移动推广）对非近距离移动用户的好处不大，因为通知很短，时间很少，几乎无法根据促销活动进行规划或参与其中（Kenny 和 Marshall，2000；Thomas 和 Tsai，2012）。如此低的感知利益，减少了消费者因为移动促销而购买的可能性。然而，提前时间过长（提前两天的移动促销）也不总是有效的。这是因为，由于这些事件不是即时的、情景的或具体的（Liberman 和 Trope，2008），对于在遥远的未来和更远的距离发生的事件，接受促销的好处也很低。也就是说，内容不及时的移动信息和非近距离的事件，对于消费者决策几乎没有用处（Ghose 等，2013；Yan 和 Sengupta，2013）。对于非近距离用户而言，过早的促销提前时间的低感知好处，也会降低购买的可能性。当以非近距离的消费者为目标客户时，移动促销中的提前时间过短或提前时间过长，都不会给消费者带来最大的好处。当目标定位非近距离的移动用户时，促销的提前时间将对消费者购买的可能性产生倒 U 形的影响（提前一天的移动促销，比当日或提前两天的促销更有效）。

为探究以上内容，本节的研究进行了一个大规模的随机实验。该实验向 12,265 位手机用户发送短信（SMS），探究不同的移动目标组合如何决定消费者对移动促销的反应。首先，实验将确定时间目标定位和地理目标定位分别对移动促销的结果，即销售购买产生的影响。然后在应用这两种策略的情况下，验证针对近距离的移动用户，促销提前时间会对消费者购买的可能性产生负面影响，以及目标定位非近距离的移动用户时，促销提前的时间对作为促销结果的销售购买的影响是倒 U 型的。并且基于解释水平理论，通过问卷调查法对地理距离（即与促销活动在位置上的距离）和时间距离（即距离促销活动有多长时间），诱导消费者产生的心理理解差异进行阐释。

4.2.4 研究设计

4.2.4.1 实验设计

我们与世界上最大的无线运营商之一合作，进行了一个随机的现场实验。我们在实验中随机选择移动用户发送短信，宣传为享受电影场景的快感体验，为顾客提供大幅折扣（50%）的电影票。

为了明确移动目标定位的有效性，实验控制了五个因素。首先，实验只选择了一部电影来宣传，以减少不同电影和顾客口味的混淆效应，并且确保电影不会过于受欢迎以控制偏见。其次，实验专门开发了新的移动应用程序，以保证参与用户之前没有用手机购买过电影票。

第三，实验基于随机化程序，向数据库中随机抽取的移动用户发送短信。我们的随机实验包括 9 个控制组（3 次距离操作×3 次时间操作）。具体来说，效仿 Deng 和 Graz（2002），通过两个步骤随机选择移动用户。我们先使用 SAS 软件的随机数，生成器并运行 RANUNI 函数，该函数从均匀分布中返回一个随机值,每个随机值对应一个用户,这些用户在我们发送 SMS 的时候与影院的距离为近、中、远。然后,按顺序对所有随机数进行排序,从序列中提取样本。这两个步骤被整合在无线供应商的 IT 系统的算法中,它支持即时计算和随机化,以避免在实时发送 SMS 时,移动用户从一个位置移动到另一个位置(这个即时计算/随机化很难执行,是我们的现场实验设计的独特之处)。

在我们的实验中,距离是指移动用户与电影院的物理距离。从促销活动中对位置的定义,与 Spiekermann 等(2011)对与餐厅之间的距离的使用,和 Ghose 等(2013)对移动互联网搜索中与零售商的距离的使用一致。以电影院所在位置为圆心画一个圆,半径越大(离电影院越远),这个范围内的移动用户越多;半径越小(离电影院越近),这个范围内的移动用户越少。也就是说,针对距离电影院近、中、远的地点的移动服务覆盖逐渐扩大。我们可以发现,一个潜在的偏差将是在同心圆中,远距离用户的过采样和近距离的用户欠采样。为了克服这种偏差,我们在距离电影院(近、中、远)三段距离的每个地方,抽取了相同数量的移动用户。以避免偏见,取得相对平衡的单元。

我们控制的第四个因素是电影特性。我们采取的方法是,在城市中心的东、南、西、北方向各选择一家电影院,并且这些电影院都位于城市的二环。

第五,我们根据每个用户每月的电话费、使用的分钟数、发送和接收 SMS 的时间,以及数据的使用来控制用户的无线行为。我们使用这些协变量,来控制由不同用户的无线使用习惯所产生的结果的替代解释。例如,短信和数据使用率较高的用户,可能更倾向于下载电影应用程序和购买电影票,因为他们更可能做这种操作,因此更适应。由于监管禁止无线提供商发布客户的私人信息,我们不能通过人口统计信息来识别用户。然而,我们的数据允许我们通过移动使用行为来描述用户。在无线行业中,ARPU(每个用户的平均收入)、MOU(每月使用分钟数)、短信和 GPRS(通用分组无线服务)是移动使用行为的关键指标。ARPU 是

基于位置的精准营销研究

表4-1 总结性数据

Panel A: 变量的定义和基本汇总统计

变量	定义	均值	中位数	标准差	最小值	最大值	有效	缺失
时间	发送SMS的时间情况（三种情况）	2.03	2.00	0.811	1	3	12,265	0
距离	从电影院发送短信的距离情况（三种情况）	2.02	2.00	0.824	1	3	12,265	0
顾客情境	发送SMS的顾客情境情况（三种情况）	1.96	2.00	0.822	1	3	12,265	0
ARPU	每个移动用户通过移动设备每月产生的平均收益	4.2503	4.2850	0.86597	0.00	7.52	12,265	0
MOU	每个用户每月的语音通话时间使用时长	5.9685	6.2710	1.51144	0.00	8.72	12,265	0
SMS	每个用户每月发送和接收的短信数量	3.8508	4.1744	1.75977	0.00	7.94	12,239	26
GPRS	每个用户每月的数据使用量，由通用分组无线服务测量	8.9565	9.8546	2.88166	0.00	16.04	12,238	27

Panel B: 额外的汇总统计

	方差	偏度	峰度	10	20	25	30	40	50	60	70	75	80	90
				\multicolumn{11}{c}{百分比（%）}			
时间	0.658	-0.055	-1.478	1.00	1.00	1.00	1.00	2.00	2.00	2.00	3.00	3.00	3.00	3.00
距离	0.680	-0.031	-1.528	1.00	1.00	1.00	1.00	2.00	2.00	2.00	3.00	3.00	3.00	3.00
顾客情境	0.675	0.079	-1.514	1.00	1.00	1.00	1.00	2.00	2.00	2.00	3.00	3.00	3.00	3.00
ARPU	0.750	-0.706	2.294	3.2268	3.5771	3.7200	3.8486	4.0737	4.2850	4.5163	4.7214	4.8598	4.9752	5.2769
MOU	2.284	-1.947	5.097	4.4308	5.1930	5.4467	5.6490	5.9965	6.2710	6.5280	6.7869	6.9202	7.0579	7.3877
SMS	3.097	-0.645	-0.423	1.0986	2.3026	2.7726	3.0910	3.6636	4.1744	4.6347	5.0689	5.3033	5.4972	5.8051
GPRS	8.304	-1.725	2.780	5.1358	7.6436	8.2011	8.6512	9.3116	9.8546	10.2560	10.5261	10.7282	10.9639	11.4334

一个用户的移动设备产生的收入的度量标准。个人的 MOU 是用户在手机上花费的通话时间。SMS 是每月发送和接收的短信的数量。GPRS 用于与无线服务提供商，测量每月数据使用量。表 4-1 在我们的数据中报告了这些变量的汇总统计数据，在线附录中（http：//www.fox.temple.edu/mcm_people/xueming-UNK/）的表 A1 显示了变量的分布。

我们与国际影院连锁的 IMAX 影院合作，在 2012 年 8 月的最后一个周末进行了为期 3 天的实验。2012 年 8 月最后一个周六的下午 4 点，无线运营商发送短信进行电影票促销。受赠人通过下载相应的电影票应用程序，并从 APP 中购买。在进行现场实验时，手机用户无法通过该无线供应商的其他移动应用购买 IMAX 电影票。目标用户群体由发送 SMS 时，距离 4 家影院中的 1 家 2 公里范围内的所有移动用户组成。所有的电影院彼此都相距 4 公里以上，所以没有冗余的样本。一旦手机用户下载了这款应用，他们就可以购买电影票并预订座位。如果用户买了票，费用就会计入每月的话费。

我们总共向 12,265 名移动用户发送了宣传电影的短信。收到短信的用户中，有 901 人购买了电影票。这相当于 7.35% 的响应率，最初看起来很低。但是，这一比率与移动目标定位的 0.42% 的响应率（通过点击率来衡量）相比是高的（eMarketer, 2012）。由于我们的现场实验预计会有移动销售，每一个电影院都为宣传电影的放映预留了几个房间。而且，因为所选电影在下午 4 点放映，对于电影销售来说，这是一个电影销售放缓的时间，实验没有可能会对结果造成污染的容量约束。这是一个受试者间（不是受试者内）的现场实验设计，每个移动用户只收到一条电影促销的短信。无线供应商可以识别所有移动用户的电话号码，并确保没有移动用户在我们的现场实验中多次接收短信。移动服务提供商保留其发送短信的每个用户的下载和购买记录，因此这为测试和衡量移动目标定位的有效性，提供了一个很好的机会。此外，我们的数据集，允许我们确定每个用户收到短信移动促销的时间，以及其所在的位置。

4.2.4.2 时间目标定位信息

对于时间目标定位，我们采用三种（当天、提前一天、提前两天）

的目标选择情景。我们分别在周六下午2点（电影放映前2小时），提前一天，即在周五下午2点（前26小时）发送SMS，提前两天，即在在周四下午2点（前50小时）发送短信[①]。

4.2.4.3 地理目标定位信息

针对地理目标定位，我们采用了三种（近、中、远）目标选择情景——分别通过向距离影院200米以内的用户、距离影院200到500米的用户、距离影院500米到2公里的用户发送短信来操纵。移动行业通过手机在短信传输时所处的微单元来识别距离。微单元是移动电话网络中的一个单元，由低功率蜂窝基站提供服务，覆盖范围有限，通常范围在50米到200米不等。因为无线供应商需要预测移动使用情况并相应地配置服务，因此他们拥有每个微单元的精确地理和人口信息。

4.2.4.4 后续调查设计

我们在后续调查中测量了以下结构，包括购买意向、参与、具体的解释水平，以及信息的侵入感。我们还研究了在考虑消费者收到短信后可能被触发的购买冲动（Rook和Fisher，1995）和可能增加消费者对折扣兴趣的价格意识的时候，通过上述实验所得出的关系能否仍然成立。此外，我们控制用户的人口统计数据（年龄、性别、收入和教育），用户之前是否安装一个类似的手机应用程序购买电影票、其移动应用的经验如何、看电影的时间偏好如何（因为一些消费者可能更喜欢在每周特定的时间看电影）以及其电影观看的频率。图4-2描述了在我们的调查中测试的概念模型。

主要结构的测量结果见表A2在线附录。为了确定参与者是否更喜欢在特定的时间看电影，我们要求参与者回答"星期几看电影对我来说无所谓"，根据7分李克特量表从"强烈不同意"到"强烈同意"进行

[①] 在我们的现场实验中，发送给移动用户的SMS消息如下："为了享受一部周六下午4点以折扣价播放的电影，下载这款手机APP购买你的电影票并预订座位。"这条信息通过3次时间操纵（电影上映前2、26、50小时）和3次距离操纵（距电影院的距离小于200米、介于200米到500米，以及500米到2公里）的组合发送给移动用户。

4 LBA 营销的精准投放

选择。为了确定参与者看电影的频率,我们要求参与者从"每周几次"到"每月不到一次"的五个选项中选择。

基于这组项目,我们创建了四个版本的调查问卷,以处理不同的地理和时间距离。① 低地理距离,低时间距离;② 低地理距离,高时间距离;③ 高地理距离,低时间距离;④ 高地理距离,高时间距离。

每个问卷开始时都描述了与以下四种情况之一相对应的情景:"假设你在一个购物中心附近闲逛(200 米对应低地理距离场景,2 千米对应高地理距离场景),某天的下午两点(周六对应低时间距离场景,周四对应高时间距离场景),你从无线供应商那里收到短信,手机屏幕上的短信图片显示周六下午 4 点播放的精选电影的打折电影票(与现场实验一致)。

我们与一家市场调研公司进行了合作。该公司给使用智能手机的受试者发送了电子邮件,并随机分配了四个版本的调查问卷之一的链接。我们获得了 414 份完整的回复,每个调查版本的回复者数量大致相同。在线附录的表 A3 提供了样本的描述性统计。这四种情况的样本具有可比性,因为其人口统计数据的平均比较测试不显著。

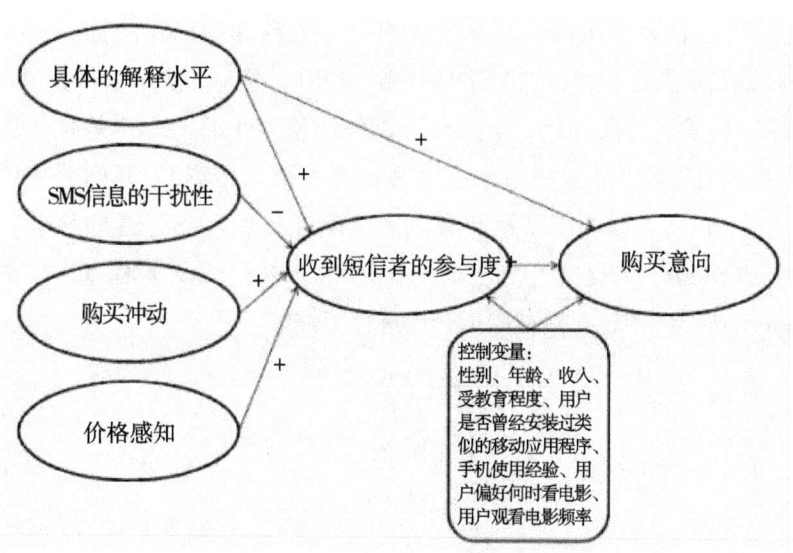

图 4-2 后续调查的概念模型

4.2.5 数据分析

4.2.5.1 计量经济分析

现场实验的随机性使数据分析在传统的控制意义上变得简单直接。随机现场实验可以避免内生性和因果性偏差（Goldfarb 和 Tucker，2011）。虽然用户无法观察到的差异可能会混淆我们的结果，但由于实验的随机化，用户购买的差异可以归因为目标定位策略。我们的模型估计了每一个移动用户未观察到的销售购买可能性或可能性，我们将其作为 Purchase Probability$_i^{Mobile}$。我们将购买电影票的潜在概率建模为，时间目标和地理目标定位的 Logit 函数。在 Agarwal 等（2011）之后，我们假设 logit 模型中误差项的一个独立的、相同分布的极值分布：

$$Purchase\ Probability_i^{Mobile} = \frac{exp(U_i^{Mobile})}{exp(U_i^{Mobile}) + 1}, \quad (1)$$

$$U_i^{Mobile} = \alpha^l + \beta^l \times distance_i + \gamma^l \times time_i \\ + \delta^l \times distance_i \times time_i + \tau^l \times X_i + \mu_j^l + \varepsilon_i^l,$$

U_i^{Mobile} 代表移动购买的潜在效用，X_i 是移动用户的向量（具体来说，包括来自每个用户的月平均收益 ARPU，个人月使用分钟数 MOU，个人月收发短信数 SMS，个人月数据使用量 GPRS）。ε_i 由特殊的误差项 μ_j 组成。需要重点关注的是地理目标定位（距离）、时间目标定位（时间）的主要影响，以及两者之间的交互作用。我们通过方程（2）的卡方检验、方程（3）的 Cox and Snell R^2，以及方程（4）中的 Nagelkerke R^2 中，对模型的拟合性进行了评估：

$$x_{Pearson}^2 = \sum_{all\ cells} \frac{(observed\ count - expected\ count)^2}{expected\ count} \quad (2)$$

$$Cox\ and\ Snell\ R_{CS}^2 = 1 - \left(\frac{L(B^{(0)})}{L(\hat{B})}\right)^{2/n} \quad (3)$$

$$Nagelkerke\ R_N^2 = \frac{R_{cs}^2}{1 - L(B^{(0)})^{2/n}} \quad (4)$$

$L(\hat{B})$ 是具有模型所有估计值的对数似然函数，$L(B^{(0)})$ 是截距模型对数似然的核心，n代表测试数。我们用聚集在影院水平的稳健标准误差（sandwich estimators）估计模型，这可以解释一个可能的偏差，即对于一个影院的观测值可能存在共同的潜在特性，而研究人员没有观察到。(Greene，2007；Goldfarb和Tucker，2011)。

4.2.5.2 时间目标定位的效果

模型的关键实证结果见表4-2。列（1）只包括作为基线预测的控制变量，列（2）加入时间和地理目标变量，列（3）还包括目标定位组合的交互项。

因为有三种时间目标选择情景，我们只需要两个虚拟变量（当天的目标定位作为基准组）。如列（2）所示，与当天移动促销相比，对提前一天进行移动促销活动的时间目标效应的参数估计为负且显著（$\gamma = -0.285$，$p < 0.005$）。提前两天进行移动促销活动的参数估计也为负且显著[①]（$\gamma = -0.330$，$p < 0.001$）[1]。如图4-3所示，估计边际平均效应结果直观地显示，当天进行移动促销时消费者购买的可能性，比提前一天或两天进行移动促销都要高。这些结果与之前关于时间目标定位效应的文献一致，支持了实时营销在移动促销中很重要的观点（Hui等，2013，Zhang和Krishnamurthi，2004）。

[①] 注意在测试logit模型处理主要影响（而非交互）的假设时，可能会出现参数系数非常显著，但基于增量方法的边际效应不显著的情况。在这种情况下，Greene（2007）明确建议使用原始的logit参数系数，而不是边际效应，这在信息系统（Chen和Hitt，2002）和市场营销文献（Agarwal et al.，2011）中都得到了呼应。

表4-2 地理和时间目标对移动购买的影响

变量	列(1) B	列(1) p值	列(1) Wald	列(1) df	列(1) Exp(B)	列(2) B	列(2) p值	列(2) Wald	列(2) df	列(2) Exp(B)	列(3) B	列(3) p值	列(3) Wald	列(3) df	列(3) Exp(B)
常量	-12.972*** (0.494)	0.000	689.702	1	0.000	-13.287*** (0.503)	0.000	696.946	1	0.000	-13.265*** (0.153)	0.000	669.504	1	0.000
ARPU	0.603*** (0.076)	0.000	62.593	1	1.827	0.624*** (0.077)	0.000	66.206	1	1.866	0.668*** (0.077)	0.000	74.429	1	1.951
MOU	-0.815*** (0.047)	0.000	296.689	1	0.433	-0.813*** (0.047)	0.000	294.065	1	0.444	-0.814*** (0.047)	0.000	294.073	1	0.443
SMS	1.785*** (0.068)	0.000	680.308	1	5.960	1.780*** (0.069)	0.000	669.184	1	5.931	1.759*** (0.069)	0.000	648.120	1	5.806
GPRS	0.358*** (0.029)	0.000	149.359	1	1.430	0.353*** (0.029)	0.000	145.957	1	1.423	0.348*** (0.029)	0.000	142.088	1	1.416
电影院		0.927	0.464	3			0.914	0.523	3			0.862	0.746	3	
电影院(E)	0.067 (0.151)	0.657	0.197	1	1.069	0.077 (0.151)	0.608	0.263	1	1.081	0.076 (0.152)	0.615	0.253	1	1.079
电影院(W)	0.007 (0.133)	0.960	0.003	1	1.007	0.011 (0.133)	0.934	0.007	1	1.011	-0.004 (0.134)	0.978	0.001	1	0.996
电影院(N)	-0.015 (0.141)	0.913	0.012	1	0.985	-0.008 (0.141)	0.953	0.003	1	0.992	-0.029 (0.142)	0.836	0.043	1	0.971

4 LBA营销的精准投放

续表

变量	列(1) B	列(1) p值	列(1) Wald	列(1) df	列(1) Exp(B)	列(2) B	列(2) p值	列(2) Wald	列(2) df	列(2) Exp(B)	列(3) B	列(3) p值	列(3) Wald	列(3) df	列(3) Exp(B)
时间							0.002	12.189	2			0.000	35.949	2	
时间(1)						−0.285** (0.102)	0.005	7.735	1	0.752	−0.748*** (0.158)	0.000	22.339	1	0.473
时间(2)						−0.330*** (0.103)	0.001	10.278	1	0.719	−0.849*** (0.162)	0.000	27.299	1	0.428
距离							0.023	5.512	2			0.000	38.590	2	
距离(1)						−0.140 (0.098)	0.154	2.035	1	0.869	−0.456** (0.153)	0.003	8.887	1	0.634
距离(2)						−0.284** (0.105)	0.006	7.413	1	0.752	−1.509*** (0.250)	0.000	36.407	1	0.221
距离 × 时间												0.000	38.880	4	
距离(1) × 时间(1)											0.516** (0.242)	0.033	4.557	1	1.675
距离(1) × 时间(2)											0.570** (0.235)	0.015	5.862	1	1.767
距离(2) × 时间(1)											2.348*** (0.311)	0.000	25.390	1	10.464

93

续表

变量	列 (1)					列 (2)					列 (3)				
	B	Wald	df	Exp(B)	p值	B	Wald	df	Exp(B)	p值	B	Wald	df	Exp(B)	p值
距离 (2) × 时间 (2)											1.814*** (0.303)	35.799	1	6.133	0.000
χ^2	2,492.354					2,545.281					2,688.186				
$-2 \log - \text{likelihood}$	3,979.916					3,886.989					3,744.084				
Cox and Snell R^2	0.182					0.188					0.194				
Nagelkerke R^2	0.448					0.459					0.487				
观测量	12,220					12,220					12,220				

注：ARPU = 来自每位用户的平均收入，MOU = 使用时间，SMS = 发送和接收的短信数量，GPRS = 与无线供应商的数据使用；电影院在城市的南部，电影院（E）在城市的东部，电影院（W）在西部，电影院（N）在北部，基准组是南部的电影院；"距离"为距离电影院 < 200 m，距离 (1) 为 200 m $< x <$ 500 m，距离 (2) 为 500 m $< x <$ 2 km，基准组是 < 200 m；时间 = 短信发送当天，时间 (1) = 提前一天，时间 (2) = 提前两天，基准组是当天。我们估计模型集中在电影院级别，并且有稳健的标准误差。

** $p < 0.05$；*** $p < 0.001$。

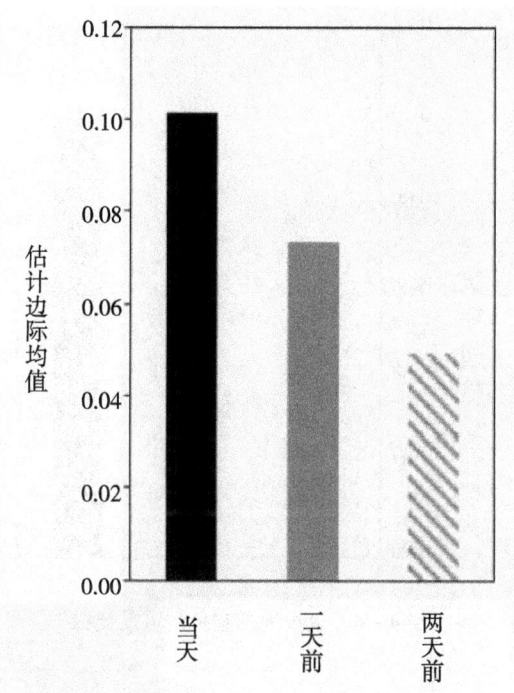

图 4-3 通过时间目标定位的移动促销

4.2.5.3 地理目标定位的效果

同时,与以往文献对地理目标定位影响的文献一致,列(2)的结果显示,与近距离(作为基准组)移动促销相比,对远距离目标定位的参数估计为负且显著($\beta = 0.284$,$p < 0.006$),中等距离为负的不显著($p > 0.001$)。如图 4-4 所示,估计边际平均效应直观显示,近距离移动促销导致消费者购买的可能性,高于远距里移动促销。这些发现在很大程度上支持了基于位置的移动技术对于促使消费者产生购买的重要观点(Ghose 等,2013;Spiekermann 等,2011)。

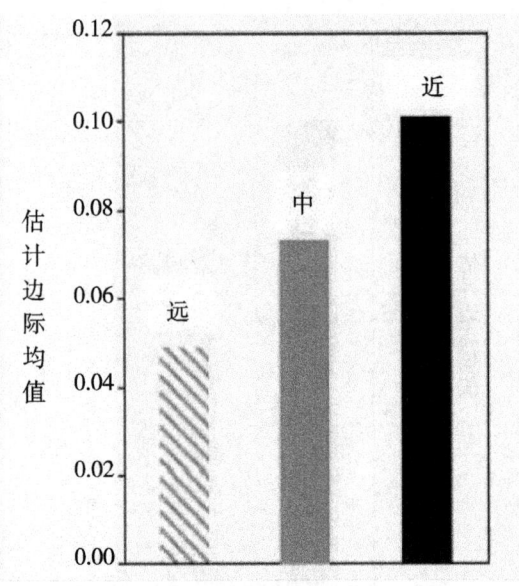

图4-4 通过地理定位的移动促销

4.2.5.4 时间和地理目标定位组合的效果

我们主要关注的是时间和地理目标行为的组合。比较两种模型（一个包含所有交互项的完整模型，一个没有交互项模型的简化模型）的似然比测试结果表明，包含交互项的完整模型显著优于简化模型（x^2 = 38.33，$p < 0.001$）。此外，时间和地理目标定位的四种组合的参数估计，都具有统计学意义（所有参数估计值显著，p 值大小范围在 0.000 到 0.033）。这些结果为不同的地理和时间目标定位组合对移动用户的显著影响提供了初步证据。

由于我们的假设涉及指定非线性关系的 logit 模型的交互，所以解释系数结果并不简单。因此，我们使用 logit 模型估计值的边际效应（Forman，2005），和估计边际均值两两比较（Greene，2007）以检验我们的假设。当获得边际效应时，我们在模型中固定变量的样本均值，即 ARPU = 4.25，MOU = 5.97，SMS = 3.85，GPRS = 8.9，具体地说，使用连续的 Sidak 成对比较，我们发现"近距离×当天"的估计边际均

4 LBA 营销的精准投放

值,在统计上显著高于"近距离×提前一天"（$x^2 = 24.79$, $p < 0.000$）。此外,"近距离×当天"的估计边际均值与"近距离×提前两天"有显著差异（$x^2 = 23.08$, $p < 0.000$）。此外,成对比较测试结果表明,"近距离×提前一天"与"近距离×提前两天"的估计边际均值,没有显著差异（$p > 0.082$）。如图6-4所示,边际平均效应估计结果表明,当目标移动用户位于近距离的时候,提前一天和提前两天的促销活动都不如当天促销有效。提前促销时间对消费者购买移动促销的可能性有负面影响,从而支持H1。

同样,对于远距离的目标定位,成对比较测试表明,"远距离×提前一天"的边际平均值在统计学上显著大于"远距离×当天"的边际平均值（$x^2 = 19.26$, $p < 0.001$）。说明过少的促销提前时间（当天目标定位）会导致较低的购买可能性。此外,"远距离×提前一天"边际均值也显著大于"远距离×提前两天"（$x^2 = 8.67$, $p < 0.01$）,表明过多的促销提前时间（提前两天）也会导致较低的购买可能性。如图4-5所示,估计边际均值效应表示,当针对位于远距离的手机用户时,过少的提前时间（一天）和过多的提前时间（两天）都不会为消费者提供最高收益,并使他们做出购买行为,相比于当天促销和提前两天促销,提前一天促销是最有效的,三者的效应呈倒U形,从而支持H2。

为了进一步检验距离的倒U形效应的显著性,我们采用了一种不同的方法,采用了受限和非受限模型。具体地说,我们通过似然比卡方检验,比较不受限的全模型和受限,其中一个相互作用系数通过线性约束设置,被设定为与另一个相互作用系数相同,即 $\delta_{\text{far distance} \times \text{same day}} = \delta_{\text{far distance} \times \text{two-day prior}}$ （Greene, 2007）[①]。似然比检验结果表明,"远距离×提前一天"的估计参数与"远距离×提前两天"的参数估计存在显著差异。（拒绝了 $\delta_{\text{far distance} \times \text{same day}} = \delta_{\text{far distance} \times \text{two-day prior}}$ 的空假设,$x^2 = 9.51$, $p < 0.01$）从而证实H2。

[①] 从Guadagni和Little（2008）和Kim等（2002）参见类似的方法,用于比较受限制和不受限制的logit模型（但在嵌套设计中）。

基于位置的精准营销研究

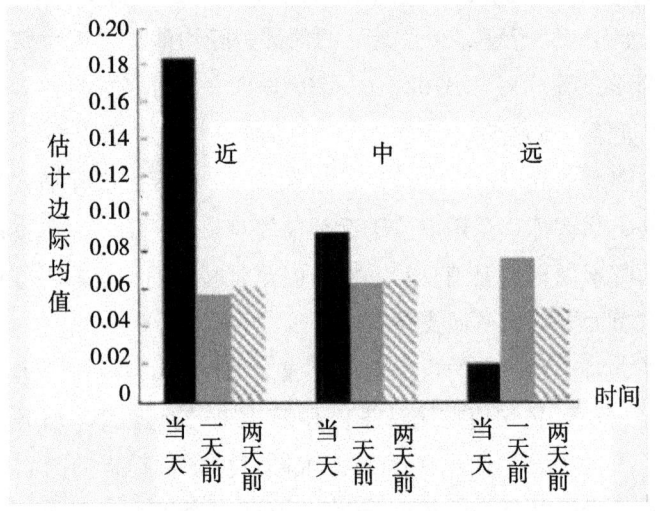

图 4-5 通过组合时间和地理目标定位的移动促销的效应

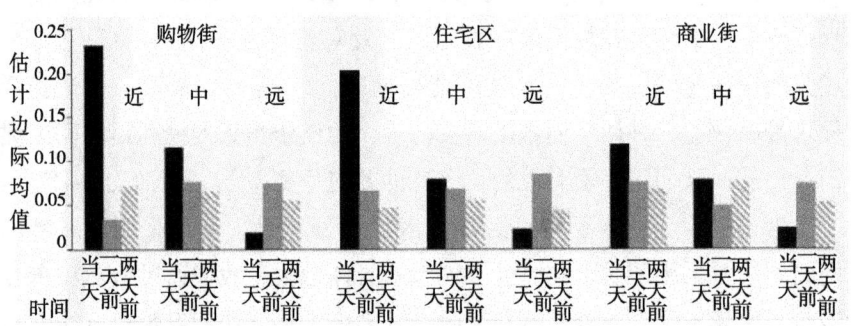

图 4-6 对客户场景通过组合时间目标定位和地理目标定位的移动促销效果

4.2.5.5 组合时间和地理目标定位的经济重要性

Ghose 等人（2013）和 Rutz 等人（2012）描述了利用优势比率组合时间和地理目标定位策略对经济的影响。对于位于电影院促销的近距离的移动用户来说，保持其他变量不变时，当天发送移动 SMS，与提前两天发送 SMS 相比，消费者在移动设备上购买电影票的概率增加了 76% [1.76 = exp(0.570)]。

对于非近距离目标定位，保持其他变量不变时，与当天发送 SMS 相比，提前一天发送的 SMS 使得消费者购买电影票的几率增加了 9.5 倍 [10.46 = exp (2.348)]。此外，与提前两天发送 SMS 相比，提前一天的促销活动使得消费者购买电影票的概率增加了 71% [1.71 = exp (2.348 - 1.814)]。对于定位于非近距离的移动客户的营销人员，提前一天发送信息是最优的，如果营销人员提供过多或过少的促销时间，目标定位效果就会大幅下降。

为保证结果稳健性以及排除其他替代解释，我们采取了一些额外的步骤来检查结果的稳健性。首先，除了 logit 模型之外，我们还使用 probit 模型进行了更多的分析。具体来说，对于 probit 模型，如果 $z_i^* > 0$，则潜在的移动购买可能性可定义为 probit z = 1，否则为 0。

$$z_i^* = \alpha^b + \beta^b \times distance_i + \gamma^b \times time_i + \delta^b \times distance_i \times time_i$$
$$+ \tau^b \times X_i + \mu_j^b + \varepsilon_i^b \tag{5}$$

表 4-3 报告了 probit 模型的结果。从定性的角度来讲，表 4-3 中，probit 模型的结果与表 4-2 的结果相同。此外，对模型进行配对比较的结果一致表明，对于位于促销电影院近距离的移动用户来说，当天发送移动 SMS，比提前一天或两天（p < 0.001）的时间发送效果，明显要好一些。因此，这个替代估计模型的结果支持 H1。并且，目标定位远距离的移动用户，模型的成对比较结果始终表明，在 probit 模型规范下"远距离×提前一天"促销生成移动购买的效果，显著好于"远距离×当天"促销（最小 $x^2 = 15.08$，p < 0.001）以及"远距离×提前两天"促销（最小 $x^2 = 9.66$，p < 0.001）。这些结果证实了 H2，既不太多也不太少的促销提前时间，会提高远距离消费者的购买可能性。

表 4-3 替代估计的稳健性

	Probit 模型参数估计					
	Model (1)		Model (2)		Model (3)	
	系数 （标准误差）	p 值	系数 （标准误差）	p 值	系数 （标准误差）	p 值
截距	5.924*** (0.4023)	0.000	-5.783*** (0.4053)	0.000	-5.619*** (0.4085)	0.000
ARPU	-0.355*** (0.0402)	0.000	0.369*** (0.0408)	0.000	0.388*** (0.0412)	0.000
MOU	-0.429*** (0.0258)	0.000	-0.429*** (0.0258)	0.000	-0.430*** (0.0258)	0.000
SMS	-0.809*** (0.0621)	0.000	0.815*** (0.0615)	0.000	0.802*** (0.0611)	0.000
GPRS	-0.145*** (0.0198)	0.000	0.144*** (0.0197)	0.000	0.142*** (0.0196)	0.000
电影院（E）	-0.053 (0.0754)	0.483	0.062 (0.0758)	0.416	0.062 (0.0755)	0.412
电影院（W）	-0.054 (0.0668)	0.421	-0.059 (0.0669)	0.380	-0.057 (0.0669)	0.395
电影院（N）	-0.013 (0.0704)	0.856	-0.019 (0.0706)	0.792	-0.011 (0.0705)	0.879
时间（1）			-0.192*** (0.0512)	0.000	-0.537*** (0.0843)	0.000
时间（2）			-0.231*** (0.0526)	0.000	-0.945*** (0.0853)	0.000
距离（1）			-0.096* (0.0516)	0.064	-0.290** (0.0853)	0.001

续表

	Probit 模型参数估计					
	Model（1）		Model（2）		Model（3）	
	系数 （标准误差）	p 值	系数 （标准误差）	p 值	系数 （标准误差）	p 值
距离（2）			-0.161** (0.0554)	0.004	-0.657*** (0.1473)	0.000
距离（1）×时间（1）					0.331** (0.1254)	0.008
距离（1）×时间（2）					0.334** (0.1240)	0.007
距离（2）×时间（1）					0.982*** (0.1701)	0.000
距离（2）×时间（2）					0.560*** (0.1731)	0.001

$^*p<0.10;^{**}p<0.05;^{***}p<0.001$。

除了不同的估计模型，我们还进行了一系列额外的检查，以排除其他的解释。首先，明确我们的结果是稳健的实验随机检验。具体来说，对于操作分配和非随机偏差方面可能存在的不平衡，我们检查了我们的单元。如表4-4所示，面板 A 的计数分布相当均匀。例如，在周四（2 天前），11.9% 近距离的手机用户，11.0% 中等距离的手机用户和 11.5% 的远距离用户收到短信。另外，面板 B 显示，距离条件分布均匀，面板 C 支持时间条件均匀分布①。因此，我们的结果被认为通过了随机化检查，并没有受到操纵分配失衡造成的系统性偏差的影响。

其次，我们的模型通过 ARPU、MOU、SMS 和 GPRS 来控制过去移

---

① 我们感谢一位匿名评论者对此的洞察。

动用户行为的影响。因此，观察到的移动目标效应，不能用不同的移动使用行为产生的替代解释来解释[1]。第三，我们的方程指定了参数 μ_j，它解释了消费者偏好中，未被观察到的异质性。第四，我们检查了数据的子样本，主要结果包括拥有基本移动电话的消费者（471 个案例），并且他们通过无法下载 APP 来进行手机购买。因此，为了测试结果敏感性，我们排除了这些基本的手机案例，并进行了子样本分析。同样，如表 4-4 所述，我们的结果对这个子样例分析是稳健的。此外，我们使用自助法，对完整的数据集进行了 5000 次重采样，表 4-5 的最后一列中，证实了结果对于引导重复取样来说是稳健的。

表 4-4 随机性检查的单元计数

距离	时间	观测 Count	%
近	当天	1209.000	9.9
近	一天前	1389.000	11.4
近	两天前	1459.000	11.9
中	当天	1333.000	10.9
中	一天前	1245.000	10.2
中	两天前	1350.000	11.0
远	当天	1313.000	10.7
远	一天前	1542.000	12.6
远	两天前	1416.000	11.5

Panel A：距离 × 时间

---

[1] 我们感谢每一位匿名评论者对此的洞察。我们只对移动目标处理哑变量进行了更多的分析，没有移动用户行为控制。同样，所有针对时间目标和地理定位的哑变量，以及它们的互动都是显著的。

续表

	Panel B：距离				
	频率	百分比	有效百分比	累积百分比	有效
远	4,271	34.8	34.8	34.8	34.8
中	3,928	32.0	32.0	32.0	66.8
近	4,066	33.2	33.2	33.2	100.0
总计	12,265	100.0	100.0	100.0	
	Panel C：时间				
	频率	百分比	有效百分比	累计百分比	有效
两天前	4,225	34.4	34.4	34.4	34.4
一天前	4,185	34.1	34.1	34.1	68.6
当天	3,855	31.4	31.4	31.4	100.0
总计	12,265	100.0	100.0	100.0	

最后，我们检查客户场景（在购物区、居住区和商业区的用户之间是否异质性）是否会影响我们的一些结果，因为先前关于移动目标定位的研究提出过客户的异质性（Ghose 和 Han，2011；Vodanovich 等，2010；Xu 等，2010）。我们检查客户场景，发现潜在异质性可能不同，因此对 SMS 的响应也可能不同①。具体来说，在我们的场景中，发送到不同客户场景的消息，由发送给在三个特定区域（标记段）其中之一的用户的 SMS 组成。这些客户场景包括在我们发送 SMS 消息时在购物区、居住区或商业区的移动用户。我们通过 SMS 传输时用户的手机所处的微蜂窝小区来区分区域。结果如表 4-5 所示，估计边际效应结果如图 4-6 所示。我们再一次发现，在购物区和居民区，持续对近距离移动用户，发送当天促销短信的效果，显著好于提前一天或两天发送（所有 $p < 0.001$），从而确认 H1。成对模型比较还显示，在购物区和

---

① 我们感谢一位匿名评论者指出这一点。此外，与传统的实地实验相比，在目标人群固定的情况下，我们的实地实验是一个针对目标群体的实验，目标群体的数量是不同的（因此可能需要不同的移动目标策略）。

居民区，针对远距离的用户进行移动目标定位"远距离 x 提前一天"移动促销的影响，不仅在统计上显著大于"远距离 x 当天"促销（最小 $x^2 = 12.69$，$p < 0.001$），也大于"远距离 x 提前两天"促销（最小值 $x^2 = 8.07$，$p < 0.01$）。因此，再次确认 H2。

有趣的是，针对位于购物区的目标用户的估计，在效果上比在居民区要大。这一发现可以用之前关于消费者心态的一致性的文献来解释，这表明消费者的行为可以触发一种特殊的心态，进而增加购买一致性的发生率（Chandran 和 Morwitz，2005；Xu 和 Wyer，2007）。因为购物区的移动用户可能会享受购物的快乐体验，他们更有可能对近端的 SMS 进行回应，从而促进一种一致的享乐体验（电影）。因此，消费者在购物区购买的可能性要高于居住区。此外，表 4-5 的结果表明，在商业区里，大部分的交互作用都不显著。这是意料之中的，因为位于商业区的短信接收人，更有可能拥有全职工作（相对于购物或居住地区），因此不太可能购买电影票[①]。因此，这些发现不仅可以通过证伪检验，而且还表明，顾客场景（在购物、居住和商业区的用户之间的异质性）可能确实会影响移动目标的效力。

[①] 我们感谢一位匿名评论者对此的洞察。

4　LBA营销的精准投放

表 4-5　补充的稳健性检验

变量	顾客情境（购物街） B	p值	顾客情境（住宅区） B	p值	顾客情境（商业街） B	p值	没有基本手机的子样本 B	p值	引导重新取样 B	p值
常量	-14.033*** (0.157)	0.000	-12.865*** (0.156)	0.000	-13.039*** (0.158)	0.000	-15.511*** (0.161)	0.000	-13.508*** (0.161)	0.000
ARPU	0.671*** (0.075)	0.000	0.672*** (0.072)	0.000	0.665*** (0.069)	0.000	0.681*** (0.072)	0.000	0.673*** (0.081)	0.000
MOU	-0.822*** (0.045)	0.000	-0.808*** (0.043)	0.000	-0.811*** (0.041)	0.000	-0.835*** (0.038)	0.000	-0.816*** (0.033)	0.000
SMS	1.763*** (0.066)	0.000	1.758*** (0.065)	0.000	1.771*** (0.073)	0.000	1.793*** (0.062)	0.000	1.766*** (0.061)	0.000
GPRS	0.351*** (0.026)	0.000	0.352*** (0.028)	0.000	0.356*** (0.025)	0.000	0.342*** (0.021)	0.000	0.346*** (0.024)	0.000
电影院		0.871		0.859		0.861		0.866		0.861
电影院（E）	0.078 (0.151)	0.615	0.077 (0.155)	0.614	0.081 (0.154)	0.615	0.072 (0.152)	0.615	0.074 (0.150)	0.615
电影院（W）	-0.006 (0.133)	0.961	-0.004 (0.136)	0.975	-0.003 (0.139)	0.973	-0.004 (0.137)	0.977	-0.005 (0.136)	0.977

105

续表

变量	顾客情境（购物街） B	p值	顾客情境（住宅区） B	p值	顾客情境（商业街） B	p值	没有基本手机的子样本 B	p值	引导重新取样 B	p值
电影院（N）	-0.031 (0.145)	0.842	-0.027 (0.141)	0.843	-0.026 (0.146)	0.839	-0.028 (0.148)	0.846	-0.032 (0.147)	0.846
时间		0.000		0.000		0.000		0.000		0.000
时间（1）	-0.919*** (0.157)	0.000	-0.746*** (0.155)	0.000	-0.445** (0.113)	0.003	-0.916*** (0.153)	0.000	-0.746*** (0.158)	0.000
时间（2）	-0.861*** (0.163)	0.000	-0.846*** (0.160)	0.000	-0.252 (0.539)	0.638	-0.865*** (0.158)	0.000	-0.845*** (0.161)	0.000
距离		0.000		0.000		0.000		0.000		0.000
距离（1）	-0.458** (0.151)	0.003	-0.455** (0.154)	0.003	-0.423 (0.859)	0.613	-0.459** (0.148)	0.002	-0.457** (0.156)	0.003
距离（2）	-1.511*** (0.243)	0.000	-1.506*** (0.252)	0.000	-0.515 (1.24)	0.637	-1.517*** (0.251)	0.000	-1.508*** (0.255)	0.000
距离×时间		0.000		0.000		0.000		0.000		0.000
距离（1）×时间（1）	0.568** (0.233)	0.029	0.519** (0.243)	0.035	-0.426 (0.855)	0.614	0.572** (0.242)	0.032	0.519** (0.240)	0.032

续表

变量	顾客情境（购物街） B	p值	顾客情境（住宅区） B	p值	顾客情境（商业街） B	p值	没有基本手机的子样本 B	p值	引导重新取样 B	p值
距离（1）×时间（2）	0.575** (0.233)	0.011	0.568** (0.234)	0.014	-0.510 (1.19)	0.634	0.572** (0.231)	0.013	0.573** (0.236)	0.013
距离（2）×时间（1）	2.359*** (0.309)	0.000	2.347*** (0.310)	0.000	-0.456 (0.912)	0.631	2.362*** (0.309)	0.000	2.332*** (0.309)	0.000
距离（2）×时间（2）	1.856*** (0.306)	0.000	1.818*** (0.305)	0.000	-0.503 (1.27)	0.645	1.896*** (0.301)	0.000	1.839*** (0.308)	0.000

注：** $p < 0.05$；*** $p < 0.001$。

4.2.5.6 后续调查结果

在线附录的表 A3 链接中的描述性统计数据，揭示了与我们的讨论基本一致的见解。在整个场景中，场景 1 中的消费者（低空间距离、低时间距离）最倾向于用具体术语解释该促销（通过对具体的、附带的细节的关注，如与安装应用程序有关的限制和资源等）。场景 1 中的消费者也展示了对促销最高的购买意向和参与程度。而在场景 3 中，这些购买意向和参与程度明显降低，其特征是空间距离较低，与场景 1 相比，时间距离较高。这表明对于地理上接近的消费者来说，提供更多的时间，会减少他们考虑购买和实现购买电影票的可能性。在场景 4 中，具体的解释层次、参与和购买意向都是最低的，其特征是空间和时间距离都很高。

另外，我们观察到在场景 2 和场景 4 中，短信信息的侵入感比在场景 1 和 3 中更高。这就支持了这样一种观点，当距离较远的消费者接收到提前时间较短的促销短信时，会更加难以及时到达促销地点，从而导致消费者感知到信息的高度侵扰性。相反，在场景 1 中，消费者感知的 SMS 消息的侵入是最低的。这表明当消费者在正确的地点和正确的时间接收未经请求短信的时候，他们更加宽容，反之亦然。

为了深入了解这些结构之间的关系，我们使用 SmartPLS v2.0. M3 对结构模型进行了测试。假设测量模型的分析表明结构模型具有令人满意的可靠性，以及收敛和判别的有效性水平（参考在线附录中 A4 和 A5 表）。表 4-6 显示了我们根据四个样本组织的分析结果。具体而言，我们发现，对于场景 1 中的消费者（空间和时间距离较低），他们更具体的解释水平导致更高的购买意愿。具体的心理解释，可能会降低消费者对短信侵入性的感知程度，直接提示用户安装 APP 购买打折电影票。其具体的解释水平，可以通过增加消费者的参与来间接操作，从而形成更高的购买意图。

4 LBA营销的精准投放

表4-6 后续调查的结果

	情境1 (低g, 低t) N=104	情境2 (高g, 低t) N=101	情境3 (低g, 高t) N=108	情境4 (高g, 高t) N=101
	系数, T值			
	因变量为意向			
参与^意向	0.43, 4.66***	0.63, 9.29***	0.58, 6.35***	0.65, 8.24***
解释1^意向	**0.30, 3.00****	0.19, 1.71+	0.14, 1.37	0.08, 0.75
控制：年龄	0.13, 1.30	0.06, 0.43	-0.15, 1.06	0.00, 0.00
控制：性别	0.07, 1.00	-0.09, 1.33	-0.03, 0.30	0.14, 1.44
控制：收入	0.11, 0.51	-0.02, 0.16	0.09, 0.93	-0.01, 0.13
控制：受教育程度	0.02, 0.21	0.01, 0.05	0.03, 0.39	-0.06, 0.57
控制：观看电影频率	-0.09, 1.19	-0.07, 0.83	-0.08, 1.05	-0.02, 0.22
控制：观看时间偏好	0.01, 0.14	-0.02, 0.23	0.11, 1.51	0.02, 0.30
控制：是否安装类似APP	**-0.19, 2.87***	-0.05, 0.71	**-0.22, 2.89***	-0.08, 0.84
控制：手机使用经验	-0.01, 0.14	-0.05, 0.37	-0.11, 0.82	0.05, 0.56

续表

分析关系的结果

	情境 1 （低 g，低 t）N = 104	情境 2 （高 g，低 t）N = 101	情境 3 （低 g，高 t）N = 108	情境 4 （高 g，高 t）N = 101
	因变量为参与			
解释 ^ 参与	**0.24, 2.18***	0.13, 1.26	**0.33, 2.84****	0.22, 1.64+
解释 ^ 干扰性	**−0.27, 2.36***	−0.04, 0.32	−0.13, 0.95	−0.07, 0.37
干扰性 ^ 参与	**−0.24, 2.31***	**−0.36, 3.38****	**−0.26, 2.80****	−0.17, 1.07
冲动 ^ 参与	0.13, 1.27	**0.31, 3.32****	−0.09, 0.70	0.09, 0.62
价格 ^ 参与	0.20, 1.67+	0.14, 1.26	0.17, 1.29	**0.31, 2.67****
控制：年龄	0.11, 0.86	−0.02, 0.16	**0.26, 1.69+**	0.05, 0.38
控制：性别	0.07, 1.30	−0.05, 0.76	0.11, 1.40	−0.06, 0.56
控制：收入	−0.09, 0.78	0.01, 0.12	0.04, 0.28	0.08, 0.79
控制：受教育程度	0.05, 0.63	0.11, 1.01	−0.14, 1.30	−0.01, 0.07
控制：观看电影频率	**−0.20, 2.04***	−0.13, 1.27	−0.02, 0.19	0.12, 1.05
控制：观看时间偏好	−0.10, 0.95	−0.06, 0.54	0.02, 0.19	−0.13, 1.22
控制：是否安装类似 APP	−0.13, 1.55	0.03, 0.26	−0.02, 0.19	−0.03, 0.25
控制：手机使用经验	0.01, 0.04	0.04, 0.25	−0.15, 1.02	−0.03, 0.24

注：请注意，显著关系加粗。

+ $p < 0.10$；* $p < 0.05$；** $p < 0.01$；*** $p < 0.001$。

与场景1相比，其他场景的结果表明，近诱导具体解释水平的作用不那么显著。具体解释水平似乎对场景2的购买意愿影响较小，对场景4的参与水平影响较小（$p < 0.10$）。这一测度的唯一显著效果（$p < 0.05$）是它与场景3中的参与水平的联系，其特征是空间距离较低。同样重要的是，在场景2中，短信信息的高侵入性会削弱消费者对该事件的参与度。在场景4中没有观察到这样的效果，这表明在此场景中的消费者可能对这种定向短信的SMS消息不感兴趣。虽然感知的侵扰性也会对场景1和场景3的参与产生负面影响，但具体的解释层次会通过直接减少感知的侵入性（场景1）或促进参与（场景1和3）发挥作用，这两种情况在场景2中都没有出现。同样，这些结果支持在高空间距离，但低时间距离的情况下，短信的感知入侵性增强，会对消费者参与和购买意愿产生不利影响。

概括来讲，后续调查的结果不仅证实了我们的假设，而且还提供了一个消费者解释层面的心理过程，来解释我们的现场实验结果。

4.2.6 研究结论

4.2.6.1 时间定位与地理定位的相互依赖性及其组合的复杂性

过去的研究调查了地理定位（Ghose等，2013）和时间定位（Hui等，2013），但并没有将两者结合在一起来理解什么组合定义了"正确的地点和正确的时间"。因为空间和时间是相互联系的，应该通过情景的角度来进行整体的考虑，简单地把它们各自的影响加起来可能是不够的。在这个意义上，我们开拓了对移动用户地理和时间目标定位的联合效应的探索。

在分析基于SMS、通过同时进行时间和地理定位实现的移动目标定位的影响时，我们确定了移动价值主张的本地化和时间临界性。我们不仅确认基于位置的服务，可以影响消费者的购买决策，而且还表明基于位置的移动目标定位的成功取决于时间，反之亦然。通过在移动领域进行促销，调查"一旦GPS激活的移动设备变得普遍使用的最优策略"（Shugan，2004；Forman等，2009）。对于近距离的用户，当天目标定位更有效。对更远距离的用户，给予足够的时间（为移动用户提供更高的情景收益）比花费太少或太多时间更有效。基于时间和基于位置的目标定位的相互依赖，突出表明在组合中使用这两种策略比营销人员最初推测的要复杂得多。

4.2.6.2 平衡时间和地理定位有助于提高移动促销效果

借助地理定位技术，营销人员可以更精确地定位移动客户准备购买的时间和地点。然而，当管理者希望接触到位于非近距离的消费者时，他们应该适当进行提前通知（不要提前过早或过晚）。因为我们的研究发现，当目标定位非近距离的移动用户时，促销的提前时间将对消费者购买的可能性产生倒 U 型的影响（提前一天的移动促销，比当日或提前两天的促销更有效）。该发现可以帮助他们改变移动策略（eMarketer，2013）。

我们的发现，还强调了理解客户场景的重要性。公司通过了解客户是谁以及他们目前正在做什么，可以实现更大的移动目标定位效率。

此外，我们通过追踪调查，还阐明了消费者在不同的时空距离下的不同行为的心理机制。之前的研究（Trope 和 Liberman，2010）表明，消费者的心理分析可以受到语境的刺激。我们的调查结果表明，时间和地理目标的正确结合，会促使消费者在心理上更加具体地理解促销活动，进而增加他们的参与和购买意向。在一定程度上，消费者解释水平是移动目标定位有效性潜在的基础，营销人员可以使用信息设计来触发具体的解释，由此增加移动销售。

4.3 时间、距离、个性化对 LBA 的销售效果的影响

定位广告，是指网络运营商巨头通过使用一些监测技术，跟踪用户在网上的浏览情况，统计和分析用户的行为特征，建立规模庞大的用户个人信息数据库，从而根据用户的搜索行为和网络浏览习惯来提供广告。已有研究发现，精准明确的定位广告，能够通过技术准确地识别目标人群，并在合适的时间将符合消费者消费偏好的广告，发送到他们手

中。本研究在中国最大的无线运营商的帮助下,通过在不同时间,向不同距离的消费者,发送电影票促销广告的方式,具体分析了 LBA 定位广告的时间、距离以及个性化对于其销售效果的影响。现学界已有大量研究表明,消费者会对不同时间段接收到的促销广告,做出不同的购买决定。对于距离而言,也有学者指出消费者更愿意对临近的促销做出回应。虽然现有研究对这些因素均有涉及,但很少有学者考虑时间、距离以及个性化三要素的综合影响。因此,决定在此基础上进行研究并得出结论,其研究结果对于从业者具有一定的益处,同时对于公司的营销广告策划也将具借鉴意义。

LBA 可根据手机用户地理位置向其提供广告信息(Banerjee 和 Dholakia,2008;Bruner 和 Kumar,2007)。与过去相比,它增强了以针对性的方式与人接触的能力(Bruner 和 Kumar,2007)。因此,越来越多的公司,开始将这一渠道融入他们的营销组合中。例如,美国领先的 LBA 平台 Millennial Media,通过使用 LBA 等先进的定位技术,帮助广告商精确触达目标受众。与此同时,英国最大的移动通信公司之一——O2,在客户进入那些品牌、零售商或服务的领域范围时,会向他们发送目标 SMS 或 MMS 信息。Starbuck 是其中一个项目,它已经在英国建立了 800 个地理隔离区域,并在 2010 年 10 月使用基于位置的营销,来促进其 Via 速溶咖啡的推出。

虽然 LBA 的研究越来越多,但大多数都是研究手机用户态度的实验室实验和调查研究。虽然现已有研究表明 LBA 将提高销售效率,增强促销效果,但大多数研究仅考虑 LBA 的发送时间或者发送距离,对于销售的影响,而几乎没有研究者将时间、距离以及个性化三个因素综合起来考量。本研究为了填补这一空白,将考虑时间、距离以及个性化这三者对于 LBA 销售效果的综合影响,以期得到更为完整的结论。

4.3.1 研究基础

查阅相关文献,将重要研究结果整理如表 4 - 7。由表可知,大部分的学者都只考虑了时间、距离和个性化这三个因素中的一个或者两个

基于位置的精准营销研究

因素，对于销售效果的影响。Heilman，Nakamoto 和 Rao（2002）研究了时间与销售效果间的影响，他们指出实时目标客户的优惠券增加了购买金额。Banerjee 和 Dholakia（2008）与 Molitor 等，（2012）以及 Ghose 等（2013），都重点研究了距离与销售效果间的关系，他们均认为消费者对于近距离的促销会更乐于回应。几乎没有一个学者将这三个因素结合起来考虑它们的营销效果。本项目是第一个关注在不同时间或不同地点发送消息，LBA 的影响如何变化的研究，同时解释了消息个性化影响的调节作用。如果经理能够识别出客户场景和消息个性化，就可以获得更准确的 LBA 图片。此外，我们的研究是从中国发现的，可以有效帮助商家开发中国市场。与此同时，由于文化背景相似，它也会对其他亚洲市场产生影响。

表4-7　先前文献概述

研究	时间	距离	销售效果	个性化	相关研究成果
我们的研究	√	√	√	√	在同一天的顾客定位对近距离的促销更有效；对于远距离的顾客定位前一天发送消息更有效；近距离的个性化信息，对同一天的促销活动更有效
Heilman，Nakamoto 和 Rao（2002）	√		√		实时（在购买点）目标客户的优惠券增加购买金额
Prins 和 Verhoef（2007）	√		√		直接营销传播（如广告），缩短了消费者接受新技术服务的时间
Banerjee 和 Dholakia（2008）		√	√		消费者更愿意对临近的促销报价做出回应
Xu 等（2011）		√		√	在位置感知的营销中隐私保护的悖论

续表

研究	时间	距离	销售效果	个性化	相关研究成果
Molitor 等（2012）		√	√		基于位置的优惠券影响消费者的行为，从消费者的实际位置到商店的物理距离的价值被量化
Ghose 等（2013）		√	√		附近的商店更有可能在移动互联网搜索中获得点击
Chen, Su, 和 Yen（2014）				√	基于地理位置的广告，较少的个人信息嵌入广告信息，以及通过定位广告宣传的国外品牌产品，是对定位广告积极态度的重要贡献者

4.3.1.1 LBA 的优势：地点敏感、实时、个性化

到 2015 年，移动商务预计将超过 310 亿美元（Birkner, 2012；eMarketer, 2011）。随着手机技术的进步，移动营销也随之迅速增长。市场营销者与消费者之间的这种联系，是由移动技术的三个显著特征促成的。首先，移动电话的可移植性，使得营销人员能够及时地与客户联系。对于那些能够利用信息技术与客户沟通的公司来说，这是一个明智之举。第二，GPS（或 AGPS）支持的智能手机，允许管理人员通过距离（或地点）来锁定客户。最近的研究表明了距离在消费者移动互联网搜索中的重要性，距离定位可以提升营销效率（Ghose，Goldfarb 和 Han，2013）。第三，手机可以实现一对一的个性化交流，公司可以向每个消费者推送定制的广告短信。在这个意义上，LBA 是最典型的最大化移动营销优势的方法，它的优势为位置敏感、实时和个性化（Xu，Luo，Carroll 和 Rosson，2011）。

通过将 LBA 与 LBS 结合起来，用户便可以获取到一些基于市场的信息，而这些信息又是通过他们的移动设备所提供的地理位置所定制的。LBA 提供了一个创新的渠道，使广告客户可以提供独特的服务

(如促销、代金券和优惠券),可以根据消费者的偏好和地理位置定制(Xu 等,2011)。之前的研究试图在微观层面上探索基于位置的广告,强调消费者的感知、态度和采用。Brunner 和 Kumar(2007)提供了一种衡量消费者对 LBA 的态度的量表。Banerjee 和 Dholakia(2008)通过一个实验研究了 LBA 的有效性,该实验操纵了位置和收件人所做的事情。徐等人(2011)通过实验研究,实证了其所提出的模型的个性化-隐私悖论。

生动的基于位置的广告、嵌入更少个人信息的广告和通过基于位置的广告进行宣传的国外品牌产品对于消费者对基于位置的广告产生积极态度有重要影响。与此同时,广告的形式、产品的参与、隐私和品牌的可信度以及消费者对定位广告的态度之间也有关联。如 Philipp(2014)确定了影响移动定位广告的因素,特别是影响客户通过移动应用购买的因素。结果表明,使用频率和基于位置的广告应用的满意度,是影响顾客购买行为的关键因素。

4.3.1.2　时间拖延是产生移动销售的有效策略

文献表明,促销时间会影响其效率(Zhang 和 Krishnamurthi,2004)。例如,Prins 和 Verhoef(2007)展示了直接营销通信,如何减少客户采用新移动电子服务的时间。获取客户需求的实时洞察可以赋予公司以"速度 VS 懒惰"态度(McKenna,1995)的竞争优势。事实上,伴随技术进步而来的虚拟的亲密关系,允许营销人员和客户保持持续的联系,从而促进从"实时洞察到实际行动"的转变(Macdonald,Wilson 和 Konus,2012)。随着超过 1.37 亿美国人参与了"智能手机激增"(Birkner,2012),这些研究表明,在活动同一天临时定位顾客,将是产生移动销售的有效策略。

4.3.1.3　距离定位可以提升营销效率

已有研究还强调了移动决策中距离或地理位置接近的重要性。消费者说,他们更愿意对活动地点靠近他们的促销活动做出回应(Banerjee 和 Dholakia,2008)。同样,Ghose、Goldfarb 和 Han(2013)支持消费者更倾向于手机互联网搜索中的更近位置。Molitor 等（2012）根据一组基于位置的优惠券使用的数据集，分析了基于位置的优惠券对消费者行为的影响，并将消费者实际位置的物理距离值，量化为相对于基于位置的优惠券的百分比折扣。这些研究表明，在近距离的地理位置上的定位将有效地获得移动销售。

4.3.1.4 信息驱动因素对消费者态度和行为的影响

个性化营销是一种目标营销，为个人消费者创造信息。LBA 是一种个性化的广告，能为广告客户和消费者提供巨大的机会。然而，许多用户在接收促销广告时会感觉受到侵扰（Xu 等，2011），因此许多商家都关注与隐私相关的用户接受问题。广告的侵入性，被定义为一种对广告的心理反应，这些广告干扰消费者正在进行的认知过程，而这一过程与广告回避有关。有一些问题，如移动垃圾邮件、个人身份识别、位置信息、无线安全等，都可以被视为侵扰性跟踪。市场营销人员可以推断移动用户的当前背景（比如他是在家还是在工作，独自一人或与朋友在一起，是在走路或开车，等等），利用手机传感器来提高手机广告的效率。通过接收定制的信息，潜在的客户可能会从预定的购买中获得巨大的价值，而公司则可以通过个性化的促销来实现他们的目标。然而，在没有得到消费者同意的情况下，通过手机提供个性化信息的基于位置的广告也可能导致侵犯隐私。披露个人信息可能会让顾客感到侵入感，并将其拒之门外，从而导致购买意愿下降。

综上所述，LBA 的有效性得到了研究者和实践者的更多关注。从时间、地点、个性化等方面，对 LBA 的有效性进行了研究。在前人研究的基础上，我们有机会研究时间、地点和个性化组合的 LBA 优化。

4.3.2 研究内容——时间、距离和个性化对 LBA 有效性的影响

从以前的研究中可以看出，时间上的拖延或地理上的拖延，将是有效的移动定位策略。然而，关于时间和地理位置相结合的文献却相当缺乏。因此本研究旨在将二者进行结合，并在此基础上考虑个性化叠加的影响。

基于位置的精准营销研究

当同时考虑时间和距离这两种策略时，时间目标对不同距离的影响应该表现出不同的模式。一方面，我们可以合理地期望，在距离接近时，当天的促销广告比在 1 天或 2 天前发的广告更有效。这一假设得到了心理距离方面文献的证实，认为消费者会在更具体的时间（Trope & Liberman，2010）中，对时间和距离相近的事件进行心理分析，从而更容易做出购买行为。因此，我们假定了一种消极的关系，即当移动用户在电影院附近时，在信息中大量的前置时间，会降低移动用户的购买可能性。

另一方面，考虑消费者不能直接到达近距离的情况。因为更远的距离会伴随旅行费用，所以在同一天进行长途旅行将不会有效。也就是说，营销人员应该让非近距离的消费者，有更多的时间来回应。然而，给非近距离的消费者提供过多的时间也不是有效的，因为给予过多的时间会促使消费者在心理距离上对事件进行更抽象的描述（Kim, Zhang 和 Li，2008；Trope 和 Liberman，2010），从而导致购买可能性降低。因此，由于消费者无法计划出行，给顾客提供的时间太少（发送当日信息），效率较低，但是如果给顾客过多的时间（在 2 天前发送 SMS），由于消费者的抽象心理分析，也没有那么有效。这使我们猜测一个反向的曲线关系。我们在现场实验数据的基础上，在移动用户的基础上尝试验证了这种猜测。

除了时间和距离这两个因素外，我们还考虑了"个性化"这一交互因素，因此在这个实验中，我们操纵三个因素（分别为时间、距离以及个性化）影响销售购买。每一个因素下再设计了子操作。时间因素涉及三个不同的时间操作（通过在活动当天，前 1 天或前 2 天发送消息给移动用户），距离因素涉及三个独立的距离操作（通过给位于电影院附近、中等距离或远距离的移动用户发送消息）和个性化因素涉及两个子操作，即消息内容是否个性化。

实验是在一个周六及其前两天，共 3 天时间里进行的。我们与国际连锁 IMAX 影院以及中国最大的无线运营商之一合作，进行了实验。在 2012 年 8 月的最后一个周六下午 4 点，无线运营商发送了关于电影票促销折扣的短信。为了识别我们的目标手机,我们选取智能手机设备的手机应用,其中没有手机用户之前从这款 APP 购买过电影票。我们将附带购买电影票的 APP 安装链接的折扣电影票 SMS 广告到智能手机上。此外,所有的用户都被随机定位发送促销短信。移动用户的目标用户,包括实验室 2 公里内的四个电影院。一旦手机用户下载了这款应用,他们就可以购买门票并预订座位。如果用户买了票,他们每月的话费账单就会立即记录这笔费用。随后,我们将采集的数据,进行处理后采用 logit 函数的分析方法进行研究,建立以时间和距离为主要因变量的估计模型,并在其中加入了"个性化"这一变量的交互作用,得出这三个因素与 LBA 销售效果间的关系。

4.3.3 研究设计

4.3.3.1 控制短信提供折扣电影票的五个因素

我们在实验中随机选择手机用户发送短信。短信通过提供折扣电影票广告,来宣传一种享乐的体验。

为了明确 LBA 的有效性,我们控制了五个因素。首先,只有一部电影被选中推广,以减少电影和顾客口味的混淆效应。与此同时,我们所选的电影并不是一部大片,以避免欢迎程度的影响。其次,我们所针对的手机用户,在此之前没有用他们的手机购买过电影票,由于我们开发了一个新的移动应用程序,专门用于这个实验,这使我们能够排除由于先前购买经验而产生的偏差。第三,基于随机化程序[1],我们在数据

---

[1] 在邓和 Graz(2002)之后,我们通过三个步骤对程序进行了随机化。首先,我们给每个用户分配一个随机数。我们使用 SAS 软件的随机数生成器和运行 RANUNI 函数来实现这一点,该函数从统一分布中返回一个随机值。然后,我们按顺序对所有随机数进行排序,并根据结果提取样本。这三个步骤集成在无线提供商的 IT(信息技术)系统的算法中,即时计算能够避免移动用户在接收 SMS 时,从一个位置移动到另一个位置。在采样距离上,移动服务覆盖距电影院在近、中、远三段距离。随着距离的增加,这种扩大的覆盖范围可能会导致距离很远的用户的过度采样,以及在距离附近的用户的采样不足。为了克服这个问题,我们分别在近、中、远距离取样了用户,并对这三个距离中的用户,进行了大约相等数量的抽样。

库中向移动用户发送 SMS 消息。

我们控制电影院的第四个因素，即通过在城市中心（北、南、东、西）四个不同的方向，选择了四个位于城市周边的电影院（在二环路上，这意味着这条路与市中心紧密相连）。第五，我们控制用户的无线行为，基于个人用户每月的电话费，通话的时长，发送和接收的短信数量，以及数据的使用。由于监管禁止无线提供商释放客户的隐私，我们不能通过人口信息来识别用户。然而，我们的数据允许我们用他们的无线使用行为来描述用户。在无线行业中，ARPU、MOU、SMS、GPRS 是用户无线使用行为的关键指标。ARPU（每个用户的平均收入）是一个用户的移动设备产生的收入的度量。MOU（使用时间）是指用户在其手机上花费的语音时间。SMS（短消息服务）是由单个用户发送和接收的文本消息的数量。GPRS（通用分组无线电服务）用于测量与无线服务提供商的数据使用量。表 4-8（Panel A）报告了我们数据中这些变量的汇总统计数据。

4.3.3.2 时间操作

有了 LBA，我们可以选择在电影放映前三次不同的时间发送信息。我们在周六下午 2 点（电影放映前 2 小时）发送 SMS，在周五下午 2 点（26 小时前）发送 SMS，以及周四（50 小时之前）发送 SMS[①]。

4.3.3.3 距离操作

有了移动定位技术，我们可以选择将消息发送到距离电影院三个不同的距离之一。我们通过向位于剧院 200 米以内的用户发送信息来控制接近距离，通过发送短信消息给位于影院 500 米到 2 公里的用户来控制

[①] 在我们的实地实验中，发送给移动用户的 SMS 短信将会被解读为："在周六下午 4 点享受一个打折价格的电影，下载这款手机应用程序购买你的电影票并选择你的座位。"这条短信被发送给移动用户，由三次时间操作（在电影放映前的 2 小时、26 小时和 50 小时）和 3 个距离操纵（用户距电影院 200 米内、200 到 500 米，及 500 到 2 公里）完成。

中等距离。① 移动行业与微单元的区别在于，在 SMS 的传输过程中用户手机所在的微单元，微单元的移动电话网络的低功耗蜂窝基站和覆盖面积有限，通常从 50 到 200 米。因为无线提供商需要预测移动应用并匹配相应的服务，他们有准确的地理和人口信息的每一个微单元。

表 4-8　数据总结

PanelA：用户移动使用的汇总统计	平均数	标准偏差
ARPU（每个用户的平均收入）	98.25	88.43
MOU（使用时间）	741.53	716.22
SMS（短消息服务）	130.12	167.01
GPRS（通用分组无线电服务）	44581.48	212373.22
注释：N=11744.		

PanelB：变量		操作	N
时间		2 天（50 小时前）	4041
		1 天（26 小时前）	4036
		同一天（2 小时前）	3667
距离		500-2000m（远）	4067
		200-500m（中等）	3767
		200m 内（近）	3911
个性化		个性化的	6065
		非个性化的	5739

4.3.3.4　个性化操作

除了时间和距离之外，我们还研究了消息个性化，来了解将消息框架（个性化和非个性化消息）与用户之间的距离结合起来的有效性。我们通过在一些信息的开头添加了一个问候语来操纵个性化，以暗示促

---

① 我们将近距离分类为少于 200 米，因为微细胞通常只提供 200 米的辐射。我们把中距离划分为 200 到 500 米之间，因为这个距离仍然离影院较远。我们把距离划分为 500 米到 2 公里之间，因为人们可以乘坐公共交通到达影院。我们限制了 2 公里的距离，因为更远的距离使得控制实验操作变得困难。

销活动是针对特定用户的。这种对消费者的个性化认识可能会引发隐私侵犯，而这与其他类型的个性化行为不同，因为消费者不知道他们是个性化的。

4.3.4 数据分析

4.3.4.1 Logit 函数模型

我们总共得到了 11,874 个观测值。由于数据集里有 130 个移动电话没有安装应用程序的必备能力，这些观察结果被视为无效而删除。无线供应商可以通过 HLR（归属位置寄存器）和 IMEI（国际移动设备标识）识别用户的手机类型、智能手机或非智能手机。因此，我们在实证分析中留下了 11,744 个有效案例。在收到短信的用户中，901 人购买了电影票。这相当于 7.67% 的反应率，最初看起来很低。但是，这个比率相比于互联网目标定位（按点击率计算）的 0.3%~0.6% 的回收率（Cho 和 Cheon，2004）是相当高的。

注：我们将用户移动定位在 SMS 传输时间的微单元间进行区分。微单元是一个移动电话网络中的一个单元，它由一个低能量的蜂窝基站提供，覆盖范围有限，通常范围从 50 到 200 米不等。因为无线供应商需要预测手机的使用情况，并相应地配置他们的服务，他们有准确的地理和人口信息的每个微单元。

移动服务提供商保留了接收到短信的每个用户的下载和购买记录，因此，它提供了一个检查和衡量 LBA 有效性的好机会。我们的数据也使我们能够检查其他的定位决策，例如，消息个性化如何影响时间和距离的组合。我们的数据集还允许我们知道，当他或她收到短信时的时间和地点。

我们的模型估计了每个移动用户未被观察到的购买概率。因此，目标定位策略的有效性，是通过销售购买的可能性来衡量的。虽然用户间不可见的差异，可能会混淆我们的结果，但通过实验的随机化，用户购买可能性的差异可以归因于目标定位策略。我们将购买电影票的潜在概率作为时间、距离和个性化的 logit 函数模型。这个 logit 函数为：

4 LBA 营销的精准投放

$$= \frac{\exp(U_i^{Mobile})}{1 + \exp(U_i^{Mobile})}$$

$$U_i^{Mobile} = \alpha + \beta \times distance_i + \gamma \times time_i \times distance_i \times time_i + \xi \times personalistaion + \tau \times X_i + \mu_j + \varepsilon_l$$

其中，U_i 表示，移动手机购买的潜在效用；X_i 是一个向量的移动用户控件（具体来说，每个用户的平均收入 = ARPU，个人每月使用分钟数 = MOU，个人每月的短信发送和接收 = SMS，个人每月使用的数据量 = GPRS）；μ_j 代表电影院随机效应来控制对于任何未被注意的、有关消费者偏好的影院差异和 ε_l 为特殊误差。固定效果包括距离和时间的双向交互，以及二者与个性化三方交互的主要影响。表 4-8（面板 PanelB）展示了数据摘要。

我们现场实验的随机性，使我们的计量经济学分析变得直截了当。通过将购买电影票的用户与未购买的用户进行比较，可以确定哪些广告策略影响了购买可能性。

模型的关键实证结果总结于表 4-9。模型（1）仅包含主要变量，模型（2）为目标定位组合的交互项模型（3）还包括控制变量。

因为在时间上有三个条件，本研究只需要两个虚拟变量（基数为 2 天前）。如模型（2）所示，对于时间定位影响的参数估计，相较于 2 天前的移动促销活动（$\gamma = -0.1.136$，$p < 0.001$），当天的移动促销与个性化是负向效应；相较于 2 天前的移动促销活动（$\gamma = 0.350$，$p < 0.001$），1 天前的参数估计值是正向效应。

如图 4-7 所示，估计的边际效应结果直观地显示，同日移动促销活动产生的消费者购买行为的可能性比在移动促销之前的 1 到 2 天更高。这些结果与前期文献对时间定位的影响相一致，支持移动推广中的实时营销问题研究（Zhang 和 Krishnamurthi，2004）。Lee 等（2006）研究了 LBA 的反应率，以确保时间作为敏感因素确实影响了 LBA 的有效性。

基于位置的精准营销研究

表4-9 估计模型

变量	模型（1）	模型（2）	模型（3）
截距	-3.109*（0.094）	-2.896*（0.122）	-3.819*（0.147）
距离（近）	0.598*（0.088）	0.208（0.155）	0.108（0.174）
距离（中等）	0.385*（0.092）	0.267**（0.157）	0.267（0.177）
时间（近）	0.315*（0.085）	-1.136*（0.237）	-0.871*（0.258）
时间（中等）	0.073（0.087）	0.350***（0.150）	0.329***（0.166）
个性化（非个性化）	0.272*（0.070）	0.238*（0.070）	0.194***（0.079）
距离（近）x 时间（近）		2.053*（0.270）	1.718*（0.298）
距离（近）x 时间（中等）		-0.439***（0.213）	-0.391（0.289）
距离（中等）x 时间（近）		1.390*（0.277）	1.091*（0.305）
距离（中等）x 时间（中等）		-0.458***（0.216）	-0.476**（0.244）
ARPU			0.003*（0.001）
MOU			-0.001（0.000）
SMS			-0.007*（0.000）
GPRS			0.000*（0.000）

*$p<0.01$；**$p<0.1$；***$p<0.05$

注：所有变量定义都与表4-8相同。

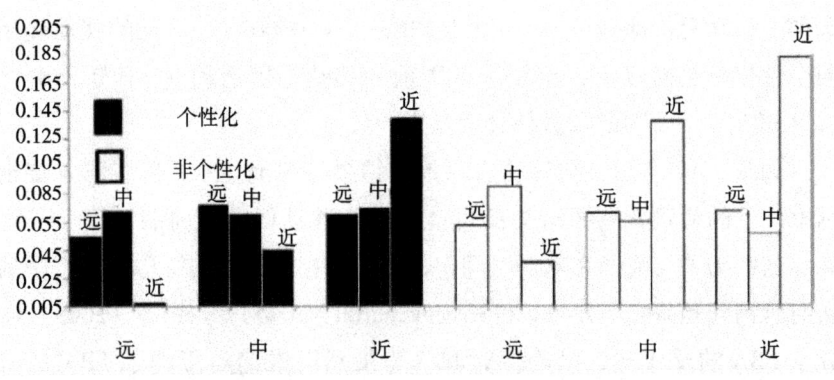

图4-7 个性化的角色

只需要两个虚拟变量（基础是2天前），因为在时间上有三个条件。模型（2）所示，参数估计测量的时间影响，相比于两天前的移动促销活动（γ = -0.1.136，p < 0.001），当天的移动定位与个性化促销是负向效应，相较于 2 天前的移动促销活动（γ = 0.350，p < 0.001），1 天前的参数估计值是正向效应。根据图 4-7，估计的边际平均效应结果显示，同一天的移动促销更有可能产生顾客购买，超过提前 1 天或提前 2 天的移动促销。这些结果与之前的文献对时间定位的影响相一致，证明了移动促销中的实时营销问题（Zhang 和 Krishnamurthi，2004）。

4.3.4.2 时间和距离的影响

图 4-8 给出了时间的关键实验结果，与之前的文献分析 LBA 时间的影响相一致结果表明，用户购买合适的当天促销活动的平均购买发生率为 0.096，显著高于 [χ^2 （N = 7702） = 104.06，p < 0.001] 用户购买促销活动 1 天前的消息（0.080），也显著高于 [χ^2 （N = 7707） = 108.67，p < 0.001] 用户购买促销活动 2 天前的消息（0.055）。

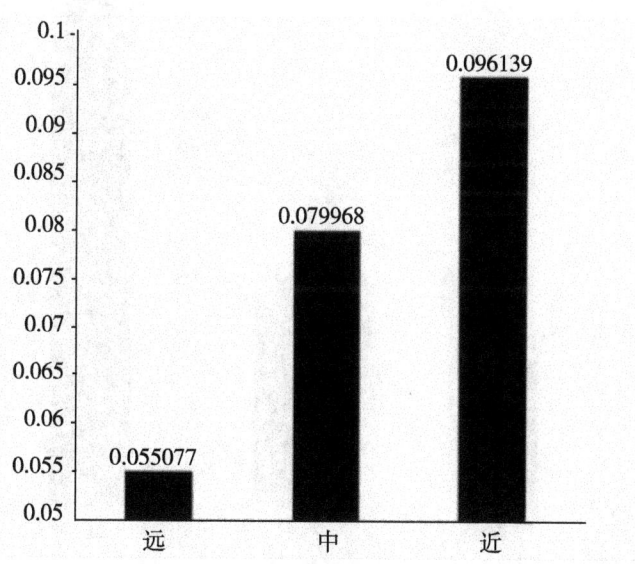

图 4-8　时间的影响

基于位置的精准营销研究

表4-10 主要时间影响

	平均数	标准偏差
当天	0.091	0.287
一天前	0.072	0.259
两天前	0.068	0.252

关于地理定位的影响的实验结果也符合先前文献的研究结论。结果（图4-9）表明，近距离目标用户的平均购买发生率为0.101，明显高于 $[\chi^2(N = 11794) = 9.20, p < 0.01]$ 中等距离内的用户（0.073），远高于 $[\chi^2(N = 11794) = 18.33, p < 0.01]$ 远距用户（0.049）。

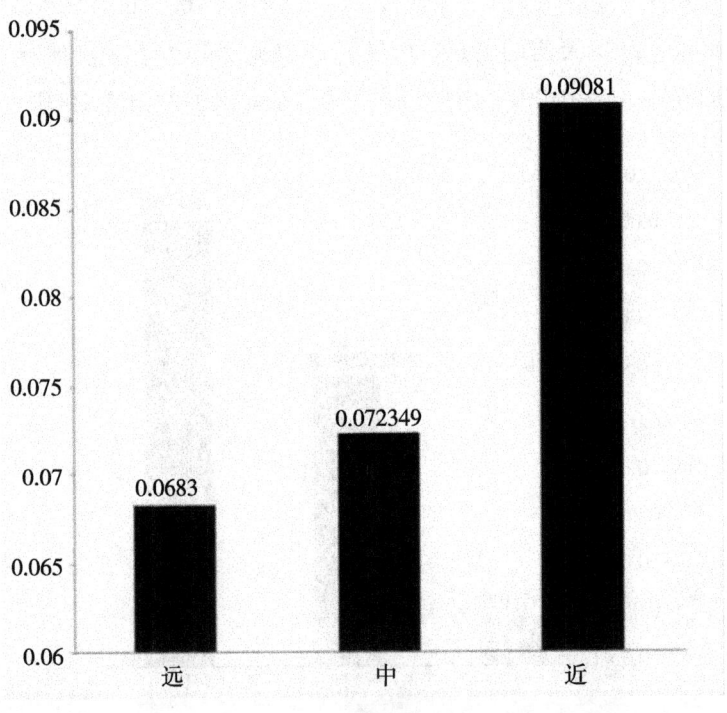

图4-9 距离的影响

表 4-11 主要距离影响

	平均数	标准偏差
近距离	0.096	0.295
中等距离	0.080	0.271
远距离	0.055	0.228

我们主要关注时间和地理上的结合。图 4-9 显示了结果。关于接近距离定位的问题，结果显示，在当天接收消息的目标用户的平均购买发生率为 0.162，提前 1 天前接收消息的为 0.066，提前 2 天接收到的消息为 0.062。当天发送移动促销短信生成购买明显比提前 1 天或 2 天前发送（χ^2 = 41.58 和 36.01，分别 $p < 0.01$）更有效。也就是说，在近距离的情况下，存在着一种负向关系，即近距离的移动促销下，较少（较多）的时间会产生较多（较少）的移动销售。

当目标定位为非近距离的时候，图 4-7 显示了在购买事件中利用当日消息的用户的平均购买发生率为 0.019，0.082 为目标为 1 天的消息，而 2 天前的消息平均购买发生率则为 0.059。此外，在 1 天前发送的短信，比当天的消息或在发生移动购买事件之前 2 天发送消息的效果要明显得多（χ^2 = 26.51，26.51，$p < 0.01$）。换句话说，在非近距离接收信息的移动用户更有可能在被给予适当的时间时进行购买，而不是在一个反向的、曲线的关系中过少或太多的时间。这一发现与研究结果并不完全一致（Lee 等，2006），这表明消费者很可能会购买附近的产品。既然我们的广告是关于电影的，那么就可以考虑服务产品与实物产品之间的区别。

基于位置的精准营销研究

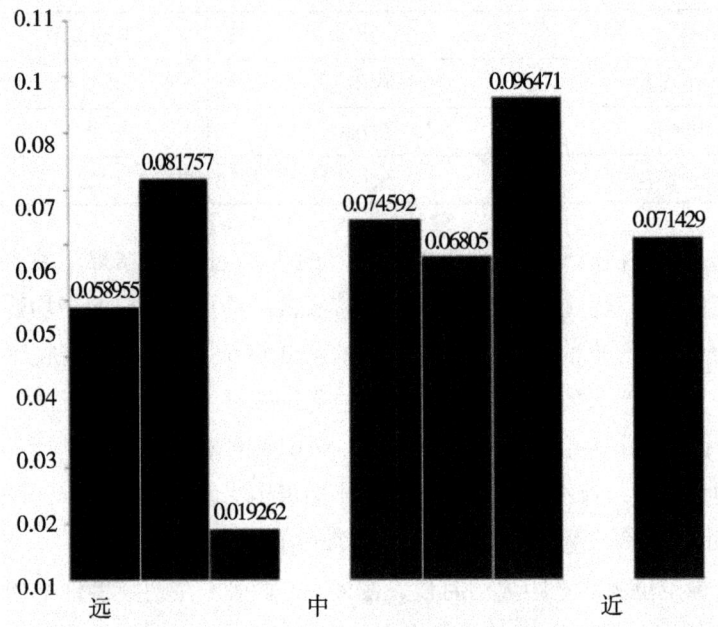

图 4-10　时间和距离的相互作用

表 4-12　主要距离影响

交互影响	近距离		中等距离		远距离	
	平均数	标准偏差	平均数	标准偏差	平均数	标准偏差
当天	0.160	0.263	0.100	0.295	0.020	0.138
1 天前	0.070	0.126	0.070	0.251	0.080	0.274
2 天前	0.070	0.257	0.070	0.263	0.060	0.237
平均差	当天 - 1 天前	$p = 0.000$	当天 - 1 天前	$p = 0.010$	当天 - 1 天前	$p = 0.000$
	当天 - 2 天前	$p = 0.000$	当天 - 2 天前	$p = 0.048$	当天 - 2 天前	$p = 0.000$

4.3.4.3 个性化的效果

我们依据 Logit 模型进行研究的结果显示，在同一天，当目标用户接近电影院时，那些非个性化的短信用户购买电影票的可能性（0.183）比那些含有个性化信息的用户的可能性（0.140）要大（p < 0.01），如图 4-20 所示。这一结果可以解释为，当消费者认为营销策略是操控性的时候，他们的反应就会减少（Goldfarb 和 Tucker，2011）。在我们的设置中，在同一天接收短信，并接近剧院的时候，可能会提升人们对营销的感知，让位于购物区的用户感到毛骨悚然。因此，当信息个性化的时候，这样的目标定位会降低购买概率。① 因此，与之相对的是将非个性化的当日信息发送到移动用户目标位置附近时，消费者购买的可能性增加了 30.7%。

4.3.5 研究结论

4.3.5.1 LBA 广告距离与消费者的接近与否，使购买可能性呈现出不同特点

我们的研究提供了一些重要的理论和管理见解。首先，通过分析时间和地点的影响，我们的研究证实了对 LBA 的定位和时间的影响。LBA 的时间和距离分别增加了销售购买，结合这两个因素，LBA 策略更加复杂。我们举例说明，营销人员给予消费者的响应时间，取决于消费者与促销的距离。的确，虽然"营销必须尽可能接近真实的信息"（Achrol 和 Kotler，1999，p.150），但这样做的有效性取决于消费者的位置。具体地说，我们证明了 LBA 的最佳时间，由消费者与促销活动的距离决定。我们的发现支持营销人员应该优化他们的移动搜索列表（Birkner，2012）的观点。

从本研究可以看出，距离定位接近时，购买可能性与移动用户的响应时间线性负相关，在同一天发送消息，比在电影放映前两天发送消息

---

① 与文献有关的关于市场营销的隐私问题的研究（Xu 等，2011），确实在本研究中同样证实了信息框架与个性化对消费者响应能力的负面影响。

接受的可能性高出75%。不接近时，为反向曲线关系，并且距离的销售影响随时间而降低。最有效的方法是在前一天发送消息。与前一天发送消息相比，当日发送消息降低了71%购买的可能性，而提前两天发送消息减少了63%的购买可能性。通过这种方式，我们建议研究一种最优策略，即一旦配有GPS的设备被广泛应用，要采取什么策略。近距离的同日广告更有效。对于更远的距离，给予足够的时间（以适应旅行计划）比给予太少或太多的时间更有效。综上所述，LBA在消费者反应时间或位置上的每一种广告策略，都反映了两者结合起来的策略，比营销人员最初预测的要复杂得多。

4.3.5.2 非个性化信息的用户购买概率比个性化高

此外，我们还演示了消息个性化如何与时间和距离目标定位策略相结合的情况。结果不仅与先前的研究相一致，认为促销效果是产品的一种功能（Gupta，1988），还展示出信息是否个性化影响了距离和时间相结合的有效性。在同一天，向用户发送非个性化的信息，用户的购买概率比个性化的信息要高31%。这一发现说明当信息非个性化的时候，在同一天接近用户会更有效。

对于管理者来说，我们的研究提供了一些重要的启示。首先，我们可以通过知道何时何地，向消费者发送消息来优化LBA策略。因为技术使管理者能够在客户身边保持无处不在的电子形象（Varnali和Toker，2010，P.144），营销人员可以更精确地定位顾客何时何地准备购买。研究结果肯定了"信息的价值随时间的增长而增加"（Bonfrer和Dreze，2009，p.261）。实际上，有效的LBA是传递信息，即当前和相关的信息。然而，这是一个两难的选择。当管理人员希望到达位于非近距离的消费者时，他们应该确保给出适当数量的通知，来平衡距离的限制（旅行成本阻止了给予太少时间的有效性）。

其次，基于对目标的了解，以及是否对客户进行个性化的沟通，在产生消费者反应方面至关重要。通过对Ghose和Han（2011）的研究，我们展示了这些信息是如何影响竞选效力的。我们其于信息框架上的结果扩展了最近的发现，即个性化可能会无意地提高观众对隐私的关注

(Goldfarb 和 Tucker，2011）。也就是说，当天用个性化的信息来定位近距离的用户时，我们并没有发现高响应性。相反，我们发现，与个性化信息相比，接收非个性化信息的移动用户产生了更高的响应。这一发现证实了"有一个短信策略是有益的"（Birkner，2012，p.8）。因此，我们建议，当营销人员对接近于促销商店或活动的客户，采用实时的 LBA 时，应该避免发送个性化的消息，以避免失去潜在的目标客户。

然而，研究本身也有局限性。因为广告是关于电影的，它区别于销售实物商品。看电影需要时间的投入和提前计划。因此，从时间、地点和个性化的角度来看，销售电影票的有效性与实物产品的销售是不同的。

综上所述，本研究的目的是为了更好地帮助人们理解平衡 LBA 的时间和距离，以及个性化在时间与距离的结合上的调节作用，上面的结果表明哪种方法对从业者更有效。传达信息的时间、距离和问候语确实影响着人们的购买决定。当营销人员彻底了解该理论并将其应用于实践时，它将优化 LBA 的有效性，并最大化其产品利润。

4.4 LBA 效果：拥挤时的超情景目标定位

本节验证了拥挤时的超情景目标定位于消费者，对 LBA 产生的反应的效果。实验表明，在拥挤的环境中，消费者的购买率是其在不拥挤环境中的两倍，随着拥挤程度的增加，人们变得越来越内向，更易受 LBA 影响。虽然拥挤的环境往往和负面的情绪，如焦虑、愤怒联系在一起，但通过实验可以发现拥挤积极的一面，即：LBA 在拥挤的环境中是很受欢迎的。营销人员可以把消费者所处环境的拥挤度，作为一种提高超情景 LBA 有效性的新途径。

4.4.1 研究问题——拥挤时的超情景目标定位对 LBA 效果的影响

随着 LBA 的迅速发展，营销人员正在利用位置等情景，来定位消费者。这种情景定位的例子包括地理围栏（将移动优惠券发送给商店虚拟范围之内的人）和基于蓝牙的信标（向场地内的设备发送交易信息）（Luo 等，2014）。有趣的是，超情景定位甚至可以让营销者参与到其他环境背景中，来动态地影响行为，比如天气（Marshall，2014）。本节研究了另一个超情景，即物理拥挤，可能如何会影响消费者对 LBA 的反应。

环境拥挤是我们对周围人数的感受，是身受局限后的主观感知。拥挤可能降低其购买私人用品的概率（Xu 等，2012），提高购买差异（Levav 和 Zhu，2009）。并且拥挤的环境，会降低消费者承受风险的能力，人们更愿意去药店购物而不是便利店（Maeng 等，2013）。Harrell、Anderson（1980）认为在客观拥挤环境中，当个人行为被束缚，个人空间被入侵的时，心理上会产生拥挤感知。这种感知被认为是负面的，会导致规避等消极行为的产生，譬如缩短消费时间，提前离开。Ditton 等（1983）认为拥挤会降低人的满意度和游玩乐趣（Absher 和 Lee，1981；Ditton 等，1983）。行为限制理论认为，人们会通过变得更加内向，来适应外界拥挤的环境（Milgram，1970）。在现实生活中，关注手机是一种常见的针对拥挤的逃避行为，人们借此忽略拥挤感，逃离现实困境。LBA 在手机上随处可见，LBA 的效果与消费者所处环境的拥挤程度，可能存在着某种联系。

与已有研究主要关注拥挤的消极影响不同，本节研究关注拥挤的积极影响，考察了在拥挤时的超情景定位，能否提高消费者对 LBA 的关心与敏感。对拥挤的影响的研究视角由消极转向积极，不仅丰富了拥挤和零售环境相关的研究，也为 LBA 提出了一种新的思考移动目标定位的方法。在越来越多的城市，地铁中移动使用不断增加（Flegenheimer，2013），基于拥挤等环境因素对消费者进行营销的机会，将会大量存在。本研究对拥挤环境因素进行探索，不仅丰富理论研究，更能在现实中指导营销经理们的运营。

4.4.2 理论基础

4.4.2.1 行为限制理论

行为限制理论认为，人们会通过变得更加内向来适应外界拥挤的环境（Milgram，1970）。同时，学者们论证了当人们感受到威胁时，他们会重新评估自身的自由状况（Brehm，1966；Wicklund，1974）。因此，LBA 可能会引起更高的响应率，地铁上的拥挤会导致人们的个人空间被侵入，行为被制约，人们可以通过改变自身心理状态来适应，适应的方式就是越来越关注 LBA。更具体地来说，拥挤的程度与"手被挤压"的情况非常相近（Milgram 和 Sabini，1978，p. 32）。随着上班族越来越多，人们的物理空间被侵占，个人空间的被挤占会导致人们行为的改变，例如，当环境非常拥挤时，人们通常不愿意东张西望（Aiello 等，1977；Evans 和 Wener，2007）。

在当今时代，人们会越来越内向，并且越来越关注自己的手机。关注手机是一种逃避行为，人们在通过这种行为来逃避拥挤感。拥挤会导致人们通过技术的手段，来逃离自身现实当中的困境（Bull，2005，p. 354）。

4.4.2.2 LBA 响应

LBA 文献揭示了，影响消费者对移动促销反应可能性的几个情景。在位置方面，Ghose 等人（2013a）发现，消费者更倾向于点击靠近他们的商店，以及手机屏幕上排名更高的链接。Molitor 等（2014）发现在有折扣时，消费者越接近商店，活动在手机屏幕上位置越高，移动优惠券兑换率越高。Luo 等人（2014）展示了消费者相对于推广地点的位置，以及获得推广的时间，是如何影响他们的移动购买可能性。研究人员还演示了在食品杂货店中，实时移动的促销活动如何能增加购物者的出行距离，从而提高他们的非计划支出（Hui 等，2013）。此外，学者们还发现，对于移动陈列广告来说，产品参与度越高，实用价值越大，越能激发消费者的购买意向（Bart 等，2014）。研究还发现，PC 和移动应用之间的相互依赖产生了积极的协同效应,影响消费者对 LBA 的反应(Ghose 等,2013)。市场竞争和环境因素也对消费者移动购买的行为进行解释(Fong 等 2015,Molitor 等 2013)。

4.4.2.3 拥挤

社会学以及心理学的研究显示,居住的拥挤程度与疾病、青少年犯罪率密切相关(Schmitt,1966)。拥挤能增加压力和敌意,个人会在拥挤中感到愤怒,并且降低其友好性(Zimbardo,1969)。在更加拥挤的场合中,例如监狱里,人们很有可能发生二次犯罪。关于消费者行为的研究显示,拥挤会导致人们的规避行为,并降低人们的购买欲望(Harrell 等,1980)。其他的研究发现,拥挤会威胁消费者独特性的存在感,可能会导致其购买私人用品的几率降低(Xu 等,2012)。研究人员还发现,拥挤可以提高购买品种,其原因是消费者主张通过自由来选择(Levav 和 Zhu,2009)。相对应的是,Maeng 和 Colleagues(2013)发现,拥挤的环境会使消费者承受风险的能力降低,人们更愿意去药店购物而不是便利店。通过对上述文献的回顾,我们发现 LBA 的效果与消费者所处的拥挤程度密切相关。

4.4.2.4 拥挤对 LBA 响应的影响

相比于在非拥挤地铁上,LBA 在拥挤的地铁上时,可能会引起更高的响应率。拥挤侵入个人空间并制约消费者的行为,人们可以通过改变自身的心理状态来适应,适应的方式就是越来越关注 LBA。随着上班族越来越多,人们的个人和物理空间被侵占,这种限制形成了一种行为上的约束,它可以使人们体验到一种行为的外部选择减少的感觉。例如,当环境非常拥挤时,人们通常不愿意东张西望,因为拥挤会增加捕捉多余目光的可能性(Aiello 等,1977;Evans 和 Wener 2007)。行为限制理论认为,人们会通过变得更加内向来适应外界拥挤的环境(Milgram,1970)。相似的是,学者们论证了当消费者意识到空间限制对他们的自由构成威胁时,他们可能会采取旨在重申其自由的行动(Brehm,1966;Wicklund,1974)。例如,消费者可以使用他们的购买决定来控制他们的环境（Levav 和 Zhu，2009）。在当今时代，人们可以沉浸在自己的私人手机中"作为一种逃避的方式，一种避免不必要的接触的方式"，并由此获得对空间和隐私的控制感（Sommer，2009，p. 1227）。这种手机沉浸式的体验，可以让乘客在心理上从现实人群中退缩，并提高他们对手机广告的关注度（Maeng 和 Tanner，2013），因此 LBA 很可能会在更拥挤的列车上，获得更高的购买响应。

4.4.3 研究内容——拥挤时的超情景目标定位对 LBA 效果的影响

一家大型移动通信公司为我们的研究提供了现场数据。我们通过具有独特属性的实验设计和数据，可以直接识别拥挤的影响。研究过程中，我们定义物理的拥挤程度为人口密度或单位面积上的人数（Stokols，1972），并且由于地铁列车拥有自然设置的不同程度的人群密度，因此其独特的环境被用来检验物理拥挤的效果。

在地铁列车的封闭环境中，人们最初可能会适应拥挤的环境，四处走动以保留个人空间。一旦地铁列车满了，这种做法变得不太可行时，他们可能会在到达一定的拥挤阈值后，通过玩手机来忽略对拥挤的感受。因此我们做出如下假设：如果其他条件相同，物理的拥挤程度与消费者对 LBA 的反应成正向关系，但是这种关系并不是线性关系，而是超越低阈值的正向关系。

该移动通信公司通过短信（SMS）向地铁上的消费者发送有针对性的 LBA，这些消费者可以通过短信来进行购买。该公司利用即时计算和随机化程序，从目标地铁乘客中随机抽取乘客。由于拥挤很自然地与白天的时间和工作日的时间相混淆，因此现场数据可以通过区分（i）高峰时段和非高峰时段，（ii）工作日和周末的用户控制自我选择和用户异质性，来隔离拥挤对移动购买的影响。为了进一步解决内生选择的问题并排除其他解释，我们的识别策略利用了地下的意外列车延误和地面关闭导致的拥挤的突然变化。通过测量抽样乘客的购买率，调查购买者和非购买者，最终得出拥挤对购买可能性的影响。

4.4.4 研究设计

一个测量拥挤程度的理想办法，就是随机地进行现场实验，这是非常困难的。因为要求上班族都随机地分布在地铁上，用另一句话来说，操控人员密集程度是一件非常困难的事情。因此，我们的实验选取现场实验的数据，随机向地铁上的手机使用者推送移动优惠券。

在我们的现场实验中，一共有10690名手机使用者参与了实验，他们的手机均会收到一条关于促销的短信，如果他们购买了推送信息当中的促销产品或服务，SMS卡会记录购买时间。这个实验发生在亚洲，2013年9月，目标实验对象的手机收到一条促销服务短信，介绍未接来电提醒业务，提示消费者有错过的电话并帮助其回拨，LBA的促销短信为"错过了一个来电，想知道那是谁的来电吗？快来订购过电提醒业务，3个月只需9元人民币！20分钟内马上回复Y，就能立刻获得3元的优惠！"因为上班族在地铁上的平均时间是30分钟，因此我们把信息的推送时间固定到上车时间的20分钟之内，LBA信息提供了3元钱的优惠刺激，费用直接从话费当中扣除。我们用购买率来测量消费者的购买行为（1 = 购买，0 = 没有购买），在10690名测试对象中，我们收到了334份回复，回答率约为3.22%，这个回答响应率可能略微显低，但考虑到其他类似的研究的回答率是0.6%（eMarketer，2012）和1.65%（Molitor 等，2014），本研究的回答率算比较高。

拥挤程度，作为本研究的关键自变量，用每平方米的人数来测量。首先，在我们的研究中，地铁是由铰接式的火车模仿手风琴风格的巴士连接而成的，车厢之间没有门，每一列地铁列车由六个铰接式车厢组成。乘客可以不受限制地走完整列地铁，我们用自动连接地铁隧道蜂窝线路的移动用户数量，来测量每列地铁列车的移动用户数量[①]。其次，我们计算了乘客量。在我们研究的大城市里，通信供应商服务于70%

[①] 电信运营商可以识别所有移动用户的电话号码，包括那些关机的电话号码（基于电信公司的芯片跟踪技术）。因此，开机和关机的手机都能被识别和记录。据该公司称，超过99.9%的手机在白天开机。

的人口。因此我们通过移动的用户量除以0。然后,我们通过将乘客数量除以每列地铁的总面积来计算拥挤度。车厢长19米,宽2.6米,共计296.4平方米(6辆车×长19米长×,宽2.6米)①。我们测量手机短信广告发送时的拥挤程度,表4-13是每列地铁每时间周期的拥挤度测量值。

表4-13 地铁拥挤程度

一天中时段	列车	工作日样本 拥挤程度	周末样本 拥挤程度
7:30-8:30	1	4.18	1.80
	2	3.93	1.87
10:00-12:00	3	2.99	3.07
	4	2.93	3.18
	5	2.91	3.20
14:00-16:00	6	2.01	3.09
	7	1.91	3.42
17:30-18:30	8	5.36	4.67
	9	4.57	4.54
21:00-22:00	10	0.96	1.51
	11	0.94	1.62
	12	0.91	1.64
	13	0.89	1.65
	14	0.83	1.72

注:拥挤程度是每平方米乘客的数量

如表4-13所示,在14:00-16:00的时间周期中,7号列车工作

---

① 由于拥挤程度因城市和文化不同而不同(例如香港等人口密度高的城市,与奥克兰等人口密度低的城市有所不同),因此对拥挤程度的容忍度也可能有所不同。由于亚洲人在人口众多的情况下更能容忍拥挤,因此在我们的实地研究中,这种影响可能更为保守。

日的拥挤度为 1.91 人/米^2，而周末则为 3.42 人/米^2。如图 4-11 所示，移动购买的可能性，随着拥挤程度的增加而增加。这种模式提供了最初的无模型证据，证明了人群拥挤对消费者对 LBA 反应的影响。下一步，我们提出基于模型的证据。

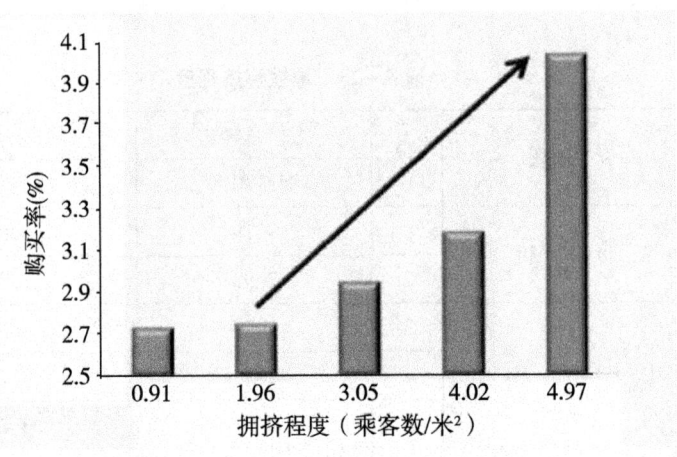

图 4-11 拥挤程度与购买率之间的关系

4.4.5 数据分析

4.4.5.1 识别和基于模型的结果

因为拥挤程度每日都会变化，结果的有效性必须基于现场实验的有效控制才能保证。为了使结果更加可信，我们对实验进行了以下操控：①可观察的变量选择包括高峰与非高峰拥挤时间、工作日与周末、移动使用行为，并随机发送 LBA；②利用地面街道关闭和地铁系统地下列车意外延误，导致的突然拥挤变化。

（1）巅峰时段，周末和移动购买行为。

人们自行选择到更多或更少拥挤的列车取决于一些因素，比如每天的中午、工作日或周末。如果在早上高峰时间，上班族的比例可能会更高，而在其他时间，老年人、儿童和家庭主妇更可能乘坐地铁。如果是这样的话，观察到的影响可能会反映出，在交通高峰期出行的人和在其他时间出行的人，在行为上的系统性差异，而不是拥挤本身的影响。也就是说，购买率可能是由通勤者类型的变化而非拥挤驱动的。因此，为了对减少对自我选择的关注，我们采取以下几种方式应对。首先，拥挤更可能发生在交通高峰期。为了从高峰时段分离出拥挤的影响，我们通过从早到晚地短信发送，获得跨峰和非峰时段拥挤的现场数据。在研究中，每天选择 5 个不同的时间，来代表人们在一天中可能经历的 5 个周期。每个时间周期代表一个拥挤的高峰或非高峰小时，每个周期都可能是一个不同的拥挤水平。第一个周期是 7：30 - 8：30，代表早晨高峰时间。第二个是 10：00 - 12：00，代表了早高峰后的平静时间。第三是 14：00 - 16：00，是傍晚交通高峰前的下午时间。第四是 17：30 - 18：30，晚高峰时间。第五是 21：00 - 22：00，晚餐后的交通。在每个时间周期，该供应商向两列或三列列车发送短信，一天总共发送 14 列。这 5 个时间周期嵌套在 14 列地铁列车上，有助于控制不同类型的地铁通勤者之间的系统性差异，即上下班高峰

此外，工作日和周末的人群可能会有所不同。在工作日，工作计划可能会迫使商务旅客在高峰时段，自行选择乘坐拥挤的列车，而非商务旅客（如退休人员和家庭主妇）则可能在间歇时间，自行选择乘坐不拥挤的列车。此外，在周末，人们可以自行选择乘坐或多或少有些拥挤的列车。因此，为了从不同类型的工作日和周末通勤者中分离人群拥挤的影响，我们有来自两个不同工作日的现场数据，即工作日（星期三）及周末（星期六）。这有助于控制模型中工作日和周末拥挤程度的系统性差异。

此外，我们测试拥挤效应的阈值。因为每平方米小于两位乘客并不真正代表拥挤的环境，因此该数据就是低水平的阈值。报告结果如表 4-14 所示，每平方米不到两位乘客表明一个较低的边界阈值拥挤效应。

表4-14 拥挤程度与购买率之间的关系

	Panel A：拥挤程度的影响			
拥挤程度	0.239** (0.067)	0.213** (0.075)	0.178** (0.071)	0.114** (0.042)
日期影响（周末虚拟变量）	NO	No	Yes	Yes
一天中时段影响（高峰期虚拟变量）	NO	Yes	NO	Yes
Ln（ARPU）	0.415** (0.181)	0.411** (0.173)	0.303** (0.124)	0.305** (0.128)
Ln（MOU）	-0.045 (0.072)	-0.045 (0.066)	-0.043 (0.070)	-0.044 (0.069)
Ln（SMS）	0.004 (0.076)	0.004 (0.075)	0.003 (0.073)	0.006 (0.073)
Ln（GPRS）	-0.002 (0.028)	-0.002 (0.027)	-0.001 (0.025)	-0.001 (0.024)
观测量	10.690	10.690	10.690	10.690
	Panel B：低于2位乘客/米^2 的更低阈值			
拥挤程度	-0.084 (0.270)			
日期影响（周末虚拟变量）	Yes	Yes		
时间影响（高峰期虚拟变量）	Yes	Yes		
Ln（ARPU）	0.354 (0.267)	0.352 (0.265)		
Ln（MOU）	-0.235 (0.142)	-0.231 (0.142)		

续表

Ln（SMS）	0.083 (0.146)	0.074 (0.148)		
Ln（GPRS）	-0.028 (0.052)	-0.026 (0.053)		
观测量	2886	2886		

注：ARPU = 每位用户平均收入，MOU = 使用时间，SMS = 每位用户发送和接收的短信数量，GPRS = 与无线供应商的数据使用；Panel B 将观测数限制在 2 位乘客/米^2 以下。

*p < 0.10；**p < 0.05。

换句话说，要达到拥挤的效果，每平方米必须至少有两个或更多乘客。因此，这些结果支持我们的整体假设：如果其他条件相同，物理拥挤程度与消费者对 LBA 的反应成正向关系，但是这种关系并不是线性关系，而是超越低阈值的正向关系。

我们的模型同样评估了购买的可能性，我们构建了一个衡量地铁乘客购买率的模型，可以用以下公式来表达：

$$Purchase\ Likelihood_i = \frac{exp(U_i)}{1 + exp(U_i)}$$

$$U_i = \alpha + \beta \times crowdedness_i + \gamma \times weekend_i + \delta \times peak\ hour_i + \tau \times X_i + \varepsilon_{i1} \tag{1}$$

Ui 表示第 i 个顾客的移动购买率，Xi 表示第 i 个顾客的购买行为，不同顾客有着不同的购买行为，因为工作日与周末、高峰时段与非高峰时段的拥挤模式不同，我们对其进行了控制。本实验定义了周末哑变量（1 = 周末，0 = 工作日）和高峰时段哑变量（1 = 高峰时段，即 7：30 - 8：30，17：30 - 18：30；0 = 其他时间）。同时，除了周末和高峰时段哑变量，还通过使用更多的时间特定效应的哑变量，对时间效应进行了额外的分析，发现拥挤对短信 LBA 购买率的稳健影响。同时，εi 由特殊误差项组成。我们主要关心的是在控制了移动用户行为、高峰时

基于位置的精准营销研究

间和日效应后，人群拥挤对移动购买可能性的影响（β）。我们的模型基于移动用户的个人每月账单［平均每个用户的收入（ARPU）］、使用的通话分钟数［每月使用分钟数（MOU）］、发送和接收的 SMS 的数量，以及数据使用［通用分组无线服务（GPRS）①］来控制移动使用习惯。

同样，虽然我们随机控制拥挤，但由于无线公司从目标列车上随机抽取样本，其实能够排除消费者的异质性。目标人口以前没有订阅未接来电提醒计划，也没有收到来自无线公司的类似短信。这也有助于排除先前营销活动的潜在影响。例如，如果乘客已经接受了类似的移动促销，促销重复或疲劳可能会产生其他影响。对于该目标地铁人群中的每个用户，通过 SAS 软件的随机数生成器和 RANUNI 函数分配一个随机数，RANUNI 函数从均匀分布中返回一个随机值（Deng 和 Graz，2002）。然后将随机数按顺序排序，从中提取样本。该算法集成在无线运营商的 IT 系统中，可以实时计算并随机选取用户，准确判断短信发送时的拥挤程度。因为无线公司保存着所有客户的购买记录，所以它能立即知道，地铁列车上的某个移动用户在此前是否订购过这项促销服务。这种动态但即时的计算和随机化，如果不是由无线公司来做的话，

---

① 政府法规禁止无线服务提供商泄露客户的个人信息，比如收入。然而，在本研究背景下，收入是无关紧要的，因为促销产品每个月的成本大约是 50 美分。ARPU 是用户的移动设备产生的收入。ARPU 值较高的用户可能更倾向于购买错过呼叫提醒的产品，因为他们可能会联系到更多的人。MOU 是每个用户的手机通话时间，MOU 可以帮助控制客户的异质性，因为商务旅行者可能拥有更高的 MOU。此外，SMS 是每月发送和接收的短信数量，也可以帮助梳理消费者年龄的影响，因为年轻一代更容易使用短信。GPRS 是衡量无线服务提供商每月使用的数据量的指标。GPRS 在控制旅行者使用移动网络和下载移动内容的习惯方面非常有用。在进一步的分析中，我们还尝试了使用方差极大旋转的主成分分析与因子分析相结合的方法，得到了 ARPU、MOU、SMS 和 GPRS 的一个潜在的公共因子。这一结果对于移动使用行为的因素分析方法是稳健的。

是很难执行的,因此它也代表了我们现场数据的一个独特特征。[1]

如表4-14所示,拥挤程度对于消费者对LBA的反应(购买的可能性)的影响,在控制了峰值与非峰值时间、工作日或周末变量,以及移动使用行为所造成的可观察用户异质性的影响后,具有统计学意义(均$p<0.05$)。无论是否有工作日和周末的影响,以及高峰和非高峰时间的影响,这些影响在所有模型中都是显著的。

此外,本实验还测试了拥挤效应的阈值水平。因为每平方米少于两名乘客并不能真正地代表拥挤的环境,所以不能在如此低的拥挤阈值水平上,分析拥挤对于移动购买可能性的影响。在表4-22的Panel B中,正如预期的那样,当拥挤度小于每平方米两名乘客时,拥挤对于移动购买没有显著的影响。这表明,每平方米两名乘客是拥挤效应的一个较低的边界阈值。换句话说,拥挤要产生影响,每平方米必须有至少两名或两名以上乘客。

因此,这些结果支持我们的总体假设:如果其他条件相同,物理拥挤程度与消费者对LBA的反应成正向关系,但是这种关系并不是线性关系,而是超越低阈值的正向关系。

我们还评估了拥挤在LBA购买上的经济意义。如图4-20所示,与较低拥挤水平(1.96名/米^2)的基线相比,当拥挤程度加倍(4.02名/米^2)时,移动购买的估计边际平均可能性增加16.0%[=(0.0319-0.0275)/0.0275]。此外,当拥挤现象更加严重(4.97名/米^2)时,移动购物的可能性会增加46.9% [=0.0404-(0.0275)/0.0275]。平均而言,每平方米少于两个人的购买率为2.1%,每平方米少于5个人的购买率为4.3%。因此,在拥挤地铁上通勤的人,可能会对手机上的定向广告表示欢迎,他们购买的可能性约是在不拥挤的地铁上购买可

---

[1] 现场数据进一步控制了其他几个因素。首先,我们避免了在地铁系统中,只使用一个车站的车站效应。与郊区的车站相比,市中心的车站可能更拥挤。此外,一些地铁站有食品摊和报摊,而其他地铁站没有。为了控制这些差异,我们仅从地铁沿线的第四站发出短信。选择第四个车站是为了确保有足够多的乘客从第一个车站登上地铁,但他们也有足够的距离,可以沿着铁路线走到更远的车站。此外,本实验排除了乘客乘坐地铁方向的影响,因为无线公司将短信发送给开往市中心的列车。

能性的两倍。

请注意,在该项试验环境中,地铁没有满员(比如,东京的一些通勤列车,每站最多达到 11 名/米^2)。在这种情况下,可以合理地推测拥挤的上界效应:拥挤的人群会对移动购物产生负面影响,因为拥挤会限制使用手机的能力。然而,我们检查了拥挤度的平方项和立方项,但没有发现它们中的任何一个显著($p > 0.10$)。

甚至在考虑了可观察性之后,一些不可观察性,可能会导致拥挤和购买。也就是说,由于通勤者可能会自己选择乘坐不同的地铁,人群可能受内源性诱导,一些未被观察到的变量可能会导致拥挤和购买,可能会混淆结果①。我们通过利用突然出现的人群拥挤变化,来应对这种潜在的内生性威胁,这种变化包括地面上的街道意外关闭,以及地面下的列车延误。

(2)通过意外的街道关闭,来解决内生性问题。

我们利用地面交通停止时,突然发生的拥挤变化来解决内生性的问题。通过关闭街道,当地政府在工作日,暂停了一小时的车辆交通。由于交通干预是为了给政府工作人员提供高度安全的警察护送,乘客没有得到预先警告。因此,临时交通干预改变了地铁内的拥挤程度,造成了突然的拥挤高峰。在这个时候,无线供应商随机发送短信给地铁乘客。为了更好地发现普遍性,它对定价相同的不同品类进行促销。促销服务能够使用户在移动设备上播放视频,推送的短信为"随时随地观看最新的手机视频,每月只需 3 元,马上回复 KTV3,费用将计入您下月的账单。"以同样的方式衡量拥挤程度,并选择之前没有订阅该视频服务的移动用户。这样,我们就可以同时利用封闭街道和拥挤人群。这里显著重要的交互作用,将是对拥挤的影响的一个更强的测试,因为这种影响是由街道关闭引起的突然的拥挤变化所驱动的。为此,我们开发了以下

---

① 我们感谢副编辑和两位匿名评论者对本文的洞察。解决内生性威胁的一个常见策略,是使用工具器变量(Shriver 等,2013;Sonnier 等,2011;Stephen 和 Toubia,2010)。然而,在地铁列车拥挤的自然环境中,很难获得一个有效的工具变量(与拥挤相关,但与购买率无关)。另一个常见的策略是倾向得分匹配(PSM)。

4 LBA 营销的精准投放

模型：

$$U_i = \alpha + \beta \times crowdedness_i + \phi \times streetclosure_i + \phi \times crowdedness_i \times streetclosure_i + \gamma \times weekday_i + \delta \times peakhour_i + \xi \times location_i + \tau \times X_i + \varepsilon_{i2} \tag{2}$$

街道关闭（streetclosure）是一个哑变量（1 = 街道关闭样本用户，0 = 非街道关闭样本用户）。因为街道封关闭会影响两个地铁站，我们在模型 2 中引入位置（location）变量。在模型 3 引入拥挤（crowdedness）变量，在模型 4 引入拥挤（crowdedness）和街道关闭（streetclosure）的交互项。如表 4 – 15 所示，模型 2 中街道关闭（streetclosure）参数估计为负且不显著，原因在于街道封闭本身，不应该导致更高的购买可能性。模型 4 中，拥挤（crowdedness）和街道关闭（streetclosure）的交互作用为正且显著。这证实了移动购物的变化，确实是由地面上街道关闭引起的人群突然变化引起的。

表 4 – 15 拥挤程度变化的证据

Panel A：突然的街道封闭的影响				
拥挤程度 x 突然街道封闭				0.492** (0.187)
拥挤程度			0.126** (0.041)	0.114** (0.042)
突然街道封闭		– 0.120 (0.117)	– 0.142 (0.177)	– 1.887 (1.057)
Ln（ARPU）	0.301** (0.118)	0.308** (0.119)	0.308** (0.119)	0.306** (0.119)
Ln（MOU）	– 0.043 (0.065)	– 0.043 (0.065)	– 0.044 (0.065)	– 0.044 (0.065)
Ln（SMS）	0.014 (0.069)	0.014 (0.069)	0.015 (0.069)	0.013 (0.069)
Ln（GPRS）	– 0.001 (0.024)	– 0.001 (0.023)	– 0.001 (0.023)	– 0.001 (0.023)
日期影响（周末虚拟变量）	Yes	Yes	Yes	Yes

基于位置的精准营销研究

续表

时间影响（高峰期虚拟变量）	Yes	Yes	Yes	Yes
观测量	11,960	11,960	11,960	11,960
Panel B：突然的列车延迟的影响					
拥挤程度 x 突然街道封闭				0.669*** (0.148)
拥挤程度			0.306*** (0.108)	0.282*** (0.119)
突然列车延迟		0.142 (0.161)	0.130 (0.184)	0.162 (0.174)
Ln（ARPU）	-0.0003 (0.0016)	-0.0003 (0.0016)	-0.0003 (0.0016)	-0.0003 (0.0016)
Ln（MOU）	0.0001 (0.0001)	0.0001 (0.0001)	0.0001 (0.0001)	0.0001 (0.0001)
Ln（SMS）	0.0001 (0.0003)	0.0001 (0.0003)	0.0001 (0.0003)	0.0001 (0.0003)
Ln（GPRS）	-0.0000 (0.0000)	-0.0000 (0.0000)	-0.0000 (0.0000)	-0.0000 (0.0000)
日期影响（周末虚拟变量）	Yes	Yes	Yes	Yes
时间影响（高峰期虚拟变量）	Yes	Yes	Yes	Yes
观测量	13,702	13,702	13,702	13,702

注：ARPU = 每位用户平均收入，MOU = 使用时间，SMS = 每位用户发送和接收的短信数量，GPRS = 与无线供应商的数据使用。

*$p<0.10$；**$p<0.05$。

我们还证实，在同一时段（周四 14：00 – 15：00），这条街的平均拥挤率为 3.257 人/米^2。正如预期的那样，这确实大大高于没有街道封闭的同一时段的拥挤率（2.01 名/米^2）。此外，由于封闭街道的干预，可能会使通常使用地面交通的通勤者进入地铁系统，这可能会对我们的结果造成干扰。我们检查和证实了，街道关闭样本和非街道关闭样本的可观察性特征，在统计学上没有差异（见表4-16）。因此，这减轻了由街道关闭带来不同人口的担心，并进一步支持影响移动购买。

然而，我们不能排除这种地面上的街道关闭，可能涉及地面下不同类型的通勤人群的可能性。因此，我们需要实现同样类型的通勤群体的拥挤程度的突然变化。这是通过利用地铁系统中未预料到的列车延误来实现的。

表4-16 消费者行为总结

	普通乘客 (N = 10,690)		封闭街道乘客 (N = 1,270)		列车延迟乘客 (N = 3,012)	
	均值	标准差	均值	标准差	均值	标准差
ARPU	59.424	41.144	59.551	41.488	59.118	40.147
MOU	567.024	731.090	561.063	736.778	550.804	719.550
SMS	311.913	222.189	312.346	224.979	315.522	228.972
GPRS	27,856.6	8,867.1	28,445.8	8,944.3	27,336.8	8,506.7

（3）通过意外的列车延误，来识别内生性。

在一个周五，因为一名乘客的背包意外卡在了门上，地铁延误了几分钟，因此，这辆车变得非常拥挤。因为列车的延迟是无法预料的，所以这种突然发生拥挤变化的自然实验，通过地铁系统进一步解决了潜在的内生选择偏差。在意外的列车延误期间，无线服务提供商随机向用户发送LBA，让他们在移动设备上观看视频。以同样的方式衡量拥挤程度，我们可以在加入未预料到的列车延误和拥挤之间的交互项。其意义在于，它将是对拥挤的影响的一个更强的测试，因为这种影响，是由相同的地铁乘客群体中，意外的列车延误导致拥挤的突然变化所引起的。因此，我们提出了以下的模型：

$$U_i = \alpha + \beta \times crowdedness_i + \phi \times train\ delay_i$$
$$+ \phi \times crowdedness_i \times train\ delay_i + \gamma \times weekday_i$$
$$+ \delta \times peak\ hour_i + \tau \times X_i + \varepsilon_{i3} \qquad (3)$$

列车的延误是一个哑变量（1＝延误列车中的用户，0＝非延误列车中的用户）。如表4－16的Panel B中列出的结果。在模型1中，我们引入移动协变量控制用户异质性。在模型2中，我们要引入意外延误冲击（unanticipated delay shock）变量控制它的主要影响。在模型3中我们引入拥挤（crowdedness）变量，在模型4中我们引入拥挤（crowdedness）和意外列车延误（unanticipated train delay）的交互项。

如表4－15中Panel B模型2所示，未预料到的列车延误冲击本身并不显著，因为意外的延迟本身，不应该导致更高的购买可能性。如模型3和模型4所示，人群拥挤显著提高了LBA购买的可能性（$p < 0.05$）。最重要的是，拥挤与意外的列车延误之间的相互作用是正向和显著的。这证实了移动购物的变化，确实是由突如其来的列车延误导致的人群突然变化引起的[①]。

我们还确定，周五工作日10点左右列车延迟的平均拥挤率为3.63名/米^2。正如预期的那样，这确实高于没有列车延误的同一时段（2.91名/米^2）。我们还验证了列车延误样本和非列车延误样本的可观察特征，在统计学上相同（见表4－16），这证实了同一地铁人群参与了列车延误。因此，这些结果通过利用地铁系统中未预料到的延迟列车的外源性冲击，为拥挤效应提供了更多的经验证据。

4.4.5.2 通过倾向性匹配的实现的稳健性检验

我们采用PSM，通过可观察的协变量进行顾客匹配，来确定顾客对拥挤的反应。PSM测试消费者的反应，是否由拥挤而非用户异质性所驱动；通过PSM匹配协变量后，用户不是异质性的，而是同质性的。利用PSM，现场数据模拟随机的现场实验成为拟实验设计，拟实验设计分为实验和伪对照组（Huang等，2012）。然后，伪实验组是外源性的，混淆被随机化，因此对LBA购买的影响归因于拥挤（Rosenbaum和Ru-

---

[①] 请注意，意外的延误会导致乘客更多地使用手机（例如，告知其他人地铁延迟的消息），这会系统地改变购买率。然而，这些结果与其他分析一起，为在购买率上存在拥挤的因果效应，提供了更多的证据。我们感谢一位匿名的评论家。

bin，1983；Rubin，2006）①。

　　PSM 涉及两阶段，第一阶段是获得匹配个体的倾向得分，第二阶段测试拥挤条件对匹配的同质个体的影响。在第一阶段，我们通过匹配乘客进入拥挤度突然变化的列车的概率，来反映随机化。倾向性得分是在考虑到他们可观察到的移动使用行为的共协变量，乘客进入列车时突然出现拥挤（伪实验组）和未出现拥挤（伪对照组）变化的概率。我们使用逻辑回归得到倾向得分，因变量为 1（通勤者进入拥挤度突然变化的列车）或 0（通勤者进入普通列车）。然后我们将倾向性分数匹配，就可以比较伪实验组和伪对照组中几乎相似的通勤者。将这两组进行匹配，可以在考虑到可观察的协变量的影响后，在第二阶段分离并测试人群拥挤的伪实验效果。

　　表 4-17 报告了 PSM 的两阶段结果。Panel A 使用街道关闭造成的突然拥挤来总结结果，而 Panel B 使用列车延误造成的突然拥挤来总结结果。在 Panel A 中，有 782 名的乘客（伪实验组和对照组之间的 391 对匹配用户）在同一时间乘坐同一列车。在 Panel B 中，有 2270 名乘客（1135 对匹配乘客）。表 4-26 中 Panel A 和 PanelB 中一阶段结果表明，移动使用行为的许多线性项和平方项，在确定倾向性得分方面是影响显著的。如图 4-12 和 4-13 所示，在 PSM 使用最近邻匹配之前，伪实验组和对照组之间的倾向性分数，在直方图上的分布有很大的差异。但经过匹配后，两组之间的分布基本一致。因此，PSM 有助于确保通勤者之间实际上是相似的，这表明我们已经尽可能地建立了用户同质化。

---

① 我们感谢副编辑和一位匿名的评论家的建议。Huang 等人（2012，p. 133）指出"PSM 和工具变量是纠正选择偏差的两种常见技术"，如果工具很难找到，PSM 是一个可行的解决方案。本质上，有协变量的条件下，PSM 帮助确保将通勤者，分配到伪实验或对照组独立于拥挤的结果（Rosenbaum 和 Rubin，1983）。当两种拥挤类型的用户的倾向性得分相同时，用户经历拥挤的可能性与伪实验组相同，因为混淆协变量的值表明机会均等。我们还分析了在没有 PSM 的情况下，使用同一班列车和同一班通勤者的数据，并发现一致支持拥挤的显著影响。

表 4-17　PSM 稳健性检查

	估计	Pr > ChiSq
Panel A：街道封闭 PSM		
第一阶段 PSM 参数		
Ln（ARPU）	-1.387	0.015
Ln（MOU）	1.642	0.002
Ln（GPRS）	0.303	0.000
Ln^2（ARPU）	0.458	0.000
Ln^2（MOU）	-0.131	0.001
Ln^2（SMS）	-0.038	0.018
Ln^2（GPRS）	-0.045	0.000
第二阶段 PSM 参数		
拥挤程度 x 突然的街道封闭		0.318*** (0.075)
拥挤程度	0.13** (0.052)	0.125** (0.047)
突然的街道封闭	-0.082 (0.069)	-0.095 (0.076)
观测量	782	782
Panel B：列车延迟 PSM		
第一阶段 PSM 参数		
截距	109.6	<0.0001
Ln（ARPU）	3.9236	<0.0001
Ln（MOU）	-0.1596	0.5231
Ln（SMS）	0.2555	0.5131
Ln（GPRS）	-17.5559	<0.0001
Ln2（ARPU）	-0.4188	<0.0001
Ln2（MOU）	-0.00349	0.8699
Ln2（SMS）	-0.0193	0.5941
Ln2（GPRS）	0.6442	<0.0001

续表

	估计	Pr > ChiSq
第二阶段 PSM 参数		
拥挤程度 x 突然的列车延迟		0.519*** (0.131)
拥挤程度	0.281*** (0.111)	0.236*** (0.131)
突然的列车延迟	1.124 (0.190)	1.074 (0.185)
观测量	2,270	2,270

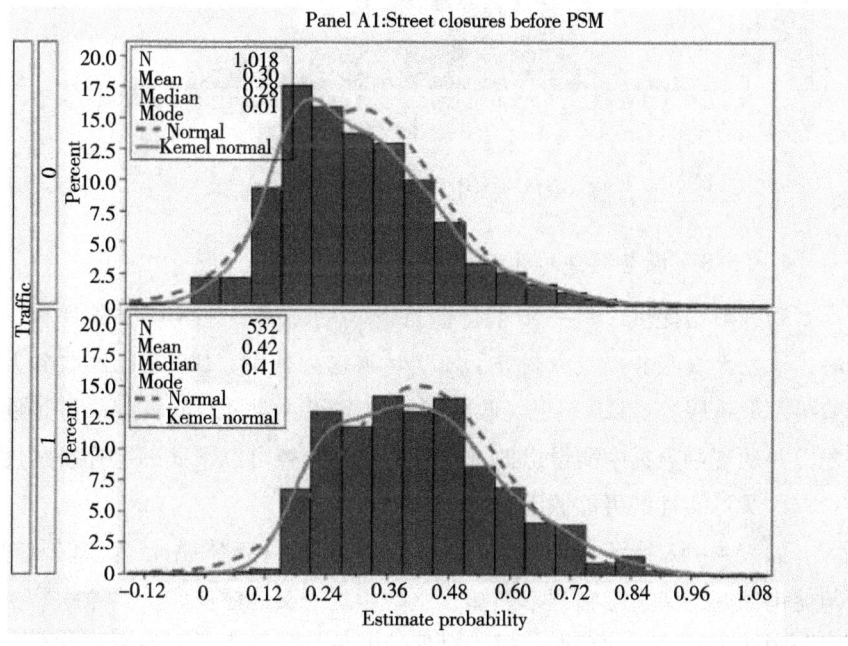

图 4-12 PSM 前街道封闭得分分布

基于位置的精准营销研究

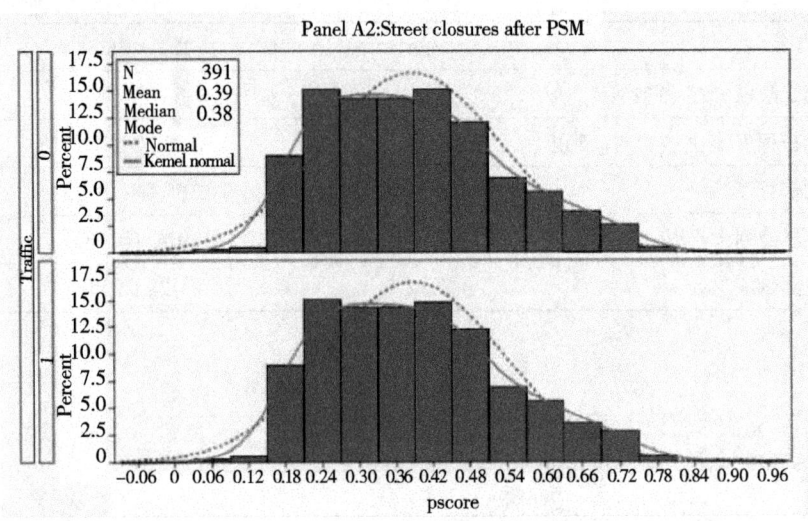

图 4-13　PSM 后街道封闭得分分布

4.4.5.3　调查提供的数据

调查数据提供了进一步了解拥挤影响的证据。在客户服务呼叫中心，这家无线服务提供商调查了 300 名乘客。其中，180 名已经收到并购买了促销服务，120 名已经收到但没有购买。通过对购买记录进行匹配，并从现场数据中测量出拥挤程度，这些调查可以帮助确定拥挤程度影响购买可能性的可能原因①。

如表 4-18 所示，在模型 1 中，我们记录了移动使用行为，以及对与促销偏好、错过呼叫频率感知、预防焦点、交易倾向和价格意识相关问题的调查回答。和预期一样，对促销的偏好能够很明显地影响购买率（$p < 0.05$），在模型 2 中可以看到，拥挤程度能够很明显地影响购买率（$p < 0.05$）。这印证了我们分析拥挤影响的现场数据证据。在模型 3 中，

---

① 关于调查的一个提示是，其中涉及的是相关性，而非因果关系。考虑到较低的购买率，另一个提示是，对使用手机购物的用户的过度采样。然而，过度抽样很有可能也意味着，在所有购买者中找到真正的购买原因。不过，在我们的数据中，就移动使用行为特征而言，我们有一个与普通用户相似的非购买者的代表性样本。此外，调查还排除了一些其他解释，如社会焦虑、预防意识、价格感知和交易倾向。

移动沉浸有显著影响,拥挤程度依然较小程度上显著（$p < 0.05$）。模型 4 中,移动参与与购买可能性正相关（$p < 0.05$）。此外,通过引导中介测试（Preacher 和 Hayes,2004）,我们发现人群拥挤与移动沉浸呈正相关（0.465,$p < 0.01$）。在这两种情况下,引导中介测试的 95% 置信区间估计都不包括零。总之,这些发现支持了一种移动沉浸的解释:当拥挤侵入一个人的物理空间时,人们会自适应地转向内部,并更多地参与到自己的个人移动设备中。反过来,消费者对他们的移动设备投入越多,进行购买的可能性就越大。(Petty 等,1983)。

表 4-18 现场实验的结果

参数	Model 1	Model 2	Model 3	Model 4
Ln（ARPU）	0.066 (0.364)	0.067 (0.367)	-0.116 (0.423)	0.033 (0.372)
Ln（MOU）	-0.127 (0.162)	-0.135 (0.164)	-0.124 (0.185)	-0.128 (0.165)
Ln（SMS）	-0.145 (0.190)	-0.132 (0.191)	0.228 (0.213)	-0.159 (0.196)
Ln（GPRS）	-0.067 (0.067)	0.060 (0.068)	0.119 (0.075)	0.063 (0.068)
未接电话偏好	0.741** (0.122)	0.723** (0.122)	0.766** (0.134)	0.752** (0.129)
未接电话频率	0.023 (0.140)	0.026 (0.141)	0.125 (0.153)	0.029 (0.143)
预防焦点	0.061 (0.146)	-0.029 (0.171)	0.042 (0.214)	0.082 (0.202)
价格感知	-0.041 (0.145)	-0.047 (0.146)	-0.074 (0.162)	-0.016 (0.148)
交易倾向	0.080 (0.141)	0.060 (0.143)	0.112 (0.159)	0.116 (0.148)

续表

参数	Model 1	Model 2	Model 3	Model 4
拥挤程度		0.238** (0.116)	0.219** (0.118)	0.152* (0.097)
防御聚焦			0.821** (0.352)	0.725** (0.358)
社会模仿			-0.203 (0.245)	-0.165 (0.231)
故障时间			0.144 (0.143)	0.220 (0.134)
社交焦虑			-0.097 (0.160)	-0.059 (0.152)
炫耀			-0.076 (0.161)	-0.186 (0.150)
手机参与				0.882** (0.218)
日期影响（周末虚拟变量）	Yes	Yes	Yes	Yes
时间影响（高峰期虚拟变量）	Yes	Yes	Yes	Yes
观测量	235	235	235	235

4.4.6 研究结论

本研究测试了消费者是否更有可能在拥挤的超情景下，对 LBA 做出反应。它分析了地铁拥挤程度，对用户对定向 LBA 的反应倾向的影响。衡量拥挤程度影响的一个理想方法，是将消费者随机分配到不同的拥挤状况。考虑到这在实际设置中几乎不可能实现，所以我们依赖于现场数据（拟域实验和自然实验相结合）和多种识别策略，来解决潜在的内生性和选择问题。

移动技术为物理拥挤度提供了新的衡量标准。在我们数据的独特营销环境中，地下地铁配备了沿隧道墙壁运行的地铁专用蜂窝线路。除此之外，拥挤程度会被衡量为每列地铁列车上的移动用户数量，这些用户自动与地铁线路建立连接，这与列车车厢的大小有关。实验数据分析：①控制可观察物的选择，包括高峰时间与非高峰时间，工作日和周末、使用手机的行为以及随机发送LBA；②利用地上街道关闭和地下列车延迟导致的突然拥挤变化；③使用PSM估计量，进一步消除选择性偏差。超过15000名的大样本数据可以说明，在较低的阈值之后，拥挤性对LBA购买的可能性有积极的影响，并且这种拥挤效应对于不同的建模技术是相当稳健的。对现场调查的进一步分析表明，移动沉浸感可以解释为什么拥挤会影响用户对手机广告的反应，即在拥挤的环境中，消费者可能会更深入地沉浸在手机中。与社会心理学文献中的观点相一致，当拥挤侵入一个人的物理空间时，人们会自适应地转向内部，由此变得更容易受到LBA的影响。

我们的研究结果在理论和管理方面产生了影响。就未来的发展趋势而言，对于动态环境适应性的营销策略将是研究的重点。就移动营销而言，拥挤程度是在不停地变化着的，怎样根据拥挤程度的不断变化，推送不同的LBA，已是营销者面临的首要问题，本研究发现，随着拥挤程度的增加，消费者对LBA的购买率成正向关系，但不是线性相关。因此，本文建议，根据不同的移动营销的拥挤程度，设计不同的移动营销广告内容，强调内容与拥挤程度之间的匹配关系（Danaher和Dagger，2013；Dickinger和Kleijnen，2008；Ghose等，2013a, b；Fong等，2015；Luo等，2014；Molitor等，2014）。

据调查显示，美国人的平均公共交通上下班时间是48分钟（McKenzie和Rapino，2011），这为营销人员开展营销活动提供了黄金时间。在韩国，已经有零售店向地铁上的乘客推送LBA了，事实上，营销人员采用新移动技术，如iBeacon（一种短距离脉冲装置，可在任何iOS7设备的低能耗蓝牙上使用）。零售商可发送手机促销活动链接给购物者。这项研究开始使用移动技术，衡量拥挤程度并确定了拥挤对购买的影响,因此管理人员可能会考虑,衡量消费者所处物理环境的拥挤程度,以提高 LBA 的效率。

随机现场实验控制了无法观测的异质性,并避免了内生性差异(Goldfarb 和 Tucker,2011;Luo 等,2014)。用户购买的差异被归因于 LBA,而控制条件下没有 LBA。在基于态度的调查数据之外,我们使用了随机现场实验的购买记录和公司档案数据,作为 LBA 销售效果的实证证据。

就我们所知,这是第一次为了量化 LBA 的实时和延后效果,而在信息系统(IS)和市场营销学科进行的尝试。市场营销和信息系统的已有文献,几乎没有提供移动推广的即时和将来购买的有力实证研究(Andrews 等,2015;Ghose 和 Han,2014;Luo 等,2014)。这是本研究主要填补的研究空白。

基于上述的情况,本研究的目标是,基于世界上最大的移动服务运营商提供的随机现场实验,通过控制条件下的手机用户随机样本,测量销售实验组的结果,从而揭示 LBA 的动态影响,即探究移动推广对实时和延后销售的影响。

5 移动营销策略的精准匹配

本书的前两章主要对 LBA 的营销效果做了量化,并且对 LBA 营销的精准投放进行了相关研究。本章在前两章的基础上,侧重于研究如何做到将移动营销策略进行精准匹配。本章以三个研究展开,研究一在善因营销理论和利他行为理论的基础上,探究了善因营销、价格折扣、愉悦感对 LBA 销售效果的影响;研究二和研究三则分别探究了不同的竞争性价格定位和竞争性区位定位,对于移动促销效果的影响。本章研究结论可使管理者更加明晰在不同的 LBA 情景下,如何进行竞争性定位和定价,在精准匹配移动营销策略的基础上,最大效率地发挥 LBA 促销效果。

5.1 善因营销、价格折扣和愉悦感对 LBA 销售效果的影响

5.1.1 广告内容

广告,顾名思义就是广而告之,即向社会广大公众告知某物,广告内容是企业对自身品牌和产品,进行分析定位得来的信息。智能技术的发展推动媒介形态、营销环境,以及消费者的审美与接收程度等的变化。内容化作为广告传播的一种技术,在相应的媒体环境中,将产品同内容相结合,为受众提供价值,使得受众群体通过广告同产品或品牌产生关联或共鸣,增强用户交互体验。企业在广告内容中加入善因活动和

价格折扣，同时通过愉悦感这一中介因素，能进一步刺激消费者的购买欲望，提高销售量。

在传统广告内容中添加善因内容，给单调的广告内容传播插上善因营销的翅膀，进而更能够牵动顾客的心，从而促进其购买。善因营销是一种有效，但不可滥用的营销战略工具，影响其成效的因素错综复杂，究其本质仍然是一种营销手段，强调兼顾企业产品销售和向非营利性组织捐赠两个方面，是借助公益事业将企业认同与非营利组织联系起来的合作营销。现在越来越多的企业，通过慈善赞助活动来提高企业知名度，实现与消费者的互动，减少客户与企业的心理距离，增加销售收入，这已经成为广告内容中不可或缺的一种营销手段。

价格折扣与广告内容，是企业未来更有效吸引顾客、扩大销售的重要因素。在价格方面给顾客的优惠，包括数量折扣、功能折扣等，是企业常用的协调机制和激励机制。适度的折扣能够引起消费者的注意，并刺激消费者做出购买决策，使消费者增加购买数量、改变购买时间或者增加购买频率。企业折扣的信息，通过各种各样的广告即时传达给消费者，消费者在折扣优惠的驱使下前去购买，进而增加销售。

5.1.2 研究问题

5.1.2.1 善因营销对 LBA 销售的主效应研究

善因营销是营销中的一种方式，其在产品销售与企业捐赠慈善事业之间构建联系，承诺捐献一部分促销所得的款项给慈善事业（Winterich 和 Barone，2011）。

从企业层面而言，善因营销帮助企业通过不同的程序设计，来提高产品的可持续性和企业亲社会的责任，提升公司的形象（Robinson, Irmak 和 Jayachandran，2012）。从消费者而言，善因营销为消费者提供了参与慈善的机会，创造了新的顾客喜好促进营销激励，进而促进其购买欲望和个人社会责任需求的和谐汇合。实践中，许多企业将善因营销作为其常用的营销策略。在慈善赞助方面，企业开支也更为豪阔（Stern，2013）。例如，易趣网的捐赠工程，共为慈善机构募集了超过 5 亿美元

(givingworks. ebay. com) 的善款。

善因营销对实际销售的影响难以测定，其影响大多采用模糊的非货币条款测量，如数以百万计的媒介印象、数以百万计的被帮助的人 (Neff, 2008)。善因营销对企业销售的影响不易测量，导致管理者和研究者低估了企业慈善、社会责任、善因营销，对销售收入的影响。即使善因营销被低估，但仍在实践及理论中受到高度重视。越来越多的研究采用实验室实验和态度调查的方法，将善因营销与消费者喜好和购买意向相结合（Koschate - Fischer, Stefan 和 Hoyer, 2012; Robinson, Irmak 和 Jayachandran, 2012)。行业和学术界研究结果证实，实验室研究和量化善因营销的销售收入，对公司的潜在影响至关重要。

基于善因营销的有效性论证与互联网的广泛运用大时代背景下，本研究将在前人的基础上，探索善因营销对 LBA 的销售推广和销售效果的有效性。

5.1.2.2 价格折扣对 LBA 销售的调节作用

价格折扣，是企业在特价销售中最直接、最常用的营销战术。然而价格折扣是把双刃剑，企业若运用得好会为其带来利益，提升销售力；若把握不好，低层次的折扣将达不到效果，深层次的折扣又容易导致企业利润的下滑，甚至有可能对自身品牌造成威胁。聪明的营销人员会将善因营销和价格折扣结合起来，例如梅西百货公司提供年度慈善购物的价格促销，又如亚马逊网站提供价格折扣并向红十字会捐款 (Hessekiel, 2012)。

价格折扣已在实践中被广泛运用，那么价格折扣与善因营销的组合又是如何产生营销效果的呢？已有的研究表明，价格折扣通过善因营销调节销售的过程非常复杂。一方面，一些折扣与善因营销结合可能会加强消费者参与慈善事业的动机，进而产生积极的交互作用。另一方面，深度折扣可能会掠夺消费者的"愉悦感"，对慈善事业产生负交互作用 (Bénabou 和 Tirole, 2006; Fiske 和 Tetlock, 1997)。价格折扣与善因营销对企业销售是至关重要的，将这二者结合是企业普遍的做法，但一个组合策略可能并不总是有效的，所以两者往往相伴而行。基于此，本研究将价格折扣对善因营销的调节研究与 LBA 销售效果相结合，进而探索这一影响策略对 LBA 是否可行有效。

5.1.2.3 愉悦感对 LBA 销售的中介作用

消费者在购物时购买的不仅是一种商品，还是一种愉悦感。对于消费频次不高的产品，这种愉悦感直接决定了消费者的购买决策；对于消费频次较高的产品，愉悦感将影响消费者后续的重复购买行为。研究表明，愉悦感是不纯粹的利他主义，是在参与慈善事业时，基于其利他行为所感受到的一种温暖的感觉（Andreoni，1989；Winterich 和 Barone，2011）。基于利他行为，善因营销会让消费者产生温暖美好的情感，进而提高其参与慈善事业的积极性，同时也促进企业产品的销售。而价格折扣的加入可能会放大善因营销对消费者温暖美好心情的感知，但也可能会剥夺消费者的愉悦感。同样，即使将价格折扣与慈善事业相结合，也有可能减轻消费者的实际购买。受善因营销与价格折扣综合作用的愉悦感，是否对 LBA 的销售效果有同样的影响，是本章将研究的其中一个问题。

5.1.3 理论基础

表 5-1 善因营销的相关文献

研究	样本	实验室实验/调查	现场实验	销售	营销组合 调节变量	营销组合 中介变量	相关成果
Arora 和 Henderson（2007）	1650	√					在产品销售中加入社会事业，比等价的价格折扣更有效，尤其是对知名品牌而言。且其效果因慈善团体和消费者的动机，而有所不同
Gupta 和 Pirsch（2006）	531	√					当公司——善因契合较好，特别是消费者认同公司或善因时，对善因营销产品的购买意愿更高

续表

研究	样本	实验室实验/调查	现场实验	销售	营销组合 调节变量	营销组合 中介变量	相关成果
Henderson 和 Arora (2010)	3041	√			√		善因营销对企业品牌下的相似品类有正向的溢出效应，但对多品牌组合中的品类营销影响较小，特别是随着品牌实力的增加，影响越来越小
Koschate-Fischer, Stefan 和 Hoyer (2012)	302	√					顾客捐赠倾向（帮助他人和感觉良好）和善因倾向（善因卷入和紧密关系）正向影响捐赠金额—支付意愿的环节。由于消费者对企业动机的感知，低企业善因契合度会对这一环节产生负面影响，尤其是对于实用而不太起眼的产品的捐赠金额较低时
Krishna (2011)	116	√					善因营销可减少消费者的慈善捐赠和幸福感，因为消费者认为善因营销比直接捐赠更自私
Lichtenstein, Drumwright 和 Braig (2004)	508	√				√	感知CSR（企业社会责任）会增加对公司赞助的慈善机构的购买和消费者捐赠，这是由于客户—公司识别和对公司的奖励欲望，特别是那些企业社会责任较弱的公司

基于位置的精准营销研究

续表

研究	样本	实验室实验/调查	现场实验	销售	营销组合 调节变量	营销组合 中介变量	相关成果
Popkowski-ki Leszczyc 和 Rothkopf (2010)	308	√					因为出价人提高慈善收益的慈善动机越高，捐赠给慈善机构的比例越高，所以慈善拍卖对相同产品的售价更高
Robinson, Irmak 和 Jayachandran (2012)	120	√				√	允许消费者选择支持的善因，可以增加他们购买善因营销产品的可能性和意愿，以及由于其更大的感知作用而产生的公司感知
Strahilevitz 和 Myers (1998)	1200	√	√	√			因为与销售有关的捐赠和琐碎物品之间基于效果的互补性，善因营销对于享乐产品比效用产品更有效
Vaidyanathan 和 Aggarwal (2005)	153	√					由于消费者对承诺一致性的渴望，当消费者被说服去对该事业做出一个小的承诺，购买事业关联产品的意愿增加
Varadarajan 和 Menon (1988a)	N/A						善因营销可以是营利性组织和非营利组织融合营销策略和企业慈善事业的一个有效的营销工具

续表

研究	样本	实验室实验/调查	现场实验	销售	营销组合 调节变量	营销组合 中介变量	相关成果
Winterich 和 Barone (2011)	252	√					消费者对基于捐赠促销和基于折扣的促销，更偏好依赖性与独立性的自我建构。这种效应对事业——身份不一致更弱
本研究	>17000	√	√	√	√	√	善因营销对消费者购买的影响被价格折扣调节，呈倒 U 形：只有在一个适中的（而不是在太大或零）折扣水平，这种影响是最高的。这些结果的潜在中介变量，是消费者的愉悦感

5.1.3.1 利他行为与消费者愉悦感

利他行为是对别人有好处，没有明显自私动机的自觉自愿的行为。但通常情况下，利他行为既包含利他的因素，又包含利己的因素，企业在做善因营销时，做了慈善也提高了自身的美誉度。消费者会产生帮助慈善事业的良好感觉，感受利他行为的好处，使他们对善因营销产生良好的反应。

5.1.3.2 折扣弱化愉悦感

深度折扣可以通过掠夺消费者的"愉悦感"，对慈善事业产生负交互作用（Bénabou 和 Tirole，2006；Fiske 和 Tetlock，1997）。

适度的折扣与善因营销结合，会放大消费者的良好感觉，然而，超过一个适度水平的深度折扣可能会适得其反。当消费者被告知他们所选择的产品打零折扣、中等折扣或者深度折扣时，会衰减善因对消费者的良好感情，阻碍他们内在的慈善动机，减少他们参与慈善事业的热情。

5.1.3.3 愉悦感促进购买

价格折扣可以增加购买，因为消费者普遍拥有"省钱的经济效用"价值观（Lemon 和 Nowlis，2002）。对于大多数消费者而言，节俭是美德。采购产品相同的降价，可以提升消费者的感知价值（Inman，McAlister 和 Hoyer，1990；Lemon 和 Nowlis，2002）。因此，折扣越高，消费者购买的商品量就越大。愉悦感是人类具有愉悦心情的一种感受，是一种独特的情感经历和美好的体验，产品中的愉悦感可以拉近人与产品的心理距离，丰富和升华人们的生理和心理体验，以综合提升用户的生活品质。善因营销中的积极情绪，会引导消费者进行慈善购买。

5.1.4 研究内容

5.1.4.1 善因营销对 LBA 销售的主效应

研究表明，在利他行为的影响下，消费者会对善因营销产生良好感觉，进而增加购买。本研究将探索善因营销对 LBA 销售的影响，进而制订 LBA 销售推广策略。在此基础上，为探究善因营销对 LBA 销售的影响，我们设计了一个现场实验，在世界上最大的无线供应商之一的帮助下随机选取移动用户进行实验。首先，利用手机短信服务功能，向消费者发送电影票购票信息，然后根据实验与控制条件将移动用户随机分配。在治疗条件（有善因营销处理）下，移动用户收到"购票帮助贫困大学生"的慈善活动信息，为保证慈善信息的可信性，用户还将收到学校第三方的认证。控制条件下移动用户收到的短信，不包括慈善信息或信息的第三方认证，根据用户购票数量，以此检验善因营销在 LBA 销售效果中的影响。

5.1.4.2 价格折扣的调节作用

日益激烈的市场竞争中，消费者不仅需要善因营销的刺激，还要求价格有一定折扣。为检验价格折扣在善因营销中的调节作用，本研究在第一场实验的基础上，又设计了一次随机实验。有文献显示，善因营销中指定捐款金额，可能会增加消费者购买的可能性，因此我们在实验中特地在短信中明确了捐赠金额。根据短信信息类别将移动用户随机分配，短信类别包括无善因营销的短信、指定善因营销捐赠金额的短信以及价格折扣条件的短信，其中折扣也分为三个层次，即无折扣、中等折扣与深度折扣，用以检验不同折扣水平下，通过善因营销对销售的调节作用。

5.1.4.3 愉悦感的中介作用

已有的研究表明，善因营销中消费者因参与慈善事业而产生的温暖美好的情感和价格折扣中的好心情，都会促进购买，增加销售。为验证愉悦感这一中介变量在善因营销和价格折扣中的作用，我们在前两场实验的基础上，又进行了一个高间隔效度的实验室实验。实验由 426 名大学生参加，与前面实验不同的是，除了善因条件和价格折扣条件外，此次实验加入了温暖美好的感情语句和购买意向的 11 点量表，来测量在愉悦感的作用下消费者的购买意向，以此验证愉悦感这一中介变量的作用。

5.1.5 研究设计

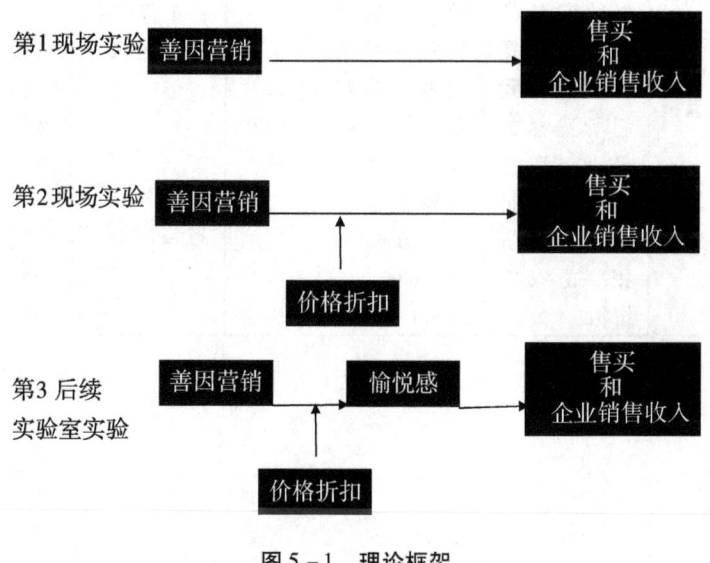

图 5-1 理论框架

表 5-2 善因营销效果实验中变量的概述和描述

研究	概念化	定义和操作	理论	样本量	预期	销售收入暗示
第1现场实验	主效应：善因营销	将产品销售与慈善事业的支持联系起来的做法，代表一家公司向慈善机构捐赠销售所得款项。消费者被告知，销售收益有利于贫困大学生的慈善事业	消费者喜欢的机会"［做］其位"，帮助社会	11794（随机）	善因营销的线性、积极的影响	善因营销在产生需求方面是有效的
第2现场实验	调节效应：善因营销×价格折扣	促销与事业关联和并有折扣的价格的产品的实践。消费者被告知我们所选择的事业，且该产品被零折扣，中等折扣，或深度折扣	一个适当的折扣将使得消费者奖励公司的努力并加强消费者的慈善参与，但折扣会剥夺消费者的愉悦感（Bénabou and Tirole, 2006）	5828（随机）	不同折扣水平下善因营销的倒U形影响	警告：组合是棘手的。与深度或零折扣相比，善因营销的效果在中等折扣时可能是最大的

续表

研究	概念化	定义和操作	理论	样本量	预期	销售收入暗示
第3后续实验室实验	中介效应：好感	消费者通过帮助一个事业来体验愉悦感。参与者如果进行了这笔交易，会被要求表明他们觉得有多么好	温暖感——这种积极的情绪引导消费者做出慈善购买行为	426	善因营销、价格折扣和销售交互效应的基本过程	当设计善因营销活动时，管理者应注意消费者的情感，该情感激发其购买行为

5.1.5.1 主效应：善因营销→销售收入

我们与世界上最大的无线供应商之一，合作进行了一个大规模的、随机的田间试验。我们在企业合作伙伴的客户群，随机选择了11,794个移动用户参加这项研究。移动服务提供商（其要求匿名）通过手机短信服务功能（SMS），向用户推出打折IMAX电影院门票，选择在星期六下午四点播放的电影。我们在中国西部一个人口约2000万人的城市中进行实验，参与者居住在城市地区，并有类似的旅行成本的电影院。我们利用SAS软件的随机数发生器运行RANUNI功能，随机选择参与者。收件人可以通过短信附带的链接下载APP。在移动用户下载了APP后，他们可以从APP中订购他们的电影票，并保留他们的座位。如果消费者买了票，会立即收录至他们每月的电话费账单。因为移动服务提供商保持了每一个用户的下载、购买记录以及其接收的短信，它可以识别不同的善因营销所达到的销售效果。表5-2报告了现场实验的关键方面。

移动用户被随机分配到治疗与控制条件。在善因营销处理条件下，手机用户将收到的短信内容为"参与新被批准的［帮助贫困大学生的无线服务提供商］慈善活动，享受［电影名称］本星期六下午4点在IMAX影院的［名字］，下载在线购票APP购买你的票和预订座位。"

我们选择这个善因因子，是因为在中国有许多有才华的高中毕业生无法负担大学学费，帮助他们支付学费是非常重要的。我们的善因营销信息框架是与善因营销的定义［如自愿捐赠的时间和金钱，是为了帮助别人（Winterich，Mittal 和 Aquino，2013）］相结合的。

为证明帮助贫困学生支付大学学费是真实的善举，该消息还包括第三方学校（在中国的一所著名大学）的名称，从而为慈善信息的可信性提供依据。在控制条件下（无善因营销），移动用户收到的短信，不包括慈善信息或信息的第三方认证。

5.1.5.2 调节效应：善因营销（价格折扣）→销售收入

我们与同一家公司的合作伙伴进行了另一项实地实验。共有 5828 名移动用户参与。我们使用了相同的随机化方案——大学学费慈善机构和电影院。但对善因营销条件进行了不同操纵，对参与者进行了新的随机抽样以及设置不同的折扣条件。在这场实验中，移动用户被随机分配接受 6 条短信，在 2×3 被试间设计涉及两个善因营销条件（无善因营销和将指定金额捐赠给慈善机构的善因营销）和三个价格折扣条件（无折扣、中等折扣与深度折扣）。在本书第 177 页的图 5-6 中，我们将详细介绍各种短信的发送。由于文献显示善因营销和捐赠金额可能会增加消费者愉悦的期望，因此在善因营销的治疗条件下，我们确定了慈善机构对善因营销的捐赠金额,（Koschate – Fischer，Stefan 和 Hoyer，2012；Smith 和 Schwarz，2012）。

因此，延长第一场实验，其中仅存在（或不存在）的善因营销被操纵，我们使用了不同操作的善因营销。也就是说，我们明确地说将钱捐赠给出售电影票的慈善机构。我们指定了将每次购物消费中的 5 元人民币，捐赠给慈善机构。在控制条件（没有善因营销）下，移动用户收到的短信，不包括慈善信息。

在零折扣、中等折扣与深度折扣三个价格折扣条件中，适度的折扣为正常价格的 10% ~ 30%，深度折扣为正常价格的 50% 甚至更多。因为一系列前测实验表明，适度的价格折扣是指更常用的 10% 的折扣，而 30% 的折扣则关闭这个适度区间。50% 或更多的折扣则不常用。

(Heath，Chatterjee 和 France，1995；Inman，McAlister 和 Hoyer，1990；Lemon 和 Nowlis，2002)。

5.1.5.3　中介效应：善因营销（价格折扣）→愉悦感→销售收入

我们进行了一个实验室实验，以测试消费者的热情是否有良好的感觉调解，并复制现场实验的结果。一所规模较大的中国大学的 426 名学生，为获得课程学分而参加了这项研究。这项研究的结果表明，愉悦感对善因营销的影响也呈一个倒 U 形：只在一个中等的（而不是在深度或零）价格折扣水平下，消费者在善因营销中有高的购买意愿，初步揭示了愉悦感的中介作用。

这个实验是一个 2（善因营销的条件：无善因营销和具体金额将捐赠给慈善机构的善因营销）×3（折扣条件：零折扣、中等折扣与深度折扣）的被试间设计。我们选用学费相同的慈善机构和相同的电影院作为现场实验。

被试者被要求想象，他们收到了一个来自无线供应商的交易短信。参与者在手机屏幕上显示的短信图片与现场实验相一致，参与者被随机分配到实验条件。在善因营销的治疗条件下，我们指定了善因营销捐款金额的慈善机构，将出售电影票中的 5 元捐赠给慈善机构。在控制条件（没有善因营销）下，短信没有提到慈善捐赠的机会。

在价格折扣条件下，我们操纵的消息参与者收到 3 个折扣条件（无折扣、适度的折扣与深度折扣）。我们定适度的折扣为原价的 10%，深度折扣是原价的 50%。我们用"如果我达成了善因营销交易，我会感觉很好"（Taute 和 Mcquitty，2004）这句话来衡量"暖光"感。此外，我们测量了购买意向的 11 点量表（1 = 非常有可能购买，和 11 = 非常不可能购买）。附录 B 报告实验材料。

5.1.5.4　假设独立同分布的极值分布的误差项 Logit 模型

在传统的实验-控制条件下，随机现场实验可以避免内生性和因果性偏差（Goldfarb 和 Tucker，2011；Petersen 和 Kumar，2014）。也就是说，为未观察到的消费者异质性而设置的实验随机控制可能混淆我们的

基于位置的精准营销研究

结果。消费者购买可能性的差异归因于相对于对照条件（没有善因营销）的实验效应（有善因营销）。我们的模型估计消费者的购买可能性，建立善因营销的 Logit 函数。本研究假设独立同分布的极值分布的误差项 Logit 模型：

$$购买可能性_i^{CM} = \frac{\exp(U_i^{CM})}{1+\exp(U_i^{CM})}, \text{和} \ U_i^{CM} = \alpha^1 + \beta^1 \times CM_i + \gamma^1 \times X_i + \varepsilon_{1i}^1 \quad (1)$$

在这里 U_i^{CM} 表示购买的效用、消费者使用控件和电影院的载体。消费者使用控件，包括个人用户每月的电话费（ARPU）、通话分钟（MOU）、短消息服务（SMS）和数据的使用（GPRS）。这些控件占未观察到的固定效应，在消费者的手机使用行为。表 5-4，面板 A，报告这些消费者使用行为的汇总统计。此外，我们控制不可观测的电影特效。在城市中心的四个不同方向（北、南、东、西）定位电影院，最终选择了位于城市同一方向的 4 个电影院。在我们的方程中包括特异性误差，并用 β 测试在控制消费者使用和剧场的固定效应下，善因营销对购买概率的影响。

表 5-3 消费者手机使用行为的汇总统计

	\multicolumn{6}{c}{Panel A：现场实验1（N=11,794）}			
	均值	标准差	方差	偏度	峰度	\multicolumn{4}{c}{百分比}
						20%	40%	60%	80%
Ln（ARPU）	4.014	0.789	0.623	-0.133	-0.177	0.348	3.859	4.237	4.694
Ln（MOU）	5.645	1.225	1.501	-0.815	1.016	4.762	5.505	6.071	6.652
Ln（SMS）	4.037	1.438	2.069	-0.454	-0.351	2.773	3.784	4.605	5.333
Ln（GPRS）	6.314	4.477	20.044	-0.367	-1.484	0.000	5.749	9.249	10.543
	\multicolumn{6}{c}{Panel B：现场实验2（N=5828）}			
	均值	标准差	方差	偏度	峰度	20%	40%	60%	80%
Ln（ARPU）	4.021	0.786	0.617	-0.119	-0.184	3.350	3.858	4.229	4.683
Ln（MOU）	5.648	1.230	1.512	-0.815	1.009	4.754	5.505	6.078	6.667
Ln（SMS）	4.033	1.433	2.054	-0.443	-0.379	2.708	3.784	4.615	5.323

5 移动营销策略的精准匹配

续表

	均值	标准差	方差	偏度	峰度	百分比			
						20%	40%	60%	80%
Ln（GPRS）	6.270	4.484	20.105	-0.354	-1.498	0.000	5.666	9.223	10.512

注：ARPU、MOU、SMS 和 GPRS 是无线使用行为的关键指标。ARPU 指每个用户的平均收入（即收入，一个客户的移动设备产生的）；MOU = 个人每月使用分钟（即用户有多少声音时间花在他/她的手机上）；SMS = 短消息服务（即每月发送和接收的短信量）；GPRS = 通用分组无线业务（即无线服务提供商对个人每月数据使用量的度量）。

我们评估符合 Nagelkerke R^2 如方程（2）所指定的模型拟合，皮尔森卡方式（3）和 Cox 和 Snell R^2 公式（4）。

$$\text{Nagelkerke } R_N^2 = \frac{R_{CM}^2}{1-L[B^{(0)}]^{2/n}} \tag{2}$$

$$x_{person}^2 = \sum_{all\ cells} \frac{(\text{observed count} - \text{expected count})^2}{\text{expected count}} \tag{3}$$

$$\text{Cox and Snell } R_{CM}^2 = 1 - \left\{\frac{L[B^{(0)}]}{L(B)}\right\}^{2/n} \tag{4}$$

其中 $L(B^{(0)})$ 表示拦截只有模型的对数似然的内核，$L(\hat{B})$ 是所有估计模型的函数，n 为例数。我们用聚集在影院水平的稳健标准差（sandwich errors）估计模型，以解释一个由未被观察到的与影院相关的共同潜在特性而导致的可能的偏差（Agarwal，Hosanager 和 Smith，2011；Goldfarb 和 Tucker，2011；Luo，Andrews，Fang 等，2014）。

因变量是购买的决定。总购买率为 7.64%（= 901/11794）。表 4 总结了实证结果。模型 1 只包括控制变量作为基线预测，模型 2 进入感兴趣的变量与善因营销。模型 2 在表 5-3 中显示，面板结果表明，善因营销的处理，对消费者购买的可能性有积极显著的影响（β = 0.658，P < 0.01）。

由于 Logit 模型指定的非线性关系，它不是简单的解释结果的系数。因此，我们利用 Logit 模型估计的边际效应的估计边际均值，检验善因营销销售的影响比较（Ghose，Goldfarb 和 Han，2013；Greene，2007）。

我们发现，估计边际购买手段发生善因营销（$M_{善因营销}=0.091$）显著增高 [x^2（1, N = 11794）= 28.07, P <0.01]，高于无善因营销条件（$M_{非善因营销}=0.048$）。

结果支持了潜在的影响对实际销售的管理。这个初步的现场实验，提供了经验证据表明，仅仅存在一个善因营销捐款的促销优惠，可以产生更多的销售采购。与无控制条件相比，该处理诱导的处理条件几乎是购买率的两倍。

5.1.6 Logistic 回归

表5-4 善因营销对购买的影响的现场实验结果

Panel A：现场实验1证据			
	Model 1		Model 2
善因营销处理效应			**0.658****
Ln（ARPU）	0.036		0.034
Ln（MOU）	-0.078*		-0.079*
Ln（SMS）	0.029		0.021
Ln（GPRS）	0.213**		0.227**
影院效应	Yes		Yes
Chi - square	1,018.672		1,212.587
Cox and Snell R - square	0.116		0.173
Nagelkerke R - square	0.425		0.495
观测量	11794		11794
Panel B：现场实验2证据			
	Model 3	Model 4	Model 5
CM×PD1			-0.329**
CM×PD2			-0.215*
善因营销处理效应		0.608**	0.936**

续表

	Model 3	Model 4	Model 5
PD1		−0.408**	−0.405**
PD2		0.342*	0.337*
Ln (ARPU)	0.028	0.025	0.026
Ln (MOU)	−0.071*	−0.072*	−0.076*
Ln (SMS)	0.023	0.021	0.022
Ln (GPRS)	0.233*	0.235*	0.232*
影院效应	Yes	Yes	Yes
Chi-square	781.049	894.450	926.612
Cox and Snell R-square	0.106	0.178	0.189
Nagelkerke R-square	0.412	0.482	0.495
观测量	5828	5828	5828

*$p < 0.05$; **$p < 0.01$

注：ARPU 值每用户平均收入；使用某 = 分钟；短信发送短信 = 数和接收的每用户；GPRS = 数据使用的无线服务提供商；PD1 = 价格折扣模型比较适中的折扣与零折扣条件（0 = 中等折扣，1 = 零折扣）；2 = 折扣虚拟比较适中的折扣和折扣条件（0 = 中等折扣，1 = 深度折扣）。粗体数字表示兴趣的影响。

这样的组合似乎呈现出一个双赢的局面。因为通过慈善相关的购买，使消费者获得独自参与善因营销所带来的温暖美好的情感（Andreoni, 1989; Strahilevitz 和 Myers, 1998）。因此，善因营销，应该对消费者购买有一个积极的影响，作为初始现场实验演示。然而，当认为善因营销有一个复杂的非线性影响时，价格折扣的调节作用，将可能取决于折扣水平。具体而言，从零到中等折扣的初始增加，可能会引起协同许可效应，并放大销售的影响。这是因为当一个公司演示了其通过牺牲一

173

定的产品价格和收入而用于慈善事业时，消费者可以体验到更积极的感受，因此更愿意购买产品（Gneezy 和 List，2013；Morales，2005）。也就是说，与零折扣的情况相比，提供一些折扣会表明该公司还关心慈善事业，可以牺牲更多的业务收入来支持其善因营销。这将带动并加强消费者参与慈善事业的积极性（Palmatier 等，2009），因此有可能放大善因营销对消费者的热情的影响。出乎意料的是，每当超过一个温和的水平，过深的价格折扣可能会适得其反，会减弱善因营销对消费者的良好感受和实际购买的影响。这是因为公开的外在激励，货币补偿的形式会阻碍消费者内在的慈善动机。他们可能认为购买行为不是做好事（Bénabou 和 Tirole，2006；Fiske 和 Tetlock，1997），公然的折扣会使消费者认为他们购买的善因营销不再是做好事，导致其购物的热情降低，进而导致销售变低。如果是这样，深层的折扣可能会剥夺消费者的良好感觉，从而减少购买。总之，这一讨论表明，无论是深度还是零价格折扣，都可能会导致对销售的不良影响。因此得出结论：价格折扣在善因营销中对消费者的购买营销是呈倒 U 形的，在一个适度的（而不是在深或零）价格折扣水平时，销售是最高的。

5.1.6.1 模型

为了检验价格折扣对消费者购买可能性的调节作用，实验模型的效用函数的善因营销，价格折扣，以及相互作用条款如下：

$$U_i^{CM} = \alpha^k + \beta^k \times CM_i + \xi^k \times CM_i \times PD1 + \zeta^k \times CM_i \times PD2 \\ + \phi^k \times PD1_i + \pi^k \times PD2_i + \gamma^k \times X_i + \varepsilon_{i2}^k \tag{5}$$

PD1、PD2 是在三种价格折扣条件下的两个哑变量。PD1 是第一种价格折扣哑变量，其中将比较中等折扣与无折扣条件（0 = 中等折扣，1 = 无折扣）。PD2 是第二种折扣哑变量，其中比较中等折扣和深度折扣条件（0 = 中等折扣，1 = 深度折扣）。

5.1.6.2 结果

整体购买率为 4.58%（= 5828 中 267 用户购买了）。表 5 - 4，PanelB 总结了关键的实证结果。模型 3 只包括控制变量作为基线预测，模型 4 进入感兴趣的变量与善因营销，模型 5 进入善因营销的价格折扣虚拟变量的相互作用。如表 5-4，PanelB，报告显示逻辑回归结果支持销售折扣的主要影响。正如我们所预料的，长期购买的可能性的直接效应显著为负，表明与没有折扣相比适度的折扣可以产生更多的销售（中等折扣是基地）。此外，对购买的可能性较直接的影响是显著的，这表明深度折扣可以产生比适度折扣更明显的影响（Inman，McAlister 和 Hoyer，1990；Lemon 和 Nowlis，2002）。再次，由于 Logit 模型指定的非线性关系，我们使用的估计边际均值检验效果的比较。对于折扣的平均购买率（$M_{深度}=0.047$）显著增高 $[x^2 (1, N = 5828) = 18.29, P < 0.01]$ 且比为适中的折扣要高（$M_{中等} = 0.035$）。对于中等折扣平均购买率明显 $[x^2 (1, N = 5828) = 30.86, P < 0.01]$ 高于无折扣（$M_{无} = 0.017$）。

这与即时销售的价格促销的影响相一致，这些研究结果是重要的，因为他们排除了劣质产品，在善因营销的可能的替代解释。具体来说，折扣水平可能提示产品质量差（Corfman，1991），善因营销可以用来掩饰劣质产品在企业的虚伪时尚（Wagner，Lutz 和 Weitz，2009）。

在善因营销的直接效果方面，Logistic 回归结果表明，善因营销的治疗效果是显著的（$\beta = 0.608, P < 0.01$；表 5-4，PanelB，模型 4）。因此，一个指定捐赠金额的慈善机构的治疗，也显著提高了消费者的购买。使用顺序通常成对比较，我们发现，善因营销处理平均购买率（$M_{善因营销规模} = 0.055$）显著增高 $[x^2 (1, N = 5828) = 31.62, P < 0.01]$，且高于无善因营销的控制条件（$M_{非善因营销} = 0.023$）。因此，善因营销在作为与慈善结构相关的促销时，对消费者的购买行为产生积极的影响。

相对于价格折扣的调节作用，Logistic 回归结果表明，CM 和 PD1 的相互作用显著为负（$\xi = -0.329, P < 0.01$；表 5-4，PanelB，模型 5）。结果说明，与适度折扣的基础相比，零折扣可以减轻销售的影响。更重要的是，CM 和 PD2 之间的相互作用也是显著的负相关（$\zeta = -0.215, P < 0.05$；表 5-4，PanelB，模型 5）。

基于位置的精准营销研究

表明与适度折扣相比,深折扣也可以减轻销售的影响。使用顺序通常成对比较,我们发现,适度的折扣交易的平均购买率与较深的折扣($M_{深度,善因营销规模} = 0.051$ 量)相比,对善因营销($M_{中等,善因营销规模} = 0.068$)的影响明显大于[x^2(1, N = 5828) = 9.56, P < 0.01]较深的折扣。此外,适度的折扣交易的平均购买善因营销购买率明显增大[x^2(1, N = 5828) = 21.903, P < 0.01]高于无折扣($M_{0,善因营销规模} = 0.031$)。值得注意的是,在目前的条件下,价格折扣确实对销售量呈现倒 U 形的影响:对消费者购买量的影响是最大的一个温和的(而不是在深度折扣或零折扣)价格折扣水平。

A:善因营销条件

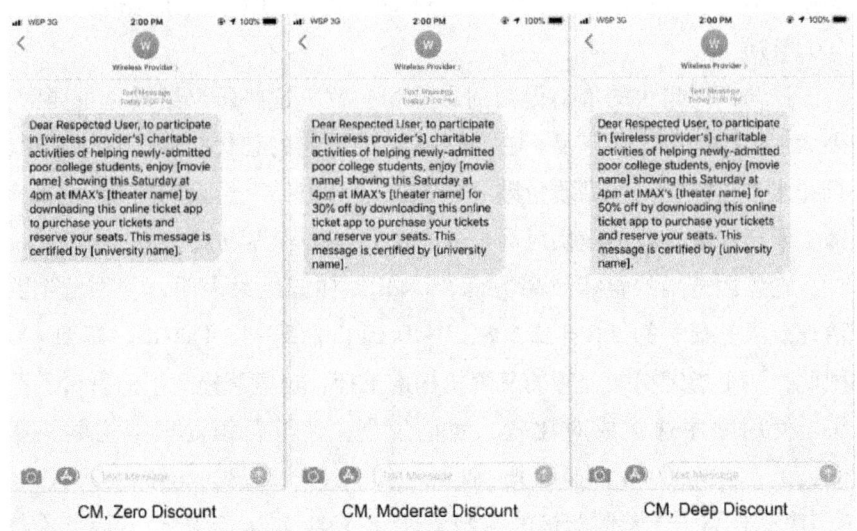

B：非因营销条件

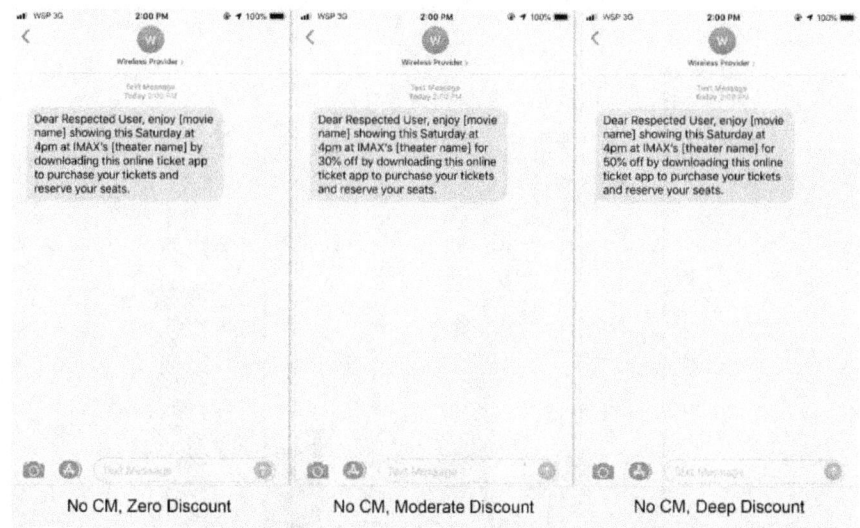

图 5-2　现场实验 2 不同的条件下的短信场景

5.1.6.3　善因营销对公司净收入的影响

除了消费者购买外，检查公司的净销售收入也是至关重要的。事实上，实地实验 2 涉及真正的货币价值的捐款金额（5 元人民币）和价格折扣（0、30%、50% 的定期价格为 50 元）。图 5-4 显示了每条促销信息所产生的净销售收入的绝对值。列示净销售收入 = 图 5-3 中所示购买的可能性乘以在特定条件下从购买中获得的收入（即正常价格 50 元人民币，扣除有条件的价格折扣和/或慈善捐赠）。

图 5-3 的结果表明，为获得最大的销售收入，该公司应考虑采用善因营销加适度折扣（每提供的收入 = 2.04 元人民币）的策略。在善因营销的交易中，适度的折扣产生收入的折扣（收入 = 1.04 元人民币）。最坏的选择是没有善因营销和折扣（收入 = 0.6 元人民币）。此外，善因营销就可以产生较高的销售收入较深的折扣，从而提供了经验证据，基于慈善善因营销上诉能生出更多的销售比货币激励（Arora 和 Henderson，2007；Strahilevitz 和 Myers，1998）。因此，从消费者的购买

177

基于位置的精准营销研究

可能性和销售收入的角度来看，善因营销的效果最高出现在一个中等水平的价格折扣，而不是在深度折扣或零折扣时。

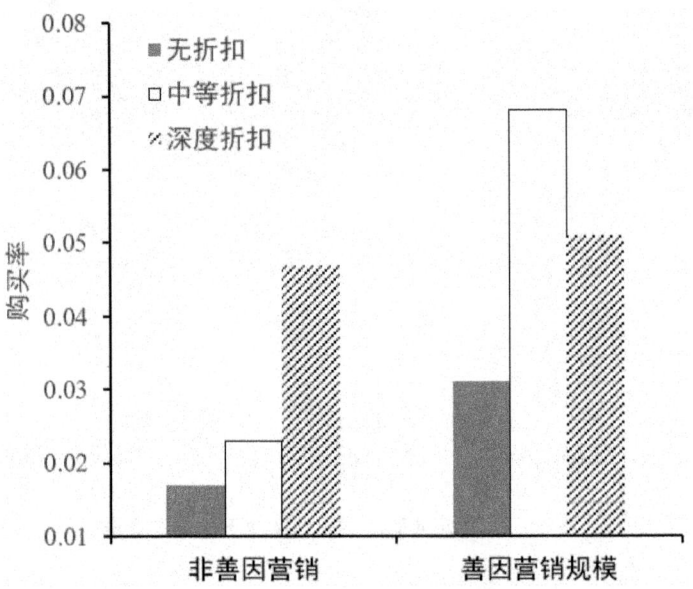

图 5-3　在现场实验 2 中购买率是善因营销和价格折扣结合的一个函数

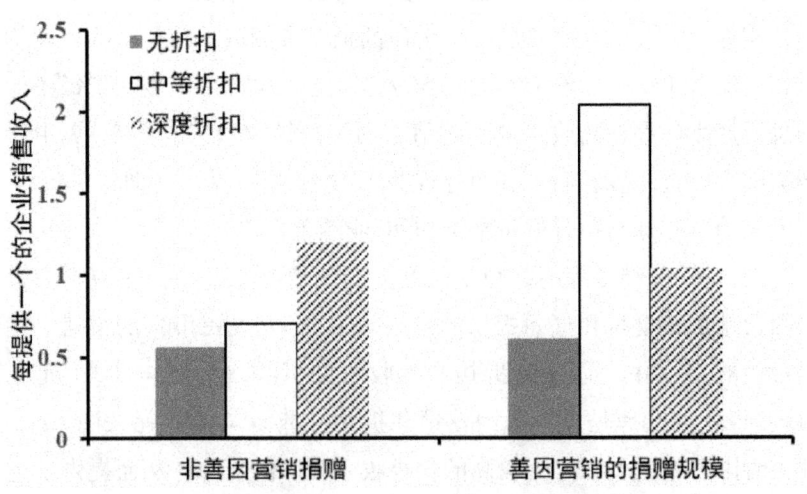

图 5-4　来自现场实验 2 的善因营销效果的企业销售收入

5.1.6.4 检查结果的稳健性和替代的解释

为了充分确定结果，本实验控制了几个混杂因素。首先，我们开发了一个新的移动应用程序，运用于这些领域的实验中。其次，在电影的普及和消费者偏好的异质性的影响下，只选择了一个非大片的电影，来减少混杂因素的影响。

此外，向数据库中的移动用户发送短信是一个严格的随机过程。我们的随机过程分为三个步骤。首先，我们为每个用户分配了一个随机数（使用 SAS 软件的随机数发生器运行 RANUNI 功能）。然后，对所有的随机数进行排序。最后，提取样本发送短信。这三个步骤被集成在一个算法的移动服务提供商的信息技术系统中。因此，任何来自其他用户的异质性都是随机的（Goldfarb 和 Tucker，2011；Petersen 和 Kumar，2014）。再次，我们还测试了概化在价格折扣方面的操作，以测试折扣与绝对美元金额，而不是百分比的影响。为此，我们进行了另一项 2400 名用户参加的现场试验。组间设计为 2（善因营销条件：无善因营销 vs 每售出一张票就向慈善机构捐赠 6 元的善因营销）×3［价格折扣条件：无折扣 vs6 元中等折扣 vs15 元深度折扣（正常价格为 30 元）］。我们发现了一个一致的结果：在没有条件的情况下，零折扣导致的购买量比适度折扣少，适度折扣导致的购买量要比深度折扣少。此外，我们发现，与相同数量的绝对折扣（包括 6 元人民币）相比，善因营销对销售购买（$P < 0.01$）有一个相对较强的影响。

值得注意的是，在善因营销的条件下，仍然有一个倒 U 形的销售影响善因营销：即使有一个绝对的折扣金额，与零或深度折扣相比，在一个中等水平的折扣时，善因营销采购的影响是最大的。由于消费者受到"企业的虚伪"看法的影响，深度折扣的善因营销可能会导致消费者质疑公司的动机（Miklos - Thal 和 Zhang，2013；Wagner, Lutz 和 Weitz，2009）。与此相呼应，Brown 和 Dacin（1997）表明，消费者怀疑企业的慈善行为，会诋毁该公司的产品。因此，当消费者怀疑企业的动机时，加深折扣可能会加重消费者的揣测，这家公司正在出售廉价产品（Barone, Miyazaki 和 Taylor，2000；Raghubir，2004）。然而，本次现场实验能够保证电影质量，有效排除上述问题的出现。

实验还发现，与无折扣或温和折扣条件相比，深度折扣下销售量更大，如果消费者对产品质量持真正的怀疑态度，销售将不会有更深的折扣。因此，怀疑似乎并没有在这一现场实验中出现。下一步，我们将报告实验室实验中消费者良好感觉的中介作用，可能是现场实验结果的基本机制。

5.1.6.5 Bootstrap 中介检验

从实验室实验的结果复制的第二场实验。图 5-5 显示，在无共模条件的情况下有一个正斜率，这表明折扣越高，购买意愿越高。在 CM 的条件下倒 U 形关系的存在，表明善因营销消费的影响是通过价格折扣等实现的，这种影响只出现在一个适度的（而不是在一个深度折扣或零折扣处）价格折扣水平。

方差分析结果表明，在三个价格折扣条件下，在善因营销高的交易折扣下，比适度的折扣水平下平均收购意愿更高 [$M_{深度,无善因营销}$ = 7.25，$M_{中等,无善因营销}$ = 5.21；F（1426）= 57.19，p < 0.01]。此外，中等折扣的平均购买意愿高于零折扣 [$M_{中等,无善因营销}$ = 5.21，$M_{0,无善因营销}$ = 4.29；F（1426）= 35.06，p < 0.01]。再次，这些研究结果支持"价格折扣对消费者购买意愿存在主要影响"这一论断。在善因营销的交易现状中，中等折扣与深折扣相比，平均购买意愿更高 [$M_{中等,善因营销}$ = 8.95，$M_{深度,善因营销}$ = 7.74；F（1426）= 38.31，p < 0.01]。并且中等折扣条件下的平均购买意愿高于没有折扣的条件 [$M_{中等,善因营销}$ = 8.95，$M_{0,善因营销}$ = 5.68；F（1426）= 68.55，p < 0.01]。因此，在一个倒 U 形的影响下，善因营销对消费者购买的影响可能是最高的。

我们的主要兴趣是测试消费者暖光感的中介作用。在无善因营销的情况下，消费者没有机会为慈善事业做出贡献，所以没有暖光感。换句话说，没有必要在这些条件下测试中介的作用，因为不涉及慈善。因此，我们预期的中介仅在有善因营销的三个折扣条件下发生（n = 185 名受试者被测量暖光感）。如图 5-6 所示，在善因营销的现状下，与深度折扣条件相比，在适中的折扣条件下消费者的温暖感情更大。[$M_{中等,善因营销}$ = 8.29，$M_{深度,善因营销}$ = 6.87；F（1426）= 43.82，p <

0.01]。此外，消费者的平均暖光感受也更大。

对于中等折扣，没有折扣条件下顾客的暖光感也更低 [$M_{中等,善因营销}$ = 8.29, $M_{0,善因营销}$ = 5.25; F (1426) = 67.09, p < 0.01]。这些研究结果表明，温暖的光辉感受对善因营销的影响也呈倒 U 形：只有在一个温和的（而不是在深度折扣或零折扣）的价格折扣水平时，它是最高的，从而初步揭示了愉悦感的中介作用。

为正式检验该中介作用，我们进行了 bootstrap 中介检验。与现场实验 2 一致，我们还需要两个哑变量（PD1 和 PD2，以中等折扣为基础）以设置三个价格折扣条件。因为他们以善因营销实验效应为前提，所以这两个哑变量与善因营销和 PD1、PD2 的交互项是相同的。我们在图 5 - 7 中进行了说明，CM 和 PD1 的互动影响中温暖美好的感情是负面的和显著的（- 0.635, P < 0.01）。这表明，与适度折扣的基础相比，零折扣会减少由善因营销引起的愉悦感，因为我们预计 CM 和 PD2 之间的相互作用也是显著的负相关（- 0.492, P < 0.05）。这表明，与适度折扣相比，深度折扣也会减少由善因营销引起的温暖的光辉。因为这两种相互作用是显著的和负面的，呈倒 U 形的影响，对消费者的热情光辉的感觉：适度折扣是最高的，而不是深度或零折扣水平。此外，愉悦感对购买意愿的影响显著（0.647, P < 0.01）。因此，这些研究结果表明，在温暖光辉的感觉和消费者购买意愿之间，有一个链的路径关系。因此，消费者热情的好心情调解的倒 U 形影响善因营销对购买意图在零、温和和深度的价格折扣条件下是不同的。

一般人可能会认为，消费者可能有两个积极的感情来源。一个人可以通过给一个好的事业而增加愉悦的心情，我们称之为愉悦感良好的感觉。另一个可能是价格折扣，我们称为满足省钱的价格。文献表明，较高的价格折扣，从节约角度来看达到了更大的满意度（Inman, McAlister 和 Hoyer, 1990; Lemon 和 Nowlis, 2002）。

从概念上说，这种从省钱的角度出发的满意度是独立的慈善事业，因此不应该调解倒 U 形的影响在折扣条件下的购买意向的善因营销。根据经验，在另一个 120 名受试者参与的实验室实验中（所有的善因营

基于位置的精准营销研究

销条件都是零折扣、中等折扣为 30% 或深度折扣为 50%），我们测量了省钱带来的暖光感和满意度。研究结果证实，在折扣条件下，省钱带来的满意度并不能调节善因营销对购买意愿的倒 U 形影响，而暖光感仍然可以。总体而言，后续实验室实验复制现场实验，并证实了消费者的暖光感为基础过程中影响善因营销的因素。

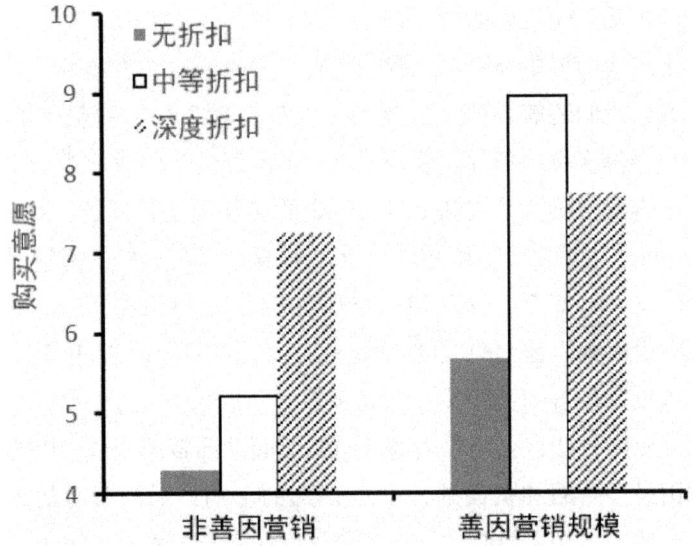

图 5-5　购买意愿是善因营销和价格折扣组合的一个函数

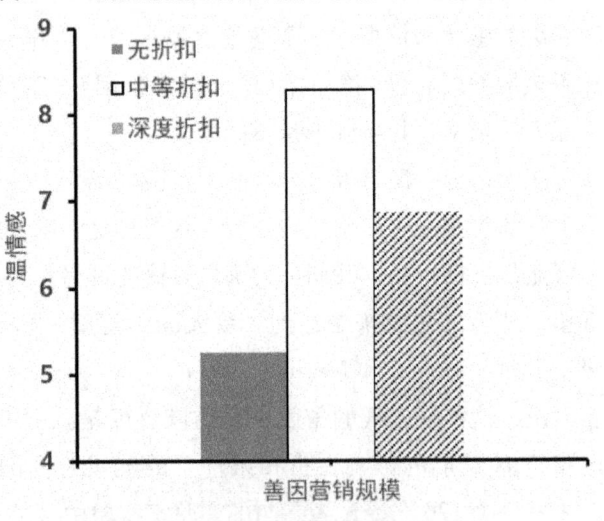

图 5-6　愉悦感在实验中的中介作用

5 移动营销策略的精准匹配

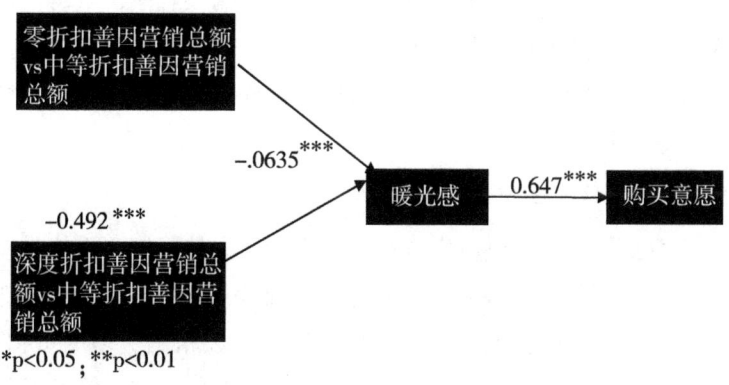

*p<0.05；**p<0.01

图5-7 中介路径结果

5.1.7 研究结论

5.1.7.1 善因营销的主效应作用

本研究中大规模的随机对照现场试验的结果表明，善因营销可以显著增加消费者的购买率，对 LBA 销售起主导作用。在 LBA 销售中选择善因营销作为其主要营销方式，能够有效促进顾客的购买率，该结论可作为理论，被营销经理人运用于企业管理中。

5.1.7.2 价格折扣调节效应是双向的

本研究发现，价格折扣调节善因营销对销售的影响，呈现一个倒置的 U 形状，当耦合善因营销的价格折扣，与一个中等水平的价格折扣比较，善因营销销售的影响可能不是最深度或零价格折扣。温和的折扣（10%～30%折扣）可以放大善因营销的销售影响，产生积极效应，而深层折扣（50%折扣或更多）实际上可以削弱它，对善因营销的销售效果产生交互作用。在现实运用中，营销经理人应当依据市场行情、产品特征，谨慎选择价格折扣的力度，以促使整体营销利润的最大化。

5.1.7.3 愉悦感的中介效应

在善因营销中，消费者通过慈善相关的购买，获得温暖美好的情感，引导消费者做出慈善购买，进而提高消费者购买率。本研究发现深度折扣可能会削弱或剥夺消费者良好的感情和购买意愿，阻碍他们内在的慈善动机，衰减他们参与慈善事业的热情。因而在营销设计中，营销经理人应当尽可能地增加消费者的愉悦感，并减少价格折扣对愉悦感所带来的消减作用。

5.1.7.4 局限性和进一步研究

实验中我们与无线供应商合作，因实验能力的限制，无线供应商提供的是一定比例的客户基础，这限制了我们可以测试的折扣条件的数量。因此，在可行的情况下，进一步的研究可以精确更多的折扣条件，例如，5%、10%等。在我们的研究中，消费者在消费之前可以部分地确定产品的质量，因此，未来可以研究，在产品性质的潜在差异条件下的善因营销和价格折扣。此外，消费者是否为自己或其他人购买，也可能会产生差异，也可以进一步为我们划定研究结果的边界条件。

附录 B：实验室实验

所有与会者阅读以下内容："想象［无线供应商］已经发送了一个短信到您的手机，如图在这里。"（图5-6）查看短信后，与会者回答的问题，被设计为一个公司服务调查：

请指出你在多大程度上同意或不同意以下问题：

［无线供应商］经常进行公共服务；

［无线供应商］经常举办促销活动；

［无线供应商］经常有相关的促销活动。

参与者被要求表明，他们同意或不同意下列陈述的程度（1="强烈同意"和11="强烈不同意"）；翻译和回译，以确保准确性的项目：

衡量愉悦感（Taute 和 McQuitty，2004）：

如果我购买了这项善因相关的交易，我会感觉很好。

测量参与该交易的意愿：

你可能会进行这项交易？

衡量对痛苦的偏好（Olivola 和 Shafir，2013）（建构信度=93）：

购买此善因相关的交易将采取努力。

这将需要大量的工作来购买这一原因相关的交易。

测量内疚感（Xu 和 Schwarz，2009）（结构可靠性＝93）：

如果我没有进行这笔与善因营销有关的交易，我会感到内疚。

不进行这笔与善因营销有关的交易将是一个错误。

如果我不购买这项善因相关的交易，我会后悔的。

衡量冲突的作用（Tyebjee，1979）（建构信度＝94）：

我觉得在接受折扣使自己受益与帮助慈善机构使那些需要它的人受益之间存在矛盾。

为自己存钱，通过慈善机构与他人利益的冲突。

我觉得货币折扣与慈善捐赠是不一致的。

测量便宜感：

如果我购买这个善因相关的交易，我会觉得很便宜。

5.2 不同 LBA 情景下竞争性价格定位对销售水平的影响

5.2.1 研究问题——竞争性价格定位对销售水平的影响

一般来说，只要公司有市场力量就能细分消费者，并且通过转售的价差套利，如果其他公司的行为不变，那么公司通常会有进行价格歧视的动机。在实践中，大多数公司会在固定竞争对手的行为中，测试目标定位策略。也就是说，这些公司正在应用价格歧视的垄断理论。垄断企业根据可用的消费者信息，对不同消费者进行不同的定价，从而小幅地增加利润。

然而，有关竞争性价格歧视的理论文献表明，垄断价格歧视可能为盈利能力提供错误的类比。在寡头垄断市场中，企业采取目标定价策略对行业利润的影响，取决于与竞争强度相关的任何潜在损失的提取盈余的收益。并且相对于统一定价而言，公司可能的收益/损失，取决于市场的特征和价格歧视的性质。因此，如果一家公司从经验上分析，在产品市场上采用价格定位技术的可能回报，而忽略竞争对手采取类似技术的动机，即未考虑竞争性价格歧视，可能会在无意中高估投资的回报。

竞争性价格歧视的回报在很大程度上是一个经验问题，但令人惊讶的是，这个问题缺乏实证研究。一个可能的解释是获取可行数据的实际困难。由于公司的目标投资回报受到竞争对手的影响而降低，因此评估公司的最佳反应是至关重要的。然而，相互竞争的公司的价格，很少能独立地、以允许对竞争性价格交互进行计量识别的方式进行变化。在大多数市场中，竞争公司即使是为了进行实验，而协调它们的定价决策也是违反规则的。原则上，可以在零售环境中进行这样的实验，零售商可以同时改变所有竞争品牌的价格。在这种情况下，我们的研究利用了一个独特的机会，来观察两个相互竞争且完全独立运作的公司，随机分配价格的结果。移动情境下，使用GPS和蜂窝基站三角检测移动信号来实时定位消费者的能力，使得公司能够通过发送提供折扣的手机短信，来实施地理上的价格歧视。假设消费者需要支付出行费用或机会成本，则可以预料，随着距电影院的距离逐渐缩小，消费者支付票价的意愿会增加。通过其独特的电话号码追踪单个消费者的能力，使公司能够根据消费者的历史经济活动来制定价格。例如，一个之前去看过电影的消费者，可能相对于最近没有去看电影的消费者来说，支付票价的意愿更高。通过与经营移动营销平台并为客户提供促销活动的无线服务提供商合作，我们根据不同的LBA情景，向消费者提供不同的价格竞争性价格定位，观察LBA的销售效果，对竞争性价格定位对销售水平的影响进行了实证研究。

5.2.2 理论基础

5.2.2.1 价格歧视

对于垄断者来说，价格歧视总是会帮助公司小幅提升利润。同样，如果固定竞争对手的行为，价格歧视通常会轻微提高寡头垄断企业的利润。但是，除非在非常程式化的建模假设下，否则很难预测均衡利润是否会在竞争性的价格歧视下上升。这个困难被Corts（1998）很好地论证，他在两种模型之间做了有趣的区分。假设有两个消费者市场，对于所有由竞争对手设定的统一价格来说，如果该市场最优价格低于另一市场，某公司就把这个市场描述为"弱"，另一个市场则为"强"。如果企业在强弱市场上达成一致，定价模型表现出"最佳反应对称"的特征，否则，该模型的特征则为"最佳反应不对称"。在最佳反应对称下，有几篇论文认为垄断预测似乎是有效的条件，且价格歧视可以在"强势"市场的充分激烈竞争下增加利润（Borenstein，1985；Holmes，1989；Armstrong 和 Vickers 2001）。在最佳反应不对称的情况下，Hoteling 模型的几个程式化应用似乎预测了一个明确的"囚徒困境"，即所有企业内生地致力于价格歧视，并产生比统一定价情况下更低的均衡利润（Thisse 和 Vives，1988；Shaffer 和 Zhang，1995）。然而，Corts（1998）表明，这一结果并不普遍，在最佳反应不对称条件下，统一均衡价格不需要介于所设定的歧视价格之间。事实上，最佳反应的不对称性是两种极端结果，即"全面的价格竞争"或"全部涨价"的必要条件。在全面价格竞争的情况下，所有市场的价格和利润都下降了。在全部涨价的情况下，所有市场的价格和利润都在增加。无论是全面的竞争还是全部的价格上涨，最终都是关于每个公司，赋予强市场和弱市场的相对重要性的实证问题。基于这些发现，我们评估目标回报的方法，包括设计一个实地实验，以评估每个消费者市场的销售水平和盈利能力。

最近，Chen，Li 和 Sun（2015）研究了公司的均衡激励机制，以地理位置，而不是消费者来定位价格。这种设置的一个新特点是，消费者可以根据他们对公司地理目标激励的期望，在不同的地点之间进行内生移动。这种"樱桃采摘"加剧了价格竞争，因此，在均衡中，一家公司不会成功地挖走竞争对手的本地消费者[1]。在我们的实证分析中，没有考虑消费者"选出最有利的"的能力。然而，这将是未来地理定位研究和消费者战略激励研究的一个有趣课题。

---

[1] 作者还放宽了通常的"完全市场覆盖"假设，包括大量的边际消费者，他们不会在统一价格均衡中购买任何一家公司。只要类别扩张效应不是太大，价格竞争在这个中性市场上没有"太强"，均衡利润仍然可以在定位目标下增加。

基于位置的精准营销研究

  一篇相关文献，分析了竞争性企业基于过去消费者行为定价的跨期激励机制（Fudenberg 和 Villas - Boas，2006）。当消费者也具有前瞻性的时候，企业可能会发现自己陷入了"囚徒困境"，利润比他们不以过去的行为定位时更低。在我们的移动活动中，确实考虑基于过去的消费者访问行为，但不考虑企业或消费者的动态激励。Shin 和 Sudhir（2010）发现，即使是有前瞻性的消费者，如果消费者表现出，像我们的 probit 需求模型中的一个足够强大的随机偏好成分，也不会出现"囚徒困境"。

  事前，我们的经验设置似乎表现出了最佳反应不对称的直观性质：公司在地理上有差异，可以使用移动营销来定位接近其竞争对手的消费者。通过实验结果对竞争性定价模型进行校准，可以看出采用价格定位决策是否会导致"囚徒困境"。"囚徒困境"的存在，将从经验上证明竞争的存在，将如何扭转价格目标定位的盈利能力。囚徒困境的缺失不会使这个理论被推翻。然而，这将表明，为了降低利润而确定价格目标定位，竞争性效应需要相当显著，并可以证明产生这种结果的最佳反应不对称是不足的。

  几位作者对竞争性价格歧视的发生率，进行了实证检验（e.g. Shepard，1991；Borenstein 和 Shepard，1994；Goldberg 和 Verboven，2005；Busse 和 Rys - man，2005）。Borenstein 和 Rose（1994）发现航空公司价格歧视的程度，随着竞争程度的提高而增加。然而，只有少数论文分析了价格歧视的利润影响，以及在最佳反应不对称下的全面竞争。在一项对美国 RTE 谷物工业的研究中，Nevo 和 Wolfram（2002）发现，在优惠券可用的时期，货架价格往往较低。Besanko、Dube 和 Gupta（2003）进行了一种结构分析，使用 Ketchup 数据校准、竞争公司和制造商的目标优惠券模型，发现有竞争力的价格目标，并不会导致所有的战争。然而，他们的模型还包含了一些其他因素，包括产品之间水平和垂直的差异，以及企业（零售商和制造商）之间的水平和垂直竞争。Pancras 和 Sudhir（2007）基于这些发现，研究了消费者数据中介机构出售到客户数据的通道，并为零售分销渠道中的竞争公司，提供定向服务的均衡激励机制。他们也发现，有竞争力的目标不一定会导致全面的战争。我们的设置为研究竞争性价格歧视提供了一个方便的环境，因为实验中有两家公司销售相对同类的产品，这些产品主要在单一的地理维度上进行区分。我们不考虑数据中介（本文中是移动平台）销售目标定位服务的动机。该平台提供了目标定位功能，同时结合实时位置（提供我们的水平维度）和历史位置（用以推断构成我们垂直维度的过去的行为）。

5.2.2.2 移动营销

移动营销通过使用移动媒介、设备或技术在企业和客户之间进行双向或多向的沟通与促销（Shankar 等，2010）移动技术已经深刻地改变了在线消费行为，为目标营销创造了新的机会。特别是，移动设备的用户往往会一直携带它们。与基于 PC 的互联网接入相比，设备更有可能与单一用户绑定。最后，这些设备本身提供位置特定的服务，在很多情况下，服务提供者将接收位置信息。这些特点为基于消费者的实时位置和与特定人绑定的行为历史进行目标定位，提供了一个改进的机会。它们还通过提供对个人行为的改进测量以及在个人层面进行随机实验的能力，提高了管理者评估营销策略有效性的能力。

行业专家定期报告令人印象深刻的回应率和地理目标移动，给公司带来了增量回报。美国领先的地理目标 LBA 投放提供商 Rocket Fuel 报告称，地理目标定位活动的平均提升率为 41.23%[①]。学者们已经证实，基于实时地理邻近零售商活动的反应率有所提高（e.g. Ghose, Goldfarb 和 Han，2013；Luo, Andrews, Fang 和 Phang，2014；Danaher, Smith, Ranasinghe 和 Danaher，2015）。Danaher, Smith, Ranasinghe 和 Danaher (2015) 解释了移动优惠券的吸引力："它们不贵，快速传播，适应性强。此外，他们可以传递合理数量的信息，吸引众所周知难以触及的年轻消费者，并根据位置、个人信息和购买行为进行定制。"

从业者继续在同一地点（例如在一个商店内）和不同地点（例如

[①] Rocket Fuel 证明数字广告影响物理行为，通过程序目标定位，商店访问量提升了 41.3%（Business Wire, February 17, 2015.）。

地点类型的差异）中寻找越来越细粒度的地理定位。一种越来越受欢迎的地理定位目标是地理征服，即 LBA 商将目标客户锁定在竞争对手的位置附近。早期的从业者报告表明，地理征服导致更高的反应速度[①]。在它的一个季度移动定位洞察报告中，Xad 指出，他们现在 1/3 的地理目标定位活动，包括了这样的地理征服。最近一项针对电影影院的手机促销的学术研究发现，实时目标定位在竞争对手位置附近的移动客户，可以提高购买率，大大低于正常价格的折扣会获得更高的增量购买（Fong, Fang & Luo , 2015）。

除了位置，LBA 商也可以根据顾客的行为来定位顾客。地理和行为目标的结合，应该使公司能够对最具地理相关性的客户，进行三角测量。在我们的研究中，我们将地理位置与历史访问行为结合起来。我们用近因测量来代表一个位置内的客户支付意愿的差异。

现有移动目标定位证明的潜在限制是战略考虑的遗漏。证明通常是研究单一公司对地理目标提供的激励，将竞争对手的行动固定下来。例如，YP 营销 Marketing Solutions 最近为 Dunkin' Donuts 推出了一个超地理目标移动活动，它以定制的移动优惠券，来吸引目标定位竞争对手的客户。他们报告说在点击且采取二级行动的移动用户中，兑换率为 3.6%。然而，这种分析认为竞争对手的行为是固定的。换句话说，现有的证据，站在垄断理论的角度来研究目标营销。考虑到重点企业挖掘其竞争对手客户的强烈动机的证据，人们可能会期望竞争对手面临相应的激励措施，来实施地理竞争活动。我们的研究工作，是通过分析在竞争环境中进行地理征服的回报，来对理论文献做出贡献。通过设计了一个大规模的实地实验，使我们可以通过寡头垄断理论来分析地理征服，而不是通过垄断理论。研究结果表明，在忽略均衡考虑时，地理征服的回报可能被夸大了。

[①] Mark Walsh, 地理征服驱动更高的移动点击率, Online Media Daily, May 17, 2013.

5.2.3 研究内容

对竞争性价格歧视我们进行了一场大规模的实地实验，以研究两家有竞争关系的影院在双头垄断市场上的竞争性价格歧视。实时受试者包括 1.8 万名移动用户，他们处于地理围栏内，地理围栏各以两个相距 4 千米（约 2.4 英里）的购物中心为中心，每个购物中心有一个连锁电影院，影院之间为竞争关系。这个实验是在一个"非高峰"时刻进行的，以避免剧场容量不足。在我们的实验中，每一个参与者都从两个电影院分别接收到一条手机短信，或者从两个影院中的一个接收一条短信。每条短信都包含一个购买优惠券的提示，接收者可以以随机选择的折扣且低于正常的票房价格，在相应的影院看电影。控制组没有收到任何提示，因此只能在售票处获得正常票价。实验过程中，我们观察每个参与者的电影票价格和购买决定，以及他们移动使用行为的度量，衡量 LBA 的销售效果。这一实验设计的一个新特点是，我们随机将两个影院的价格，随机分配给一个特定的消费者。因此，我们可以跟踪每个公司的最佳反应函数。最佳反应分析使我们可以比较每个公司的定价动机，当它单方面探索目标定价时，正如在垄断价格歧视理论中一样，当它考虑竞争反应时，正如在寡头垄断价格歧视理论中一样。

5.2.4 研究设计

5.2.4.1 实验设计

我们与一个大型的、为目标手机促销提供平台的无线服务提供商，合作进行实验。在这个实验中，手机短信的促销，包括提供购买任意在发送短信的当天上映的 2D 电影的优惠券。短信中包含了简短描述，收件人可以点击链接购买优惠券，并可选择当天影院放映的任何电影使用价格折扣。在实际操作中，广告商每发送一次信息就支付 0.08 元人民币。由于这项研究是与无线供应商合作的，所以活动中所有信息的费用

基于位置的精准营销研究

都由无线供应商支付，而不是影院①。

我们的受实验群体是由移动用户组成的，他们在一个周六上午11点到中午12点之间，被随机抽样选出。周六下午是电影院的非高峰时间，由此确保我们的实验不受影院排期影响。研究对象从两个地点取样，即分别位于两个大型购物中心的两个不同的影院（以下简称公司A和B），其半径为500米。根据被观察到的地理位置和类型，参与者被分为四个部分。地理位置代表受试者在干预时，所在的购物中心，A或B。基于地理定位，一个消费者在相应购物中心里的"历史影院访问"，决定其类型，这是一种近因。一次影院访问，被定义为至少在影院连续停留90分钟，通过使用GPS和蜂窝塔三角测量对个人手机信号接收进行测量。在前两个月里，如果消费者至少去过电影院一次，便会被归类为"高类型"，否则其会被归类为"低类型"。所有参与实验的人此前都没有收到过来自影院的短信促销。因此，"高"与"低"的分类是基于正常的票价。因此，四个消费者分类包括：（A, High）、（A, Low）、（B, High）、（B, Low）。每一个参与者都被随机分配到，基于 3×3 设计的几个 LBA 促销情景中的一个。

根据参与者的位置，当地的影院被归类为"防御"，而更远的影院被归类为"进攻"。我们使用对称设计，这样就可以从"进攻"和"防御"的角度，来分析影院 A 和 B。在控制条件下，参与者没有收到短信。在我们的短信促销条件下，折扣力度根据移动运营商以往的促销经验和 Fong、Fang 和 Luo（2015）的试点研究选择。在我们的"仅有防御"条件下，参与者收到了来自"防御影院"的短信："购买优惠券，可以20%、40%的折扣观看任意一部今天上映的2D电影，然后这个链接为XXX"。在我们的"仅有进攻"条件下，参与者收到了来自"进攻

---

① 在这个实验中，我们不改变每个发送的消息的价格，把它当作外生的。我们可以获得每个影院的每条短信的增量收入，并因此获得信息服务需求。然而，短信服务的客户群体跨越了比影院更广泛的市场，比如游戏、应用程序、呼叫服务、餐馆、旅游、教育和移动新闻。由于竞争程度和增加的收入潜力的巨大差异，这些市场可能有不同的短信服务需求。总而言之，我们的数据不适合研究移动平台获取 SMS 消息的定价激励。

影院"的短信:"购买优惠券,可以40%、60%的折扣观看任意一部今天上映的2D电影,然后点击这个链接XXX"。在我们的"进攻和防御"的条件下,这一参与者得到了两条短信,分别来自进攻和防御的影院。在促销格中,我们直接观察参与者是否通过手机短信购买了优惠券。

为了构建样本,我们首先从两个购物中心各自的地理围栏中,开始抽样移动用户。在参与者抽样的过程中,这两个地点有大约5.7万名移动用户。与上述四个消费群体相关的人口权重分别为:12%（A, High）、26%（A, Low）、18%（B, High）和44%（B, Low）。实验设计采用9种不同的定价条件,应用到4个部分中,共包含36个单元,或每个部分9个单元。大约500名参与者被分配到每个单元,样本总数为1.8万名。在每个消费者分类中,通过给每个抽样的移动用户分配1到9之间的随机一致整数,完成了9个定价单元中的主体的随机化。我们还平衡了收到两个影院短信的参与者收信的顺序。对顺序提升的测试超出了本研究的范围。

我们观察每一个参与者,是否从其中一个影院进行购票。当参与者购买其中一家影院在促销短信中提供的优惠券时,我们进行直接观察。为了判定我们的控制参与者,在"无促销"组购买电影票的比率,我们使用GPS和蜂窝三角测量,以追踪参与者是否访问了我们的两个影院之一,并在影院停留了至少90分钟。为了控制与我们的限时短信服务相关联的可能的购买促进,我们对控制对象进行了为期11天的跟踪,以评估他们是否曾在这两家影院中的任何一家看过电影。因为新电影可能会改变需求,所以我们用了11天的时间来避免与新电影上映的时间重合。

在1.8万名参与者中,有553名参与者购买了电影票,约占样本的3.1%。在1.6万名接受了至少1个短信服务的参与者中,有535人购买了一张优惠券,这是一个3.3%的促销反应。我们可以将这3.3%的转化率与最近其他针对手机的目标定价实验相比较（e.g. Dubé, Luo和Fang, 2015）。在"无促销"的控制情况下,我们从未观察到去影院超过一次的参与者,也没有观察到反应短信购买超过一张电影优惠券的参与者。因此,可以把消费需求看作离散的选择。

除了观察每个参与者的具体价格和购买决定，我们还观察了他们移动使用行为的几个度量。特别地，我们观察每个受试者的平均月电话费（ARPU）、总分钟使用数（MOU）、短消息服务（SMS）和数据使用（GPRS）。有关移动使用变量的汇总统计数据见附录 B 中的表 1。

我们在附录 B 的表 2 中报告了随机性检查。对 4 个移动使用变量（共 144 次比较）的 9 个单元（36 次比较）进行所有的成对比较，结果在 0.05 显著性水平上平均值有 6 个差异，并且在 0.1 显著性水平上有另外 4 个差异，可以接受。为每个移动使用变量运行一个 Tukey 测试来校正多个比较，在任何一对单元格之间，对于 4 个移动使用变量中的任何一个都没有发现明显的差异。在附录 B 的表 3 中，我们还提供了两个购物中心的汇总统计数据，发现两者都迎合了顾客的相似人口特征。

5.2.4.2　实验结果

实验设计的一个优点是，我们可以无模型地分析促销效果的某些方面。不同定价条件下的总体购买差异的基本测试，可见附录 B 中表 4 和 5。类似的在不同消费者分类条件下的测试报告，在附录 B 表 6 - 表 9 中。

对不同部分统一定价的无模型分析，我们将数据跨消费者类型划分，将两家公司纳入"防御"和"进攻"状态。促销条件下相应的购买率如图 5 - 10 所示。自第 1 列向下，我们看到防御性的促销活动总体上提高了需求。将折扣从 20% 提高到 40%，销售额从 2.3% 增加到 5.2%（pe <.01）①。因此，正如预期的那样，一个影院在当地市场面临着一条向下倾斜的需求曲线。在较小程度上，进攻性促销也增加了销售额，就像在第 1 行中看到的那样。所有的样本消费者，都没有按正常价格购买进攻性公司的票，并且虽然 40% 的折扣确实会产生攻击性的门票销售，但这个水平相当低。然而，将进攻性折扣从 40% 提升到 60%，使得进攻性售票额从 0.35% 大幅提升到 2.8%（p <

---

① 本节中所报告的所有 p 值，都源自完整的实验条件下的采购指标的 OLS 回归，并使用常规的或稳健的标准误差，得到相同的结果（我们以更大的为准）。平均购买率的不同测试方法见附录 B 中的表 4。

0.01)①。有趣的是，这些结果证实了一个影院在其竞争对手的地方市场中，面临着一个向下倾斜的需求曲线，而"其他商城"代表着一个影院的潜在市场。此外，防御性和进攻性价格敏感性的差异，暗示了地理价格目标定位的机会。

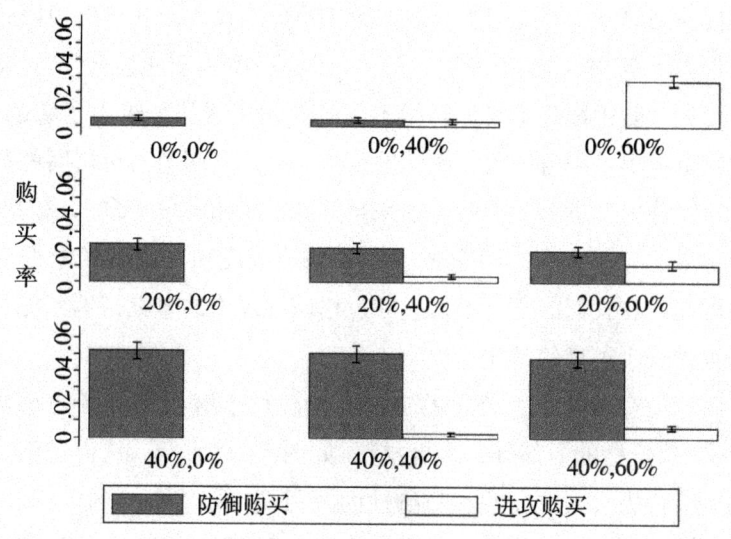

图 5-8　整体购买率

实验的其余单元测量交叉促销效果呈现防御性促销似乎对进攻性促销免疫的现象。当我们沿着第 2、3 列看时，防御企业的销售水平保持不变，攻击性促销在防御需求上的交叉效应在统计上是不显著的。如果我们只关注位置 A 的高部分（见图 5-10），那么我们就会看到进攻性促销有轻微的交叉影响。当进攻从 40% 提高到 60% 时，对防御性门票的需求从 5.95% 下降到 4.92%，尽管这种差异并不显著（p = 0.47）。因此，对"进攻性"影院的需求主要来自外部的好处，即非购买者的转换，取决于防御公司的价格。这一类别扩展的作用表明，Shaffer 和 Zhang（1995）的充分市场覆盖假设，并不适用于我们对电影院的研究，

---

① 这一发现与 Fong、Fang 和 Luo（2015）的一致。

基于位置的精准营销研究

因此,"囚徒困境"不是一个前作结论。进攻促销似乎可以通过防御促销来减轻。当我们沿着第 3 列的行移动时,我们观察到与没有防御促销的情况相比,有防御促销时,进攻电影票销售的水平上有很大的、统计上显著的下降。例如,在没有防御折扣的情况下,将进攻性折扣从 40% 提高到 60%,使进攻性电影票销售增长 2.5% ($p < 0.01$);但防御折扣为 20% 时,增长仅为 0.7% ($p = 0.010$,双重差分 $p < 0.01$)。由此可见,防御影院不仅从转换本地的非购买者那里吸引了它的需求,同时它也吸引了来自进攻性影院的需求。因此,两家公司之间的替代模式是不对称的,进攻公司面临的来自防守公司的竞争更多。我们对交叉促销效果的分析表明,两家公司在各自的进攻和防御市场上都存在竞争。因此,在我们的研究中,垄断价格歧视理论的直觉,不可能为价格目标提供一个可靠的类比。

我们现在转向每个公司的定价激励。每个潜在消费者的平均收入(作为全票价格的一部分,净折扣),如图 5-9 所示。从促销活动中增加的购买行为会为进攻性和防御性的公司带来每客额外的收入。此外,对收入的交叉促销效果是不对称的。两家公司都有明确的动机去实施深度折扣。由于均衡统一价格可能位于较低的折扣水平之上或以下,有可能在统一或地理目标定价下我们观察不到每个公司的最佳反应。

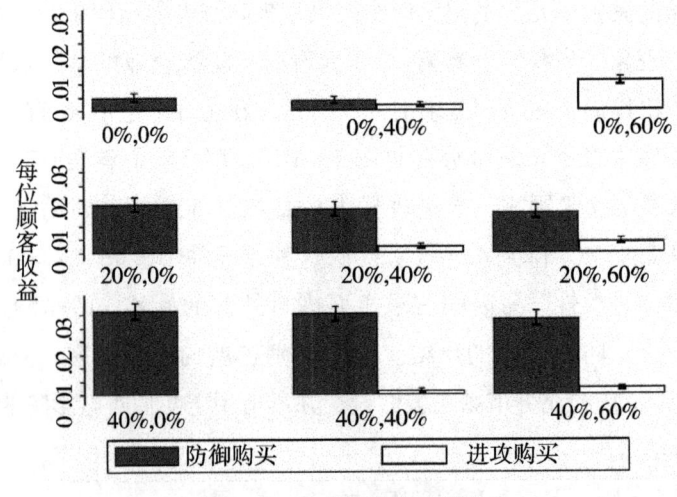

图 5-9 每位消费者预期收入

196

5 移动营销策略的精准匹配

现在，我们将把四个消费者群体中的每一个都细分为"购买"和"收入"两个部分，尽管我们仍将这两家公司置于"防御性"和"攻击性"的状态。图5-10中报告了每个部分促销条件下相应的购买率。我们大多数的直觉是，在以上统一定价案例中，从折扣提升销量的情况也适用于细分价格案例。在每个细分部分都有一个不对称的交叉促销效果，即进攻型公司的促销被防御公司所抵消，但反过来不是如此。与预期相同，与高市场相比，低市场的销售水平更小。因此，两家公司都在两种消费类型的市场竞争，尽管在"高"市场竞争似乎比"低"市场更加激烈。

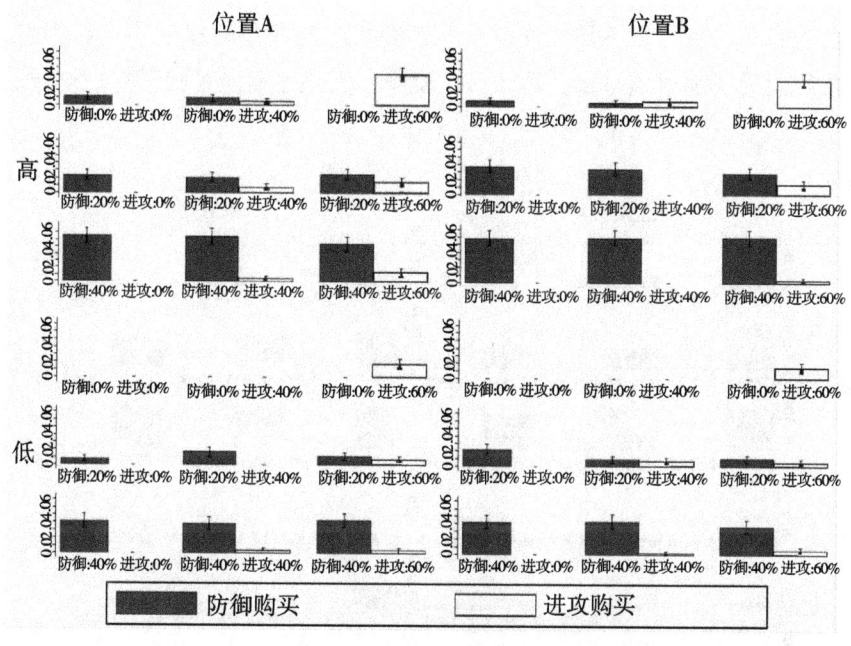

图5-10 每个细分市场购买率

实验数据中的一个有趣的特点是，没有一个低消费类型的人购买了普通价格的票。然而，激进的折扣可以吸引相当数量的消费者购买电影票。在这两个地方，40%的低消费群体购买的防守型折扣，吸引了超过4%的消费者。

197

基于位置的精准营销研究

再看一下定价激励，我们报告了图5-11中每个细分市场、每个潜在消费者的预期收入。就像在统一的案例中一样，两家公司似乎都有强烈的动机在每个消费者细分市场提供深度折扣。因此，我们有强有力的证据表明，公司将希望实施折扣。然而，在经过测试的价格水平的离散集合中，不可能观察到最优的单边目标价格和均衡目标价格。我们通过使用需求模型，来预测一个连续的价格组合的结果，从而克服了这个实验的局限性。总而言之，我们的无模型分析表明，每个公司似乎都有在每个消费者细分市场中，使用短信折扣的动机。然而，竞争对手的目标定位的努力，显然可以降低目标短信活动的回报。我们也观察到一种赤裸裸的地理上的不对称，即进攻性公司的目标定位努力，比防御性公司更为脆弱，反之则不是这样。然而，实验中使用的价格网格的粗糙性，使我们无法观察到每个公司的最佳反应，因此也不能观察到在这个市场上可能占上风的均衡价格。

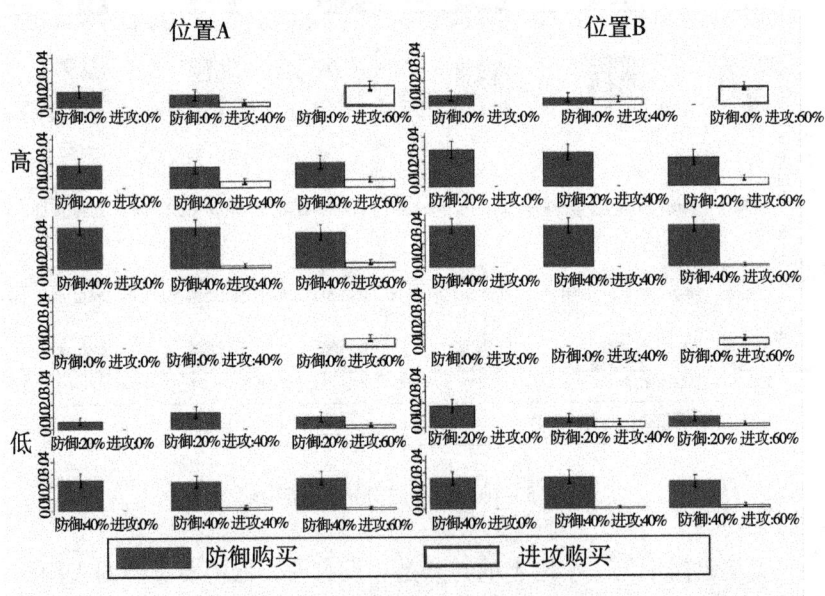

图5-11 细分市场每位消费者预期收入

5.2.5 数据分析

5.2.5.1 Probit 需求和评估

我们需要一个模型来解决这个问题，即均衡价格低于我们实验中测试的价格范围。在这一节中，我们将描述需求的三项式 probit 模型，用于在整个价格支撑下估计需求。通过允许相关误差，模型应该足够灵活以适应在第 4 节中描述的市场中，对防御与进攻性公司的非对称交叉促销效果的观察模式。另一个流行的规范是随机系数 logit，使用它则更容易进行估计。该模型的灵活性在于测量受试者未被观察到的由于对影院的偏好而产生的异质性。由于我们在这个应用程序中有横断面数据，所以更倾向于允许灵活替换模式的 probit，而不需要显式地对未观察到的异质性进行建模。

（1）消费者需求。

令 h = 1,……H 表示消费者，j = A，B 表示影院的选项，当 j = C 时是无购买选项。每个消费者都属于可观测细分市场 k = 1,……, K（基于地理和历史购买强度）。在群体水平上，细分市场比例表示为 $\{\lambda k\}$ K k = 1，每个影院都有属性 Xj = ($\mathbb{I}\overline{1j}$, $\mathbb{I}\overline{2j}$, pj)，其中 $\mathbb{I}\overline{1j}$ = 1 如果 j 是影院 1，否则是 0。pj 是影院 j 的票价。

假设某消费者 h，在细分市场 k 从其选择中获得以下间接效用：

$$u_{hA} = \theta_A^k - \alpha^k p_A + \tilde{\varepsilon}_{hA}$$

$$u_{hB} = \theta_B^k - \alpha^k p_B + \tilde{\varepsilon}_{hB}$$

$$u_{hC} = \tilde{\varepsilon}_{hC}$$

其中 $\tilde{\varepsilon}$ 是指随机效用冲击，如果消费者 h 在细分市场 k 满足该分部，我们将特定影院间接效用的向量写为 $\eta_h \equiv \begin{bmatrix} \tilde{\varepsilon}_{hA} - \tilde{\varepsilon}_{hC} \\ \tilde{\varepsilon}_{hB} - \tilde{\varepsilon}_{hC} \end{bmatrix} \sim N(0, \psi^k)$。$U_h \begin{bmatrix} u_{hA} \\ u_{hB} \end{bmatrix} = B^k X + \eta_h$, where $X = \begin{bmatrix} X_A^{'} \\ X_B^{'} \end{bmatrix}$ 是产品属性的（6×1）向量。$B^k = I_2 \otimes \beta^{kT}$ 是参数（2×6）的矩阵 $B^k = (\theta_A^k, \theta_B^k, \alpha^k)$。最后，指数消

费者选择依据 $y_h \in \{A, B, C\}$。消费者 h 在细分市场 k 选择选项 j 的预期可能性为：

$$Pr(y_h = j | B^k, X, \Psi) = Pr(u_{hj} - u_{hi} > 0, \forall i \neq j)$$

我们可以通过使用以下对细分市场 k 的消费者 h 的转换，来简化分析：

$$z^{k,(A)} = \begin{bmatrix} u_{hA} - u_{hB} \\ u_{hA} \end{bmatrix}, \quad z^{k,(B)} = \begin{bmatrix} u_{hB} - u_{hA} \\ u_{hB} \end{bmatrix}$$

或矩阵形式：$z^{k,(j)} = \triangle^j U_h$，$j \in \{A, B\}$，其中：

$$\triangle^A = \begin{bmatrix} 1 & -1 \\ 1 & 0 \end{bmatrix}, \quad \triangle^{(B)} = \begin{bmatrix} -1 & 1 \\ 0 & 1 \end{bmatrix}$$

$$E(Z^{k,(j)}) \equiv (\mu_Z^{k,(j)}) = \triangle \times B^k$$

$$Var(Z^{k,(j)}) \equiv \Sigma_Z^{(j)} = \triangle^j \psi^k \triangle^{jT}$$

$$corr(Z^{k,(j)}) \equiv \rho_Z^j = \frac{\Sigma_{Z(A,B)}^{(j)}}{\sqrt{\Sigma_{Z(A,A)} \Sigma_{Z(B,B)}}}$$

如果标准化 $Z^{k,(j)}$ 得到 $Z^{k,(j)} = [D^j]^{-1/2} Z_h^{k,(j)}$，其中和 $D^j = diag(\Sigma_Z^{(j)})$ 和 $E(Z^{k,(j)}) \equiv \mu_Z^{k,(j)} = [D^j]^{-1/2} \triangle X B^k$。现在将选择可行性写在下面：

$$Pr(y = j | B^k, X, \psi^k) = Pr(Z^{k,(j)} > 0 | \mu_Z^{k,(j)}, \rho_Z^{(j)})$$
$$= \int_{-\infty}^{\mu_{zA}^{(j)}} \int_{-\infty}^{\mu_{zB}^{(j)}} \phi(x, y; \rho_z^j) \, dy dx, \quad j \in \{A, B\}$$
$$\Phi(\mu_{zA}^{(j)}, \mu_{zB}^{(j)}; \rho_Z^{(j)}) \tag{1}$$

其中：

$$\phi(x, y; \rho) = \frac{1}{2\pi\sqrt{1-\rho^2}} exp\left(-\frac{x^2 - 2xy\rho + y^2}{2(1-\rho^2)}\right) 和 \Phi(x, y; \rho)$$

$= \int_{-\infty}^{x} \int_{-\infty}^{y} \phi(u, v; \rho) \, dv du$，且 $Pr(y = C | B^k, X, \psi^k)$：

$1 - \Sigma_{j \in \{A,B\}} Pr(y = j | B^k, X, \psi^k)$。

等式（1）的概率得到了通常的三项式模型的选择。我们使用 McCulloch 和 Rossi（1994）提出的 MCMC 算法，来估计这些选择概率。以下的先验被分配：

$$B^k \sim N(\bar{B}, A^{-1})$$

$$\psi^k \sim IW(v, V)$$

其中 A = diag (0.01)，ν = 6 和 V = diag (ν)。在未知参数空间上定义了估计算法。在我们的结果中，报告了已确定数量的后验分布。我们使用 R 中 bayesm 包的 rmnpGibbs 函数来进行所有分析。由于我们预测各细分市场的品味系数和随机效用协方差不同，我们分别对每个细分市场进行模型估计。对于每一个估计算法的运行，我们模拟一个包含 20 万个后绘制的链，并保留最后 10 万个来进行推理。

（2）总需求和替代模型。

为了使每个影院都有需求系统，我们对所有的消费者进行整合。影院 j 的总市场份额是：

$$S_j(p) = \sum_k \lambda^k Pr(y=j \mid B^k, p, \psi^k) \tag{2}$$

其中，我们关注价格向量 p =（pA，pB），删除影院虚拟变量以简化符号。

影院 j 的总市场份额的所属和交叉价格弹性分别为：

$$\varepsilon_{jj} = \frac{P_j}{S_j} \sum_k \lambda^k \frac{\partial Pr(y=j \mid B^k, p, \psi^k)}{\partial p_j}$$

和 $\varepsilon_{ji} = \dfrac{P_i}{S_j} \sum_k \lambda^k \dfrac{\partial Pr(y=j \mid B^k, p, \psi^k)}{\partial p_i}$

导数准确的表达，$\dfrac{\partial Pr(y=j \mid B^k, p, \psi^k)}{\partial p_i}$，在附录 A 导出。

5.2.5.2 价格

我们现在分析了两家竞争影院之间，不同的 bertrand - nash 定价方案。我们的分析的一个新特点是，我们研究了在一个有 probit 需求的市场中，寡头垄断定价的影响。probit 模型的一个优点是，它不显示 IIA 属性，这是 logit 需求系统的一个特征，它可能导致不现实的替代模式和定价模式。例如，在 logit 寡头垄断的情况下，公司的均衡价格、涨价和通过率与它们的市场份额成比例。像许多具有经验现实需求规范（如随机系数 logit）的寡头垄断模型一样，除了在非常强的独立性假设

基于位置的精准营销研究

(Mizuno, 2003)之外,不可能证明在需求寡头垄断的情况下,需求的存在和唯一性[①]。在这一节中,我们将为分析的每种定价场景,推导出一阶必要的条件。在我们的数值模拟中,存在是通过计算一个定点到必要条件的系统来建立的。观察到每个公司的最佳反应功能在合理范围内(在我们的应用程序中为0到75元),验证了其独特性。

(1)统一定价。

在统一定价的情况下,每个公司都在所有消费者领域,设置一个单一的价格。我们利用后预期利润作为公司的回报函数,研究了每个公司的基于数据的决策问题。后期利润是基于需求的后验分布来计算的,我们通过MCMC算法利用,用以估计需求函数的R后绘制的链来模拟。隐含地,我们假设公司是风险中性的,并形成以下关于需求条件的后验信念:

$$D: (\{B^{r,1}, \Psi^{r,1}\}_{r=1}^R, L, \{B^{r,K}, \Psi^{r,K}\}_{r=1}^R)$$

公司 j 的最优统一定价问题由选择价格组成,

$$p_j^{unimform} = \arg\max_{p_j} \{p_j \sum_{k=1}^K \lambda^k E[Pr(j|B^k, p, \psi^k) | D^k]\}$$

$$\approx \arg\max_{p_j} \{p_j [\sum_{k=1}^K \lambda^k \frac{1}{R}\sum_{r=1}^R Pr(j|B^{r,k}, p, \psi^{r,k})]\} \quad (3)$$

生成了下面一阶必要条件:

$$\sum_{k=1}^K \lambda^k \sum_{r=1}^R Pr(j|B^{r,k}, p, \psi^{r,k})$$

$$+ p_j^{unimform} \sum_{k=1}^K \sum_{r=1}^R \lambda^k \frac{\partial Pr(j|B^{r,k}, p, \psi^{r,k})}{\partial p_j} = 0 \quad (4)$$

请在附录 A 中查看 probit 需求系统的斜率的导数。公司 j 可以通过研究利润的相关后验分布评估价格的选择:

$$\{p_j^{unimform}\sum_{k=1}^K \lambda^k \frac{1}{R}Pr(j|B^{r,k}, p, \psi^{r,k})\}_{r=1}^R$$

在统一定价中的 Nash 均衡,由每个公司统一定价的向量组成,正如在方程4中,每个价格满足它一阶必要条件的相关设置:

[①] 除了相关的错误,我们的需求规范不同于标准的独立 probit,因为它是两个地理和两个消费类型细分市场的 probit 需求的离散混合。

(2) 目标定价。

移动平台可以在 K = 4 细分市场中，启用不同类型的目标定位，即位置和类型。假设公司能够对 Ω 中的群体进行目标定位，K = 4 个细分市场的分区，则地理目标定位的组成为：

Ω = {位置 A，位置 B}

{{位置 A 的高类型，位置 A 的低类型}，{位置 B 的高类型，位置 B 的低类型}}；

类型目标定位的组成为：

Ω = {高类型，低类型}

{{位置 A 的高类型，位置 B 的高类型}，{位置 A 的低类型，位置 B 的低类型}}；

而混合目标定位的组成为：

Ω = {{位置 A 的高类型，位置 A 的低类型}，{位置 B 的高类型，位置 B 的低类型}}；

给出给定一个分区的各个元素的目标定位能力，$\omega \in \Omega$，公司 j 的由选择价格向量组成的目标定价问题如下：

$$p_j^\Omega = \arg\max_{p_j} \{\sum_{\omega \in \Omega} p_{j\Omega} \sum_{k \in \omega}\} \lambda^k E\left[Pr(j \mid B^k, p_\omega, \psi^{r,k}) \mid D^k\right]$$

$$\approx \arg\max_{p_j} \{\sum_{\omega \in \Omega} p_{j\Omega} \sum_{k \in \omega}\} \lambda^k \frac{1}{R}\Sigma_{r=1}^R Pr(j \mid B^{r,k}, p_\omega, \psi^{r,k}) \quad (5)$$

生成了以下一阶必要条件：

$$\sum_{k \in \omega}\left(\lambda^k \sum_{r=1}^R Pr(j \mid B^{r,k}, p_\omega, \psi^{r,k}) + p_{j\omega}^\Omega \sum_{r=1}^R \lambda^k \frac{Pr(j \mid B^{r,k}, p_\omega, \psi^{r,k})}{\partial p_j}\right)$$

$$= 0, \quad \forall \omega \in \Omega \quad (6)$$

请在附录 A 中查看 probit 需求系统斜率的导数。公司 j 可以通过研究利润的相关后，验分布评估价格选择：

$$\left\{\sum_{k \in \omega} p_{j\omega}^\Omega \sum_{k \in \omega} \frac{1}{R} Pr(j \mid B^{r,k}, p, \psi^{r,k})\right\}_{r=1}^R$$

针对消费者分区 C 的目标价格的 Nash 均衡，由每个公司的目标价格的矢量组成，正如在方程 6 中 $P^\Omega = (P_A^\Omega, P_B^\Omega)$，每个价格满足它的一阶必要条件的相关设置。

一家单方面测试目标定价的公司，认为其竞争对手不会偏离目前的定价。假设 1 公司单方面目标定价细分市场 C 区。我们定义相关单边定价，为公司 1 解决垄断价格歧视问题的场景，导致价格向量 $P^{\Omega unilar}$ = (P_1^Ω, $P_2^{unijorm}$)，P_1^Ω and $P_2^{unijorm}$ 分别在方程 3 和 5 中被定义。

5.2.5.3 结果

（1）需求估计。

现在讨论需求估计。需求估计实验的一个独特之处是，每个影院的消费者面对的价格是通过随机化产生的，消除了与观察性营销数据相关的通常的内生性问题[①]。回想一下，消费者群体基于他们的地理位置和历史的电影院访问行为，来自四个不同的细分市场，（i）位置 A 的高消费者、（ii）位置 A 的低消费者、（iii）位置 B 的高消费者、（iv）在 B 位置的低消费者。我们在四个细分市场中，分别估计了一个单独的选择模型。正如我们在下面解释的，我们希望特定于影院的截距和特定于细分市场的协方差。这些截距将帮助我们在各个细分市场上，适应不同的反应速度。协方差条件，将帮助我们适应不同单元间的非 IIA 替代行为差异。我们使用多项 logit 模型和多项 probit 模型，来验证来自前者的 IIA 问题是否导致劣质拟合。回想一下，我们不需要估计细分市场权重，这些都在通过研究时匹配移动用户和他们的定位与历史影院访问行为中观察到了。

表 5-5 总结了每个规格的后验符合，按照细分市场表示，这是用 Newton 和 Raftery（1994）的方法计算的后对数边际可能性。在每一种情况下，我们都减少了上下 1% 以避免出现下溢的问题[②]。结果表明，多项 probit 的附加灵活性，允许相关和异方差随机效用冲击，在两个位置的高消费者部分都能得到改善。然而，在这两个地点的低消费市场中，probit 只比 logit 稍微好一点。probit 的改进很大程度上源于其适应

---

① 例如，Chintagunta、Dubé 和 Goh（2005）利用从工具变量估计量得到的户级水平，估计模拟垄断目标定位，来解决观察价格变化的内生性。

② 微调避免了非常小的值，这些值可能导致计算谐波的数值问题。

交叉促销效果的能力,尤其是在高消费领域。在附录 B 的图 6 中,报告了每个实验单元的进攻性购买率。专注于高消费群体,当进攻型公司将折扣从正常价格的 40% 提高到 60%,probit 拟合购买费率更好。probit 允许在两个影院之间进行更灵活的替换,相对于外部的好处。因此,进攻性的促销活动可以增加进攻性的电影票销售,而不会从防守公司窃取"太多"业务。

为了评估符合 logit 和 probit 规范的差异,我们报告了预期的购买概率,以及附录 B 图 1 和图 2 中的购买率。在表格中,我们可以看到 probit 在预测第 4 节时,所指出的交叉促销效果方面做得更好。回想一下,对于两个影院位置来说,高消费者群体的进攻性购买率对防御价格是敏感的,而 probit 预测能更好地捕捉这种敏感性。因此,我们得出的结论是,probit 的附加灵活性,更适合于这个市场的建模需求。此后,我们将我们的结果集中在多项 probit 规范上。我们报告了表 5-6 中多项式 probit 的估计系数,展示了每个系数的后验均值和 90% 后验置信区间。正如所期望的那样,我们在消费者细分市场观察到相当多的异质性。最重要的是,我们在效用冲击的分布中发现了很多异质性,特别是在冲击的协方差方面。我们的点估计与实质的异方差性是一致的,尽管我们不能排除影院 B 冲击的方差是 1。在表 5-6 的底部,我们报告了相关性 $\rho_{A,B}$. 我们发现,在两个地点,特定于影院的效用冲击与高消费类型之间有着高度的正相关关系。相关的有力证据,解释了为什么我们选择多项式的 probit,来支持每个细分市场的多项 logit。直觉可以在原始数据中看到,高消费细分市场的所有进攻折扣,都吸引了一些来自防御公司的需求。然而,只有 60% 的折扣吸引了新买家。对于低消费市场,在位置 A 特定于影院的冲击是高度负相关的。在我们的数据中,我们观察到在这部分市场几乎没有替换,与对特定影院的强烈的特殊偏好一致。因此,折扣需求的任何增加似乎都来自类别扩展。在 B 市场中,相关性很小且呈正向,一旦考虑到参数不确定性,我们就不能排除相关性为零。在这些细分市场中,相对较高的相关性也会加剧需求。

基于位置的精准营销研究

表5-5 每个细分市场的后验模型拟合

细分市场	多项 Logit	多项 Probit
A地的高频率客户	-778.5684	-774.7321
A地的低频率客户	-456.5403	-456.4356
B地的高频率客户	-784.3276	-768.8367
B地的低频率客户	-489.8145	-488.7583

表5-6 细分市场（括号中90%后可信度区间）的后验方法

系数	高A	低A	高B	低B
θA	-0.344	0.25	-1.066	-1.413
	(-0.651,-0.028)	(-0.178,0.695)	(-1.344,-0.79)	(-1.737,-0.964)
θB	-1.043	-0.628	-0.376	0
	(-2.002,-0.425)	(-1.499,-0.023)	(-0.741,-0.035)	(-0.311,0.349)
α	-0.027	-0.044	-0.027	-0.028
	(-0.033,-0.021)	(-0.053,-0.035)	(-0.036,-0.019)	(-0.043,-0.017)
ΨA,A	1	1	1	1
	—	—	—	—
ΨB,B	1.006	0.738	1.152	0.577
	(0.437,2.105)	(0.323,1.393)	(0.692,1.651)	(0.287,1.237)
ΨA,B	0.787	-0.795	1.025	0.152
	(0.341,1.259)	(-1.125,-0.542)	(0.801,1.234)	(-1.019,0.663)
ρA,B	0.796	-0.951	0.962	0.348
	(0.443,0.931)	(-0.99,-0.826)	(0.926,0.985)	(-0.953,0.955)

接下来，谈谈我们估计的价格弹性。在表5-7中我们报告了每个消费细分市场的后验均方和价格弹性，按正常价格计算（均为75元人民币），最大折扣为60%（均为30元）。正如预期的那样，低消费群体在价格水平上比高消费者群体拥有更高的弹性。在这四个细分市场中，我们发现两家公司的正常价格75元，在各自需求曲线的弹性区域。考

虑到两家影院的票价在非高峰时段都远低于正常价格①，我们预计每张电影票的有效边际成本接近于零。在我们的分析中，我们忽略了特许收入的潜在作用。因此，优化统一定价应在总需求的单位弹性区域，这是部分需求的加权平均值。如果公司正在优化他们的利润，并制定统一的价格，他们应该在至少一个细分市场的非弹性区域经营。这一证据表明，在非高峰时段，企业有机会通过大幅折扣降价，激发出大量的需求，而票房价格在所有时间段（峰值和非高峰期）都是一致的。这一结果与我们在上文，图 5-9、图 5-11 中所讨论的原始实验数据中，在每个细分市场所观察到的大量折扣的多重回报是一致的。

表 5-7 细分市场（以 75 元的正常价格计算）

	高, A		低, A		高, B		低, B	
	两组常规价格为 75 元							
	公司 A 价格	公司 B 价格	公司 A 价格	公司 B 价格	公司 A 价格	公司 B 价格	公司 A 价格	公司 B 价格
公司 A	-5.33	0.15	-10.17	1.07E-16	-16.99	13.17	-7.88	3.72
公司 B	3.44	-8.35	1.77E-14	-11.82	0.02	-4.84	0.42	-8.96
	两组价格为 30 元（60% 优惠）							
	公司 A 价格	公司 B 价格	公司 A 价格	公司 B 价格	公司 A 价格	公司 B 价格	公司 A 价格	公司 B 价格
公司 A	-1.40	0.10	-2.07	0.00	-7.97	5.95	-3.10	0.77
公司 B	1.52	-3.44	0.00	-4.33	0.01	-1.25	0.03	-1.91

通过查看图 5-12 和 5-13 绘制的估计需求函数，我们可以看到这些模式。每个图都报告了后验需求函数和 90% 后可信度区间。在图 5-12 中，我们可以看到非对称替换模式。当 B 影院降低价格时，在 A 购物中心对 A 影院的需求转移是很小的。然而，在 B 购物中心对 A 影院

---

① 影院 A 的容纳量为 1200 个座位，而影院 B 的容纳量为 2000 个。在一个典型的周六下午，有 4 场电影，移动用户占购物中心总客流量的 75%，影院人数平均每场还不到其容纳量的一半。

的需求转移很大。图5-19显示了竞争激烈的程度，在高细分市场中，比在低端市场中要高得多的情况。在B购物中心，B影院的价格下降对A影院的高需求的影响，比对A影院的低需求高得多。

　　这种交叉弹性也和预期一样。在高消费者群体中，我们观察到高度不对称的交叉弹性，而进攻性公司的需求更容易受到防御性公司价格的影响。在低消费群中，我们观察到两家影院的替代率相对较小，这意味着折扣主要吸引新消费者进入。

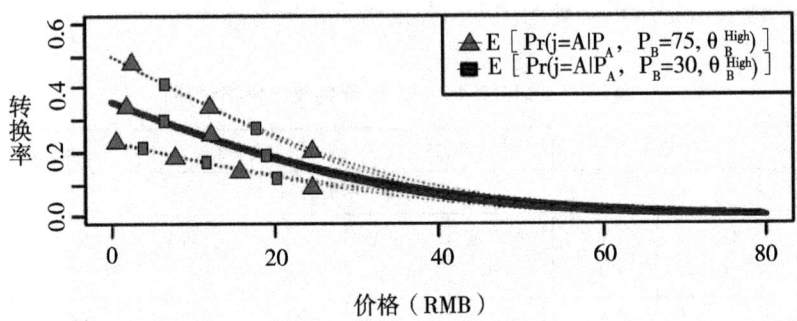

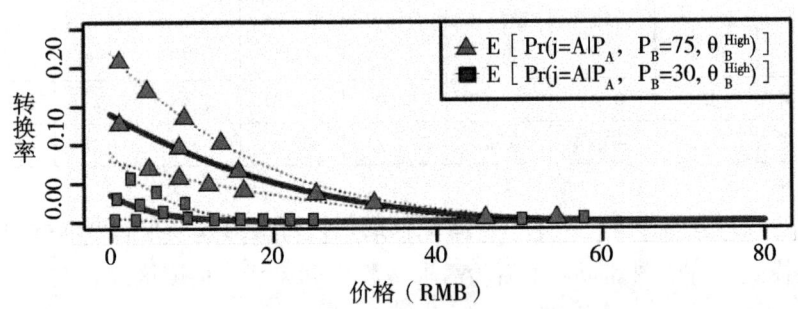

图5-12　在影院B降低价格的时候，对影院A的后预期需求的改变
（虚线代表了90%的后可信度区间）

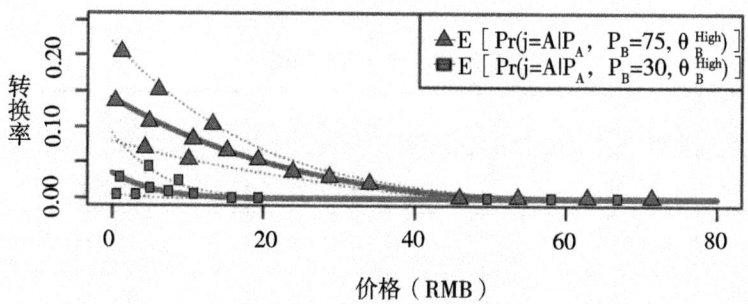

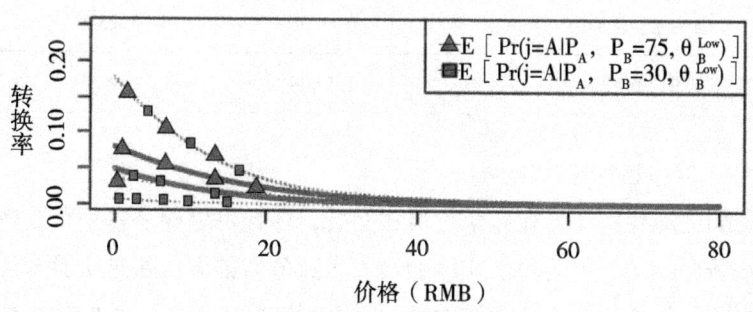

图5-13 在影院B降低价格的时候，对影院A的后预期需求的改变
（虚线代表了90%的后可信度区间）

（2）统一定价。

由于公司似乎没有在我们的分析中，优化它们的统一（在所有时间段）的票房价格到正午市场，所以很难在原始数据中辨别出大的折现率是由于时间段的优化，还是目标定位优化。由于无法从原始数据推断出最优的统一价格，因此我们使用的是三元的 probit 需求估计值来计算它们。

我们将需求估计值和一阶必要条件的系统，方程（4），结果展示在表5-8中。与实验结果相一致的是，两家公司都有强烈的降价的动机。在均衡的情况下，A 公司的每张票为 19.29 元人民币，而 B 公司每张票为 18.86 元人民币，吸引了大量需求，尤其是来自低消费者的需求。

表 5-8 统一定价均衡

		公司 A	公司 B
价格		19.2942	18.8641
份额：	A 地高频率	0.1896	0.0168
	A 地低频率	0.2795	0.0465
	B 地高频率	0.0005	0.2039
	B 地低频率	0.0106	0.2380
每个客户的预期利润		1.9604	2.9133

(3) 单边目标定位结果。

我们已经建立了优化短信价格的好处，现在可以探索每一个剧院对不同消费群体的价格定位。实际上，大多数公司都无法通过实验来操纵竞争对手的价格。一个更现实的场景是公司在固定竞争对手的价格的同时，对自己的目标市场进行测试。在本质上，典型的实地实验应用垄断价格歧视理论。我们研究这种情况，允许一家公司在假设另一家公司不背离其统一的纳什均衡价格的前提下，优化其针对不同消费群体的价格。

我们使用 probit 需求估计，来计算一个公司的最优价格，它会单方面改变价格，忽视战略考虑。目标定位公司设定价格，以满足在前一节计算中，竞争对手的纳什均衡价格的等式 6 的最优性条件。在我们的几个目标定位方案中，需求由不同的消费类型组成。在地理目标定位下，k 位置对 j 影院的需求被给为：

$$S_{j|k} = \lambda^{(low,k)} Pr(y=j \mid B^{(low,k)}, p_k, \psi^{(low,k)}) + \lambda^{(high,k)} Pr(y=j \mid B^{(high,k)}, p_k, \psi^{(low,k)})$$

5 移动营销策略的精准匹配

同样地,在类型目标定位下,k 类型客户对 j 影院的要求被给为:

$$S_{jlk} = \lambda^{(A,k)} Pr(y=j|B^{(A,k)}, p_k, \psi^{(A,k)}) + \lambda^{B,k} Pr(y=j|B^{(B,k)}, p_k, \psi^{(A,k)})$$

优化的单方面目标定位的结果在表 5-9 进行报告。第一行重复了表 5-10 的最后一行,表示按统一定价计算的每个接收到短信的消费者的预期收入,我们将其作为基准。随后的行报告每个公司,单方面偏离统一的 Bertrand - Nash 价格,并对每一个目标场景收取最优的目标价格的预期收入。对于每个公司来说,单方面目标价格明确地提高了预期利润,就像在垄断价格歧视下所期望的那样。图 5-14 为每个场景的目标定位和统一定价下的收入百分比差异的后验分配图。在每一种情况下,在来自单方面目标定位,对比于统一定价的利润百分比变化的负值区域,低于 4% 的后验概率质量下降。地理目标定位下,A 影院的预期收益为 1.18%,但在类型目标定位下只有 0.45%。定位类型和位置的预期收益为 1.83%。在地理目标定位下,B 影院获得更多的收益,预期收益为 3.82%,在类型目标定位下为 0.94%,在两种情况下为 4.51%。

表 5-9 单边目标(括号中 90% 的后可信度区间)

	公司 A 每位发送过短信的客户	公司 B 每位发送过短信的客户
统一	1.96	2.91
	(1.46, 2.52)	(2.24, 3.74)
定位	1.98	3.02
	(1.47, 2.55)	(2.34, 3.85)
类型	1.97	2.94
	(1.46, 2.53)	(2.26, 3.76)
类型与定位	2.00	3.04
	(1.48, 2.56)	(2.35, 3.88)

基于位置的精准营销研究

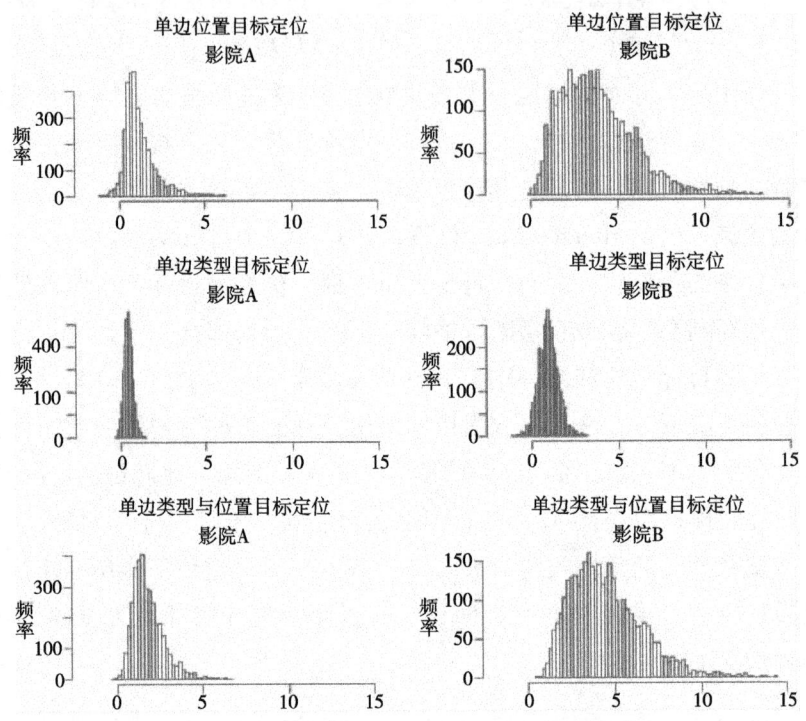

图5-14 目标定位定价和统一定价客户单边收入百分比差异的后验分布

我们在分析中加入了一个被动的竞争者，模仿了一个公司应用垄断价格歧视理论，来研究其目标激励的隐含假设。虽然我们没有在表格和展示中报告被动竞争对手的结果，但这些是可以预料的。在地理目标定位下，这两家影院的预期利润下降了1%。这些损失反映了一个事实，即目标定位公司在被动竞争对手的本地市场上大幅降价。有趣的是，被动的公司总是从单方面类型目标定位的竞争对手那里，获得一些好处。这是因为，在类型目标定位下，目标定位公司在高消费者群体中提高了价格，导致一些客户取代被动竞争对手。这种增加的收入，提高了完全被动的竞争对手的利润。

在表5-10的最后一行，我们通过允许企业在所有四个消费群体中，单方面对其进行价格歧视，来研究纯粹和定位目标的结合。

从实践者的角度来看，我们现在可以评估当我们忽略战略考虑时的目标。相对于统一定价，A影院和B影院在地理定位下分别产生1.18%和3.82%的回报。对于单边类型目标定位，A影院和B影院分别产生0.45%和0.94%的回报。当A影院和B影院在地理和类型上目标定位时，它们分别产生1.83%和4.51%的投资回报。

（4）在均衡中进行目标定位。

我们现在允许在分析目标时进行战略考虑。在每个目标场景下，两家公司都设定了价格，以满足等式6的最优条件。从关于竞争性价格歧视的理论文献中，我们已经知道，在均衡中目标的回报是不明确的。

我们首先看每个公司在每个目标场景中的最佳反应函数，如图5-15和图5-16[①]。我们可以立即看到，在地理目标定位下，我们有最好的反应不对称。每一家公司都认为自己的市场在整个支撑市场是"强大的"市场，而其竞争对手的市场则是"弱势"市场。从Corts（1998）的研究中，我们知道在这种情况下，锁定公司利润的回报是模糊的。相反，在消费者类型的目标定位下，我们有最好的反应对称。每一家公司都认为整个支撑下"高"市场是强劲的，"低"市场则表现出疲软状态。从Holmes（1989）、Corts（1998）、Armstrong和Vickers（2001）的研究中我们知道，只要竞争在"强劲"的市场中足够激烈，均衡利润就会上升。我们已经从表5-11中得知，在高市场上，价格弹性比在低市场上要大得多。事实上，在低市场上，价格弹性几乎为零，几乎不存在竞争。

在表5-10中，我们在每个目标场景下总结每个公司的均衡收入。从类型目标定位开始，两家公司的预期均衡利润，都略高于各自的单边目标定位场景[②]。对于两家公司来说，均衡和单边利润之间差异的90%的可信度区间都是严格正向的。这个结果与理论文献，在最佳反应对称性下是一致的。均衡价格水平见表5-11。在竞争相对较轻的低端市场，A影院和B影院的价格分别下降了3.6%和5.8%。相比之下，A

---

① 每个公司的最佳反应是用R的内置"optim"函数计算的。
② 用牛顿求解器在R上的非线性方程程序包"nleqsly"中，求解了在每个场景满足系统一阶条件的均衡价格。

基于位置的精准营销研究

影院和 B 影院在竞争相对激烈的高端市场中的价格，分别增长了 18.9% 和 26.0%。这一结果也在附录 B 的表 1 中得到了可视化，在低消费市场中，最佳反应函数的交集非常接近统一的价格均衡，而在高市场的最佳反应函数在两个影院的较高水平相交。图 5-17 为每个场景的目标和统一定价下的收入百分比差异的后验分配图。这两家公司都严格地从相对于统一定价的类型目标定位获利。

表 5-10 均衡目标（括号中 90% 的后可信度区间）

	公司 A 每位发送过短信的客户	公司 B 每位发送过短信的客户
统一	1.96	2.91
	(1.46, 2.52)	(2.24, 3.74)
定位	1.96	2.98
	(1.46, 2.53)	(2.3, 3.82)
类型	1.98	2.95
	(1.47, 2.54)	(2.27, 3.77)
类型与定位	1.97	2.97
	(1.47, 2.54)	(2.28, 3.8)

表 5-11 均衡价格

	市场	公司 A 价格	公司 B 价格
统一	合并	19.294	18.864
地理	A 地	19.575	10.564
	B 地	10.485	20.064
类型	高	22.948	23.786
	低	18.597	17.775
地理和类型	A 地，高	21.335	10.870
	A 地，低	19.146	10.546
	B 地，高	5.230	20.595
	B 地，低	11.874	19.322

相比之下，在地理目标定位下，两家公司的预期均衡利润都低于各自的单边目标定位。对于两家公司来说，均衡和单边利润之间差异的90%的可信度区间包括零。因此，我们不能排除均衡地理定位利润，在统计上与统一定价不可分或更差。在这种情况下，加上最佳反应不对称，理论是模糊的，且结果最终是一个经验问题。A影院和B影院，在他们的防守市场中分别仅仅提价1.5%和6.4%。相比之下，他们在进攻市场上的价格，分别降低了44%和45.7%。换句话说，每家公司都在对方的本地市场上，发起了大规模的价格攻击。虽然这不会导致全面的价格战，但它严重限制了企业在竞争环境中，从当地价格歧视中获益的程度。这一结果也在图5-15中得到了可视化，其中最佳反应函数的交集包括非常接近统一价格水平的防御价格，但是攻击价格要低得多①。从图5-16的顶部面板，我们可以看到，对于A影院来说，在地理目标定位的利润差异分布中，超过48%的后验概率质量为负值，而对B影院来说仅有超过9%为负值。

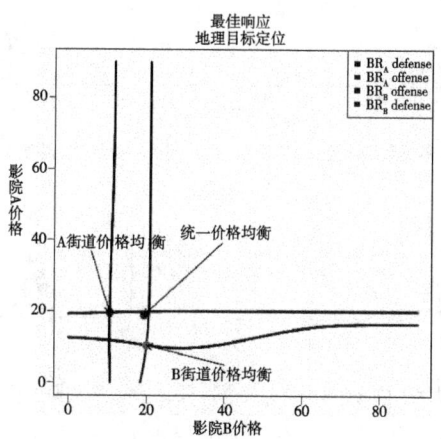

图5-15　地理定位的最佳响应函数

---

① 事实上，利润相对于统一定价并没有明显地减少，这不同于在Shaffer和Zhang (1995)中发现的囚徒困境。目前的模式有两种不同。首先，我们不认为全面覆盖意味着有一个外部的选择，可以软化较低价格的利润影响。第二，我们不允许完美的目标定位，因为公司不能根据消费者的随机效用冲击，来进行目标定位。

基于位置的精准营销研究

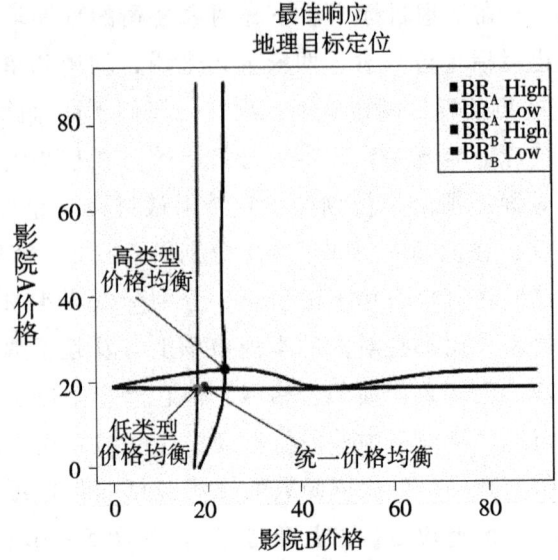

图 5-16　行为定位的最佳响应函数

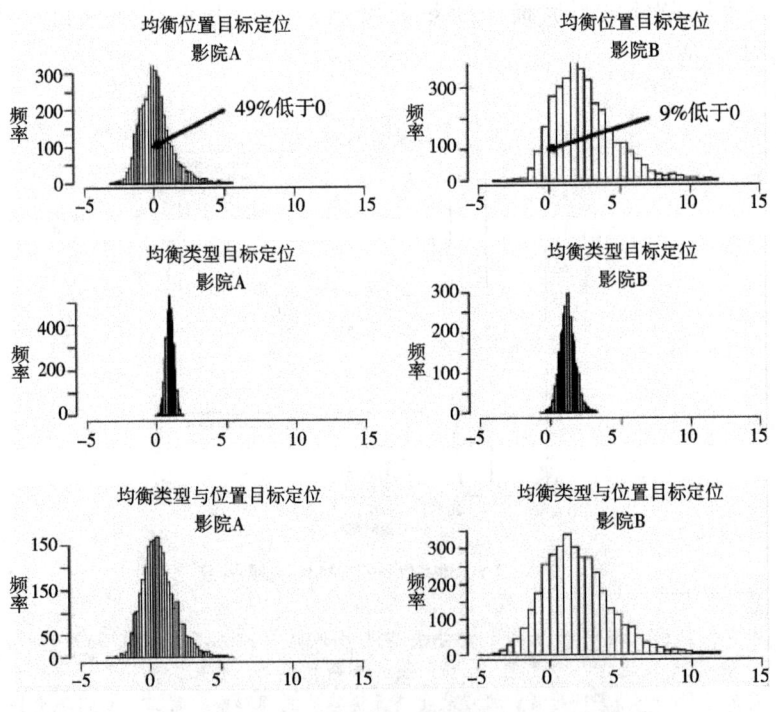

图 5-17　每个消息客户均衡收入的后验分配百分比目标 VS 统一

在表 5–12 的最后一行中，我们允许每个公司都针对类型和位置进行目标定位。与单方的情况相比，每个公司都能从更细微的价格歧视中获得明显的好处，均衡的结果是混合的。A 影院与纯粹的类型目标定位比较好。B 影院最好是纯粹的地理目标定位。此外，在这种情况下，A 影院的目标收入，在统计上与统一定价的收入是不可区分的，而 B 影院在这种情况下通过目标定位是严格大量的收入。

从实践者的角度来看，当我们解释竞争响应时，可以评估目标定位更低的回报率。相对于统一定价，A 影院和 B 影院在地理目标定位下的投资回报率，分别为 0.14% 和 2.44%。对于类型目标定位，A 影院和 B 影院的投资回报率，分别为 0.95% 和 1.18%。当 A 影院和 B 影院同时在地理和类型上进行目标定位时，它们的投资回报率分别为 0.63% 和 1.86%。因此，不同于单边的情况，我们不能再明确地断定，相比于地理目标定位类型，目标定位会产生额外的 ROI。

一个有趣的实证问题是，企业是否会内生选择价格的均衡。我们独立研究每一种形式的目标定位。考虑一个两阶段的游戏，每个公司首先提交一个定价结构（目标定位和统一），然后在第二阶段每个公司都有相应的 Bertrand – Nash 定价策略。表 5–12 设置相关的支付矩阵，两个影院之间统一 VS 目标定位 2×2 游戏。在只有一个公司目标定位的非对角单元中，我们计算了目标定位公司的价格满足方程 6 中最优条件的均衡利润，而非目标企业的价格满足方程 4 的最优性条件。在这三种情况下，目标定位是每个公司的最佳反应。因此，对于我们的经验设置，我们期望观察两家公司进行目标定位。然而，从上文可以回想起，在地理定价均衡中亏损，比在统一定价均衡中赚取更少利润的概率，对于 A 来说是 48%，对 B 来说是 9%。

表 5-12 作为战略游戏的选择（为每一位客户提供坚实的回报）

(a) 根据位置进行目标定位

		公司 B			
		统一		根据类型和位置进行目标定位	
公司 A	统一	1.96	2.91	1.94	3.04
	根据类型和位置进行目标定位	1.98	2.91	1.97	2.97

(b) 根据类型进行目标定位

		公司 B			
		统一		根据类型进行目标定位	
公司 A	统一	1.96	2.91	1.97	2.94
	根据类型进行目标定位	1.97	2.92	1.98	2.95

		公司 B			
		统一		根据类型进行目标定位	
公司 A	统一	1.96	2.91	1.94	3.01
	根据类型和定位进行目标定位	2.00	2.80	1.96	2.98

在多项 probit 需求框架中，非 IIA 偏好在我们的发现中，扮演着重要的角色。为了研究 IIA 的作用，我们重新运行均衡目标定位分析，使 $\rho = 0$，消除相关的偏好，结果见附录 B 中的表 10。最显著的区别在于，针对地理位置的定位降低了 A 的均衡利润。这是因为设置 $\rho = 0$ 降低 B 附近消费者的可置换性，A 更难挖走客户。然而，设置 $\rho = 0$ 增加 A 附近的可替换性，方便消费者被 B 挖走。因此，A 的挖客行为更加困难，同时也需要加强当地的防御定价。虽然没有报告，但当我们使用 IIA 属性的 Logit 需求系统时发现，地理目标定位 VS 统一定价的战略决策造成了一个囚徒困境，即每个企业都指向和产生低于统一定价情况下的均衡利润。回想一下，Logit 需求模型根据后缘可能性，显示出了较低的拟合。因此，在不受限制的情况下，明确地消除有不严格、多项 probit 需求的 IIA 属性，对于研究得出关于目标定位的均衡含义的结论，是很重要的。

5.2.6 研究结论

5.2.6.1 竞争加剧行为定位的回报，降低地理定位的回报

本研究通过一个移动现场实验，向用户发送提供折扣的手机短信，观察每个参与者的电影票价格、购买决定及其移动使用行为的度量，为竞争市场中目标定价的有效性提供了实证证据。运用一种独立于两家竞争公司的实际价格的新颖实验设计，在应用理论和实证工作之间架起了桥梁，提供了一些管理相关的见解和方法。特别是，当消费细分市场的结构创造出最佳反应对称，且强劲市场的竞争更加激烈时，竞争性价格目标定位可以弱化整体价格竞争，产生比在统一定价情况下更高的利润。相比之下，当消费者群体导致最佳反应不对称时，竞争性价格目标行为会使价格竞争更加激烈，产生比在统一定价情况下更低的利润。

在实践中，大多数公司在固定竞争对手行为的同时，测试目标定位策略。含蓄地说，公司正在应用价格歧视的垄断理论。然而，关于竞争性价格歧视的理论文献表明，垄断价格歧视可能为盈利提供了错误的类比。我们发现，公司在我们的移动设置中，有一个强烈的单方面的目标定价动机，并没有被竞争对手的竞争反应威胁吓倒。然而，竞争降低了目标定价的盈利能力。有趣的是，竞争提高了行为目标定位的盈利能力，在这种情况下，企业会面临对称的定价激励，从而软化价格竞争。相比之下，竞争降低了地理目标定位的盈利能力，因为企业面临着不对称的定价激励，而这加剧了价格竞争。总而言之，虽然竞争性目标定位本身不会导致利润降低，但我们确实发现，企业可能会忽视竞争反应，从而错误地估计目标定价的盈利能力。

在我们对电影院的研究中，一位经理可能会得出这样的结论：在两家公司都进行价格目标定位的竞争市场中，行为目标会比地理目标产生更大的投资回报（每家公司的回报率约为1%）。如果经理不重视竞争的话，他就会得出相反的结论。对一个单边目标定位方案（其中竞争者不会偏离其常规票房价格）的评估，将高估对地理目标定位的回报，低估对行为目标定位的回报。作为一种经验法则，竞争对手

的定价激励中对称或不对称的程度，可以为单边评价中偏向的可能方向提供指导。

5.2.6.2　优化营销策略时，评估竞争反应的调节效果的重要性和难度

我们同时操纵了两家公司的行动。在实践中，大多数公司对自己的利润有一定的了解，这取决于竞争对手当前的价格。然而，他们不太可能知道自己的最佳政策，将如何在对手的反事实价格下改变。本研究表明，当公司考虑采用新的目标定位技术，比如基于位置和行为进行目标定位时，战略考虑的重要性。我们通过使用一个结构模型，来说明这个实验没有包含每个公司的最佳反应水平。实验和模型的结合以无模型的方式，为那些可能无法测试"足够"价格点来观察最佳或平衡的实践者，提供了一个实用的解决方案。

在实践中，如果一个公司能够测试"足够"的价格点，那么均衡就会被"观察"，从而大大简化了分析，以消除需求估计和价格优化的需求。

我们的结果适用于一个静态的、同时定价的游戏。虽然最佳反应函数的部分直接来自现场实验，但我们的定价结果，仍然基于两家公司同时发挥各自的静态最佳反应的假设。我们的结果可能会在其他定价行为假设下发生变化。

然而，我们没有解决在多阶段环境中，可能出现的消费者群体定义的潜在内生性。在实践中，因为目标定位吸引更多的消费者进入影院，它内在地改变了"近因"群体的构成。在我们的应用程序中，定义"近因"是基于消费者在正常票价下对影院的访问，而不是基于有针对性的促销价格。然而，未来研究的一个有趣的方向是，探索动态如何影响均衡目标定位，以及公司是否会继续从行为目标定位中获利。此外，探索行为目标定位，是否会涉及像Shin和Sudhir（2010）设置的那样的动态环境中，为公司最强大的本地客户提供较低的价格将是很有趣的。我们还假设消费者的位置是外生的。然而，未来研究的另一个有趣的方向是，探索消费者是否会改变他们的购物行为，以回应他们在不同地点的不同程度的目标定价体验（Chen，Li和Sun，2015）。

附录 A　Probit 导数

回想一下消费者选择替代方案的期望概率是

$Pr(y=j\mid B, X, \Psi) = \Phi(\mu_{z1}^{(1)}, \mu_{z2}^{(1)}, \rho^{(1)})$

份额的导数矩阵如下：

$$\frac{\partial Prob(y=j\mid B, X, \Psi)}{\partial X^T} = \frac{\partial Prob(y=j\mid B, X, \Psi)}{\partial \mu_z^{(j)T}} \frac{\partial \mu_z^{(j)}}{\partial X^T}$$

其中

$$\frac{\partial \mu_z^{(j)}}{\partial X'} = diag(\Sigma_z^{(j)})^{-1/2} \triangle^{(j)} B$$

显而易见

$$\frac{\partial \Phi(x, y; \rho)}{\partial x} = \phi(x) \left(\frac{y - \rho x}{\sqrt{1-\rho^2}}\right)$$

因此

$$\frac{\partial Pr(y=j\mid B, X, \Psi)}{\partial \mu_{zi}^{(j)}} = \phi(\mu_{zi}^{(j)}) \Phi\left(\frac{\mu_{z(3-i)}^{(j)} - \rho \mu_{zi}^{(j)}}{\sqrt{1-\rho^2}}\right)$$

A.1　二维高斯函数的导数

$$\frac{\partial \Phi(x, y; \rho)}{\partial x} = \int_{\infty}^{y} \frac{1}{2\pi\sqrt{1-\rho^2}} exp\left(-\frac{x^2 - 2\rho xv + v^2}{1(1-\rho^2)}\right) dv$$

如果你在 $exp(\cdot)$ 方程中完成平方，你可以依赖 v 隔离元素：

$$exp\left(-\frac{x^2 - 2\rho xv + v^2}{2(1-\rho^2)}\right) = exp\left(-\frac{(v-px)^2}{2(1-\rho^2)}\right) exp\left(-\frac{x^2}{2}\right)$$

因此我们可以重写导数为

$$\frac{\partial \Phi(x, y; \rho)}{\partial x} = \phi(x) \Phi\left(\frac{y - \rho x}{\sqrt{1-\rho^2}}\right)$$

附录 B 补充数据和表格

表 1 汇总统计

细分市场	ARPU	MOU	SMS	GPRS	N
位置 A & 高	109.96	771.54	205.23	90127.72	4450
	-85.19	-720.44	-279.56	-217276	
位置 A & 低	111.02	772.97	202	85707.8	4461
	-92.06	-726.6	-224.21	-132691	
位置 B & 高	110.22	766.16	212.39	94731.77	4550
	-92.14	-709.3	-327.51	-274771.8	
位置 B & 低	112.19	774.46	206.72	90548	4539
	-87.47	-711.54	-271.03	-206697.4	
高	110.09	768.82	208.85	92455.32	9000
	-88.77	-714.82	-304.76	-248021	
低	111.61	773.72	204.38	88148.87	9000
	-89.77	-719.03	-248.93	-174008.4	
位置 A	110.49	772.26	203.61	87915.03	8911
	-88.69	-723.52	-253.37	-179981.3	
位置 B	111.2	770.31	209.56	92642.42	9089
	-89.84	-710.42	-300.64	-243174.3	
总	110.85	771.27	206.61	90302.1	18000
	-89.27	-716.93	-278.26	-24243.91	

注：ARPU = "每用户平均收益。" MOU = "每月平均使用时间," SAS = "平均每月发送的短信数量"，GPRS = "平均每月下载的千字节"。

5 移动营销策略的精准匹配

表2 移动应用随机检查

	ARPU	MOU	SMS	GPRS	组合
未调整 p < 0.05	6	0	0	0	6
调整 p < 0.05	0	0	0	0	0
比较数目	36	36	36	36	144
未调整率	17%	0%	0%	0%	4%
调整率	0%	0%	0%	0%	0%

注：使用表1中客户的历史移动使用变量，对定价处理的分配进行随机检查。未经调整的 p < 0.05，调整 p < 0.05。统计实验组间的两两比较的数量，平均移动使用有统计学差异。相应的比率将计数除以比较数。未调整的 p 值偶然地以总体预期的速率发现差异。调整后的 p 值使用 Tukey 诚实显著性差异调整，用于两两方法的多重比较，调整后的 p 值没有显著差异。

表3 位置比较

	位置 A	位置 B
购物区域（平方米）	102000	120,000
公交线路	10	10
游客（人/天）	53000	55,000
商户数	650	670
人口（1km 半径）	26367	24,233

注：商场位置统计是根据各商场的宣传资料，但人口除外。

密歇根大学安娜堡分校（University of Michigan Ann Arbor）的一个研究中心，提供的2010年人口普查的GIS数据，估计了附近的人口（1公里以内）。

表4 进攻性促销的总购买率

防御折扣		进攻折扣					
		A 0%	B 40%	C 60%	D (B)−(A)	E (C)−(A)	F (C)−(B)
1	0%	0.0000	0.0035**	0.0280**	0.0035**	0.0280**	0.0245**
		(0.0000)	(0.0013)	(0.0037)	(0.0013)	(0.0037)	(0.0039)

基于位置的精准营销研究

续表

防御折扣		进攻折扣					
		A 0%	B 40%	C 60%	D (B)-(A)	E (C)-(A)	F (C)-(B)
2	20%	0.0000	0.0040**	0.0110**	0.0040**	0.0110**	0.0070*
		(0.0000)	(0.0014)	(0.0023)	(0.0014)	(0.0023)	(0.0027)
3	40%	0.0000	0.0025*	0.0065**	0.0025*	0.0065**	0.0040
		(0.0000)	(0.0011)	(0.0018)	(0.0011)	(0.0018)	(0.0021)
4	(2)-(1)	0.0000	0.0005	-0.0170**	0.0005	-0.0170**	-0.0175**
		(0.0000)	(0.0019)	(0.0044)	(0.0019)	(0.0044)	(0.0048)
5	(3)-(1)	0.0000	-0.0010	-0.0215**	-0.0010	-0.0215**	-0.0205**
		(0.0000)	(0.0017)	(0.0041)	(0.0017)	(0.0041)	(0.0045)
6	(3)-(2)	0.0000	-0.0015	-0.0045	-0.0015	-0.0045	-0.0030
		(0.0000)	(0.0018)	(0.0029)	(0.0018)	(0.0029)	(0.0035)

**$p<0.01$, *$p<0.05$, $p<0.10$，括号中是标准差。

注：用常规法向近似计算的比例差异和所有 p 值的标准误差。

由于近似值在很小的比例下表现得很差，我们还使用了几种替代方法进行测试，包括线性回归（常规的和鲁棒的标准错误）、非参数引导和置换测试，所有这些方法都获得了类似的结果（可根据需要从作者处获得）。

每个组的样本量为 2000（N = 18000）。

表5　防御性促销的总购买率

防御折扣		进攻折扣					
		A 0%	B 40%	C 60%	D (B)-(A)	E (C)-(A)	F (C)-(B)
1	0%	0.0050**	0.0040**	0.0000	-0.0010	-0.0050**	-0.0040**
		(0.0016)	(0.0014)	(0.0000)	(0.0021)	(0.0016)	(0.0014)
2	20%	0.0000	0.0205**	0.0190**	-0.0020	-0.0035	-0.0015
		(0.0033)	(0.0032)	(0.0031)	(0.0046)	(0.0045)	(0.0044)

5 移动营销策略的精准匹配

续表

防御折扣		进攻折扣					
		A 0%	B 40%	C 60%	D (B)-(A)	E (C)-(A)	F (C)-(B)
3	40%	0.0520**	0.0505**	0.0475**	-0.0015	-0.0045	-0.0030
		(0.0050)	(0.0049)	(0.0048)	(0.0070)	(0.0069)	(0.0068)
4	(2)-(1)	0.0175**	0.0165**	0.0190**	-0.0010	0.0015	0.0025
		(0.0037)	(0.0035)	(0.0031)	(0.0051)	(0.0048)	(0.0046)
5	(3)-(1)	0.0470**	0.0465**	0.0475**	-0.0005	0.0005	0.0010
		(0.0052)	(0.0051)	(0.0048)	(0.0073)	(0.0071)	(0.0070)
6	(3)-(2)	0.0295**	0.0300**	0.0285**	0.0005	-0.0010	-0.0015
		(0.0060)	(0.0058)	(0.0057)	(0.0083)	(0.0082)	(0.0081)

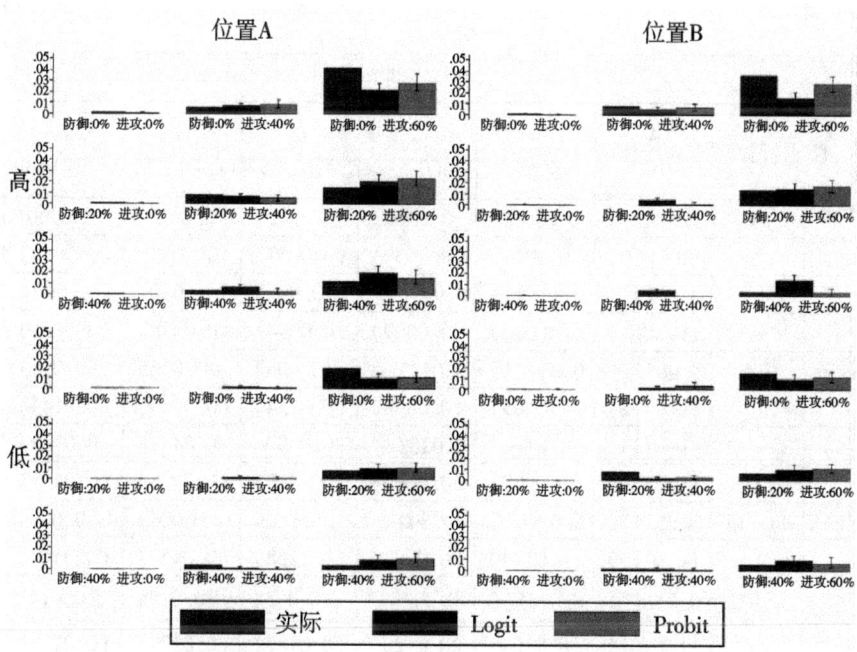

图1 进攻性的购买率 VS. Logit 和 Probit 预测的购买率

基于位置的精准营销研究

表6 位置A高类型的购买率

防御折扣		进攻折扣					
		A 0%	B 40%	C 60%	D (B)-(A)	E (C)-(A)	F (C)-(B)
1	0%	0.0000	0.0060	0.0419**	0.0060	0.0419**	0.0360**
		(0.0000)	(0.0034)	(0.0092)	(0.0034)	(0.0092)	(0.0098)
2	20%	0.0000	0.0084*	0.0156**	0.0084*	0.0156**	0.0072
		(0.0000)	(0.0042)	(0.0055)	(0.0042)	(0.0055)	(0.0069)
3	40%	0.0000	0.0040	0.0123*	0.0040	0.0123*	0.0083
		(0.0000)	(0.0028)	(0.0050)	(0.0028)	(0.0050)	(0.0057)
4	(2)-(1)	0.0000	0.0024	-0.0263*	0.0024	-0.0263*	-0.0288*
		(0.0000)	(0.0054)	(0.0107)	(0.0054)	(0.0107)	(0.0120)
5	(3)-(1)	0.0000	-0.0020	-0.0296**	-0.0020	-0.0296**	-0.0276*
		(0.0000)	(0.0044)	(0.0104)	(0.0044)	(0.0104)	(0.0113)
6	(3)-(2)	0.0000	-0.0044	-0.0033	-0.0044	-0.0033	0.0011
		(0.0000)	(0.0050)	(0.0074)	(0.0050)	(0.0074)	(0.0090)

防御响应

防御折扣		进攻折扣					
		A 0%	B 40%	C 60%	D (B)-(A)	E (C)-(A)	F (C)-(B)
1	0%	0.0123*	0.0100*	0.0000	-0.0023	-0.0123*	-0.0100*
		(0.0050)	(0.0044)	(0.0000)	(0.0067)	(0.0050)	(0.0044)
2	20%	0.0233**	0.0210**	0.0253**	-0.0023	0.0020	0.0043
		(0.0067)	(0.0066)	(0.0069)	(0.0094)	(0.0096)	(0.0096)
3	40%	0.0657**	0.0595**	0.0492**	-0.0062	-0.0165	-0.0103
		(0.0112)	(0.0105)	(0.0098)	(0.0154)	(0.0149)	(0.0144)
4	(2)-(1)	0.0111	0.0110	0.0253**	0.0000	0.0143	0.0143
		(0.0083)	(0.0079)	(0.0069)	(0.0115)	(0.0108)	(0.0105)
5	(3)-(1)	0.0534**	0.0496**	0.0492**	-0.0039	-0.0043	-0.0004
		(0.0123)	(0.0114)	(0.0098)	(0.0168)	(0.0157)	(0.0151)
6	(3)-(2)	0.0424**	0.0385**	0.0238*	-0.0038	-0.0185	-0.0147
		(0.0131)	(0.0124)	(0.0120)	(0.0180)	(0.0177)	(0.0173)

5 移动营销策略的精准匹配

表7 位置A低类型的购买率

进攻响应						
		进攻折扣				
防御折扣		A 0%	B 40%	C 60%	D (B)-(A)	E (C)-(A)	F (C)-(B)
1	0%	0.0000	0.0000	0.0185**	0.0000	0.0185**	0.0185**
		(0.0000)	(0.0000)	(0.0061)	(0.0000)	(0.0061)	(0.0061)
2	20%	0.0000	0.0000	0.0078*	0.0000	0.0078*	0.0078*
		(0.0000)	(0.0000)	(0.0039)	(0.0000)	(0.0039)	(0.0039)
3	40%	0.0000	0.0039	0.0041	0.0039	0.0041	0.0002
		(0.0000)	(0.0027)	(0.0029)	(0.0027)	(0.0029)	(0.0040)
4	(2)-(1)	0.0000	0.0000	-0.0107	0.0000	-0.0107	-0.0107
		(0.0000)	(0.0000)	(0.0072)	(0.0000)	(0.0072)	(0.0072)
5	(3)-(1)	0.0000	0.0039	-0.0144*	0.0039	-0.0144*	-0.0182*
		(0.0000)	(0.0027)	(0.0068)	(0.0027)	(0.0068)	(0.0073)
6	(3)-(2)	0.0000	0.0039	-0.0037	0.0039	-0.0037	-0.0075
		(0.0000)	(0.0027)	(0.0048)	(0.0027)	(0.0048)	(0.0056)
进攻响应						
		进攻折扣				
防御折扣		A 0%	B 40%	C 60%	D (B)-(A)	E (C)-(A)	F (C)-(B)
1	0%	0.0000	0.0000	0.0000	0.0000	0.0000	0.0000
		(0.0000)	(0.0000)	(0.0000)	(0.0000)	(0.0000)	(0.0000)
2	20%	0.0079*	0.0170**	0.0117*	0.0091	0.0037	-0.0053
		(0.0039)	(0.0060)	(0.0047)	(0.0071)	(0.0062)	(0.0076)
3	40%	0.0418**	0.0388**	0.0432**	-0.0030	0.0014	0.0044
		(0.0092)	(0.0085)	(0.0092)	(0.0125)	(0.0130)	(0.0126)
4	(2)-(1)	0.0079*	0.0170**	0.0117*	0.0091	0.0037	-0.0053
		(0.0039)	(0.0060)	(0.0047)	(0.0071)	(0.0062)	(0.0076)
5	(3)-(1)	0.0418**	0.0388**	0.0432**	-0.0030	0.0014	0.0044
		(0.0092)	(0.0085)	(0.0092)	(0.0125)	(0.0130)	(0.0126)
6	(3)-(2)	0.0339**	0.0219*	0.0316**	-0.0121	-0.0024	0.0097
		(0.0100)	(0.0104)	(0.0104)	(0.0144)	(0.0144)	(0.0147)

表8 位置B高类型的购买率

防御折扣	进攻响应 进攻折扣 A 0%	B 40%	C 60%	D (B)-(A)	E (C)-(A)	F (C)-(B)
1 0%	0.0000	0.0080*	0.0363**	0.0080*	0.0363**	0.0283**
	(0.0000)	(0.0040)	(0.0082)	(0.0040)	(0.0082)	(0.0091)
2 20%	0.0000	0.0000	0.0144**	0.0000	0.0144**	0.0144**
	(0.0000)	(0.0000)	(0.0054)	(0.0000)	(0.0054)	(0.0054)
3 40%	0.0000	0.0000	0.0039	0.0000	0.0039	0.0039
	(0.0000)	(0.0000)	(0.0028)	(0.0000)	(0.0028)	(0.0028)
4 (2)-(1)	0.0000	-0.0080*	-0.0220*	-0.0080*	-0.0220*	-0.0139
	(0.0000)	(0.0040)	(0.0098)	(0.0040)	(0.0098)	(0.0106)
5 (3)-(1)	0.0000	-0.0080*	-0.0324**	-0.0080*	-0.0324**	-0.0244*
	(0.0000)	(0.0040)	(0.0086)	(0.0040)	(0.0086)	(0.0095)
6 (3)-(2)	0.0000	0.0000	-0.0105†	0.0000	-0.0105†	-0.0105†
	(0.0000)	(0.0000)	(0.0061)	(0.0000)	(0.0061)	(0.0061)

防御折扣	进攻响应 进攻折扣 A 0%	B 40%	C 60%	D (B)-(A)	E (C)-(A)	F (C)-(B)
1 0%	0.0078*	0.0060†	0.0000	-0.0018	-0.0078*	-0.0060†
	(0.0039)	(0.0035)	(0.0000)	(0.0052)	(0.0039)	(0.0035)
2 20%	0.0370**	0.0344**	0.0287**	-0.0027	-0.0083	-0.0056
	(0.0086)	(0.0080)	(0.0076)	(0.0117)	(0.0114)	(0.0110)
3 40%	0.0585**	0.0605**	0.0605**	0.0020	0.0021	0.0001
	(0.0104)	(0.0107)	(0.0105)	(0.0149)	(0.0148)	(0.0150)
4 (2)-(1)	0.0292**	0.0283**	0.0287**	-0.0009	-0.0005	0.0004
	(0.0094)	(0.0087)	(0.0076)	(0.0128)	(0.0121)	(0.0115)
5 (3)-(1)	0.0507**	0.0545**	0.0605**	0.0038	0.0099	0.0061
	(0.0111)	(0.0113)	(0.0105)	(0.0158)	(0.0153)	(0.0154)
6 (3)-(2)	0.0214	0.0261†	0.0318*	0.0047	0.0104	0.0057
	(0.0134)	(0.0133)	(0.0130)	(0.0189)	(0.0187)	(0.0186)

5 移动营销策略的精准匹配

表9 位置B低类型的购买率

进攻响应							
				进攻折扣			
防御折扣		A 0%	B 40%	C 60%	D (B)-(A)	E (C)-(A)	F (C)-(B)
1	0%	0.0000	0.0000	0.0156**	0.0000	0.0156**	0.0156**
		(0.0000)	(0.0000)	(0.0055)	(0.0000)	(0.0055)	(0.0055)
2	20%	0.0000	0.0076*	0.0062†	0.0076*	0.0062†	-0.0014
		(0.0000)	(0.0038)	(0.0036)	(0.0038)	(0.0036)	(0.0052)
3	40%	0.0000	0.0021	0.0058†	0.0021	0.0058†	0.0038
		(0.0000)	(0.0021)	(0.0034)	(0.0021)	(0.0034)	(0.0039)
4	(2)-(1)	0.0000	0.0076*	-0.0094	0.0076*	-0.0094	-0.0170*
		(0.0000)	(0.0038)	(0.0065)	(0.0038)	(0.0065)	(0.0075)
5	(3)-(1)	0.0000	0.0021	-0.0098	0.0021	-0.0098	-0.0118†
		(0.0000)	(0.0021)	(0.0064)	(0.0021)	(0.0064)	(0.0067)
6	(3)-(2)	0.0000	-0.0055	-0.0003	-0.0055	-0.0003	0.0052
		(0.0000)	(0.0043)	(0.0049)	(0.0043)	(0.0049)	(0.0065)

防御响应							
				进攻折扣			
防御折扣		A 0%	B 40%	C 60%	D (B)-(A)	E (C)-(A)	F (C)-(B)
1	0%	0.0000	0.0000	0.0000	0.0000	0.0000	0.0000
		(0.0000)	(0.0000)	(0.0000)	(0.0000)	(0.0000)	(0.0000)
2	20%	0.0223**	0.0095*	0.0103*	-0.0128	-0.0120	0.0009
		(0.0066)	(0.0042)	(0.0046)	(0.0079)	(0.0081)	(0.0062)
3	40%	0.0421**	0.0433**	0.0370**	0.0012	-0.0052	-0.0063
		(0.0088)	(0.0092)	(0.0083)	(0.0128)	(0.0121)	(0.0124)
4	(2)-(1)	0.0223**	0.0095*	0.0103*	-0.0128	-0.0120	0.0009
		(0.0066)	(0.0042)	(0.0046)	(0.0079)	(0.0081)	(0.0062)
5	(3)-(1)	0.0421**	0.0433**	0.0370**	0.0012	-0.0052	-0.0063
		(0.0088)	(0.0092)	(0.0083)	(0.0128)	(0.0121)	(0.0124)
6	(3)-(2)	0.0199†	0.0338**	0.0267**	0.0140	0.0068	-0.0072
		(0.0110)	(0.0102)	(0.0095)	(0.0150)	(0.0145)	(0.0139)

基于位置的精准营销研究

表 10 ρ－0 时的均衡目标定位

	公司 A 每位发送过短信的客户利润	公司 B 每位发送过短信的客户利润
统一	2.22	2.93
位置	2.19	3.00
类型	2.23	2.96
类型和位置	2.20	3.03

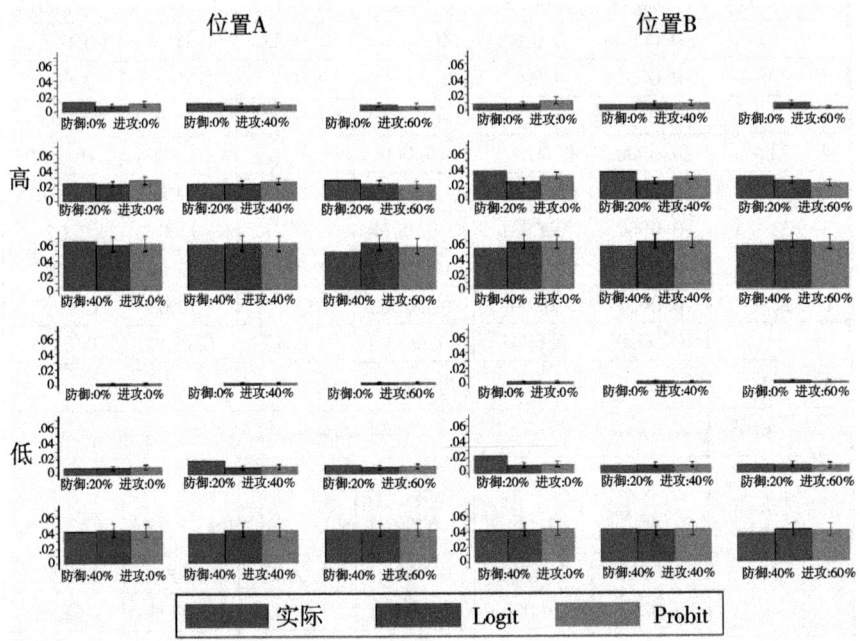

图 2 防御性的购买率 VS. Logit 和 Probit 预测的购买率

附录 C 购买调查问卷

表 1 实时购买调查问卷

维度	调查问卷	参考文献
位置一致性	收到 SMS 促销时，你距离电影院很近	Banerjee 和 Dholakia（2008），Cronin 等（2000）
	收到 SMS 促销时，你的位置有利于想看的电影	
时间一致性	收到 SMS 促销时，正好是你想看电影的时间	Merisavo 等（2006），Cronin 等（2000）
	收到 SMS 促销时，如果你想看电影，不早也不晚	
控制		
促销信息	SMS 促销提供相关的电影信息	Xu 等（2009）Lichtenstein 等（1997）
隐私侵犯	SMS 电影促销是侵犯性的	Luo 等（2014）
消费者对电影的兴趣	收到 SMS 促销时，你已计划看该电影	Xu 等（2009）
可选择的购买渠道	除了 SMS 促销中的购买链接之外，你还有其他电商渠道购买电影票	Lichtenstein 等（1997）
手机购买渠道的易用性	购买时，手机购物和支付渠道容易使用	Komiak 和 Benbasat（2006）
价格意识	购物时你通常对价格敏感	Luo 等（2014）
折扣倾向	你更倾向于购买有折扣的产品	Lichtenstein 等（1997）

基于位置的精准营销研究

表2 延后购买调查问卷

维度	调查问卷	参考文献
位置一致性	收到SMS促销时，你距离电影院很近	Banerjee 和 Dholakia (2008)，Cronin 等 (2000)
	收到SMS促销时，你的位置有利于想看的电影	
时间一致性	收到SMS促销时，正好是你想看电影的时间	Merisavo 等 (2006)，Cronin 等 (2000)
	收到SMS促销时，如果你想看电影，不早也不晚	
计划行为：需求认知阶段	收到SMS促销，激起了你将来看该电影的需求	Soroa–Koury 和 Yang (2010)，Kotler (2002)
计划行为：信息搜受阶段	SMS促销有助于你将来打算看该电影时，搜索更多相关信息	Goh 等 (2009)，Kotlter (2002)
计划行为：产品评估阶段	为评估将来是否会看该电影，你会将SMS促销转发给朋友和家人	Soroa–Koury 和 Yang (2010)，Kotler (2002)
	一旦保存下来，SMS促销有助于你将来评估是否看该电影	
计划行为：购买决策阶段	将来购买时，容易检索已保存的SMS促销	Soroa–Koury 和 Yang (2010)，Kotler (2002)
控制		
促销信息	SMS促销提供相关的电影信息	Xu 等 (2009) Lichtenstein 等 (1997)
隐私侵犯	SMS电影促销是侵犯性的	Luo 等 (2014)
消费者对电影的兴趣	收到SMS促销时，你已计划看该电影	Xu 等 (2009)
可选择的购买渠道	除了SMS促销中的购买链接之外，你还有其他电商渠道购买电影票	Lichtenstein 等 (1997)
手机购买渠道的易用性	购买时，手机购物和支付渠道容易使用	Komiak 和 Benbasat (2006)
价格意识	购物时你通常对价格敏感	Luo 等 (2014)
折扣倾向	你更倾向于购买有折扣的产品	Lichtenstein 等 (1997)

5.3 地理征服：移动促销的竞争性区位定位

本节阐述了竞争区位定位的有效性和靠近竞争对手位置的促销实例。实验表明，竞争区位定位可以利用焦点零售商，没有捕捉到的增加需求。竞争区位定位产生收益递增的促销折扣深度，而针对焦点位置产生折扣收益递减，表明饱和效应和利润的蚕食。因此，营销人员可以使用竞争区位定位获得销售增量而不蚕食利润。

5.3.1 研究问题——竞争性区位定位对移动促销效果的影响

随着消费者在他们的移动设备上花费的时间越来越多，营销人员也逐渐变得能实时地根据消费者的位置确定目标客户。移动促销现在可以在它们最容易被接受的时间和地点争取消费者。零售商有明确的理由考虑在其附近的位置进行促销，因为消费者参与促销的出行成本较低。最近的移动营销研究，对焦点位置目标定位的有效性进行了评价。例如，用户更有可能在搜索结果中，点击当前位置附近的地方（Ghose，Goldfarb 和 Han，2013）。靠近焦点零售商也会影响消费者对促销活动的响应（Luo 等，2014）。甚至购物中心之内，距离也被证明会影响响应（Danaher 等，2015）。在这些先前的研究中，消费者的响应能力随着与焦点零售商的距离的增加而下降。

然而移动技术不再受地理位置的限制，它使线下零售商能够在任何地方，包括竞争对手家门口保持存在。在从业人员眼里，区位定位某些指定区域内（通常是在公司附近的位置）的客户，被称为"地理栅栏。"当定位至竞争对手的位置，这种策略被称为"地理征服。"竞争性区位定位具有直观的吸引力，消费者靠近竞争对手的位置，表明他们对某个产品或服务类别有潜在的兴趣。然而，在缺乏强有力的市场干预的情况下，位置转换成本对竞争对手非常有利。营销人员能够接触到竞争对手附近的个人消费者，这表明，营销人员可以利用促销手段，来吸引那些原本不会从焦点零售商那里购买产品的消费者。竞争性的区位定位可以产生额外的销售量，如果仅仅使用焦点目标定位，就失去了机会。从业者声称竞争区位定位比焦点区位定位有更高的响应率，但还强调了要验证这些方法的愿望（Walsh，2013），先前的研究并没有充分量化竞争性区位定位的有效性。因此，我们的研究问题是，确定竞争性区位定位对移动促销效果的影响，提供关于如何使用竞争性区位定位的更清楚的解释。

最近的移动营销研究通过评估焦点定位目标的有效性来探讨这个话题。例如，客户更有可能在搜索结果中点击那些当前位置附近的地方的搜索结果（Ghose，Goldfarb 和 Han，2013）。接近焦点零售商也受促销优惠的影响（Luo 等，2014）。即使在一个购物中心的范围内，距离也会影响零售商（Danaher 等，2015）。这些以往的研究结论表示，客户的反应随距离焦点零售商位置的增加而下降。然而，区位响应接近一个零售商的商店的移动促销活动，仅仅是一个缺乏远见的结论。竞争区位定位可以产生额外的销售增量，如果使用焦点目标，将错失良机。

有竞争力的、有针对性的促销活动的经验证据，是令人惊讶的。对超边际销售利润的竞争，早已被公认为促销折扣的隐性成本（Bawa 和 Shoemaker，1989），但没有研究比较边缘，所以从焦点与竞争目标的折扣导致利润分流。本研究尝试通过区位定位和折扣深度之间的相互作用，来解决这个问题。

5.3.2 理论基础

5.3.2.1 竞争性促销

许多研究关注当竞争公司在囚徒困境中侵蚀利润时的情形，其中如果竞争对手能够避免挖走彼此的客户，他们的境况将会更好（Shaffer 和 Zhang，1995）。此时，如果一个公司的强势部分是另一个公司的薄弱部分，那么价格竞争会加剧（Corts，1998），这是在空间竞争下自然产生的。信息优势可以理解为位置信息，也可以影响卖家是否向自己的客户或竞争对手的客户提供折扣的决策（Shin 和 Sudhir，2010）。

相应的实证文献，提供的对竞争促销活动有效性的证据有限。Bawa 和 Shoemaker（1987）使用一个直接邮件优惠券的研究，表明一个品牌的最近的买家响应较高，使用准实验设计重新分析数据，他们推断出买家和非买家销售增量大致相等。（Bawa 和 Shoemaker，1989）。Zhang 和 Wedel（2009）发现与忠诚度提升相比，竞争性促销在线下更有效，而忠诚度促销则更有利润。Besanko、Dubé 和 Gupta（2003）通过实验证明了囚犯的两难困境，并没有出现在经验的校准模型的竞争中，从而架起了经验主义和理论文献的桥梁。

值得注意的是，过去的实证研究并没有关注竞争性目标的因果效应。尽管如此，那些实证也没有研究竞争性促销的反应，如何随着折扣深度的不同而变化。通过实验改变折扣深度，我们评估了同类竞争是如何激励目标客户和焦点位置附近的客户提供不同的价格。此外，在之前的研究中使用的目标程序需要个人客户历史（例如，通过忠诚卡程序）和个人的可寻址能力（例如，邮寄地址或销售点优惠券系统）。定位目标不需要客户过去行为的信息，这可能使它易于进行客户的获取。

5.3.2.2 实时营销

近年来，随着消费者对移动设备的使用和接受度的提高，移动营销的使用有所增加。美国成年人每天花一个多小时在手机上进行非语音活动（eMarketer，2013）。此外，47%的受访者会提供他们的位置以获得相关的优惠或折扣，57%的受访者相信短消息服务（SMS）或推送通知传达最有说服力的促销（Mblox，2013）。

评论者们早就有预测，并在合适的时间和地点采取正确的行动，找出移动营销成功的关键（Kenny 和 Marshall，2000）。学术研究最近才开始显示，消费者的实时环境对移动营销的有效性，例如，促销反应是在拥挤的交通环境下发生的（Andrews 等，2015）。我们的研究表明，竞争位置的距离是移动营销环境的一个重要方面。在竞争激烈的地点附近，需求的增加可能会使一些成熟的促销渠道受益；然而，移动营销的独特特点使其有别于现有的渠道。可用于目标竞争对手的物理位置、传单、户外广告等，移动促销不会突兀，因为移动设备通知很容易检查，且一眼就被忽略掉。此外，移动促销是私人的，这使得竞争对手更难进行监控和后续侵扰行为。客户的个性化可寻址性允许无法共享的，可进行更好试验和测量的促销活动，因为线下营销人员能够从直接营销中调整测试策略。

使用移动技术的目标定位结合了在线营销和传统直销的优势，并在重要方面与二者有所区分。营销人员实际实现竞争力的区位定位的能力来自提供无处不在的组合功能，如实时移动平台。

5.3.3 研究内容——竞争性区位定位的有效性

一般焦点零售商的自然方法，是将目标客户定位在离自己的位置很近的地方。然而，聚焦（自己的）目标定位可能会蚕食超边际销售的利润。在正确的地点和时间到达的客户，应该在给定的折扣深度得到更高的促销响应。竞争性的定位目标可以带来更多的机会。

为了确定区位目标定位的效果，通过与移动服务提供商的合作，我们进行了随机的现场实验。首先，我们从几个地方对客户进行了抽样调查，将促销信息分别发送给位于焦点零售商自己的位置、竞争对手的位置和基准位置附近的移动用户。这三个地点是行车状况相似的户外购物区域。焦点零售商是一个在指定焦点位置的主流电影院，竞争电影院位于竞争地点。第三个地点是没有电影院的购物区，与其他两个地点的距离相等，它作为准实验控制，称为"基准位置"。这使我们能够评估相对于基准位置，分别将目标定位于零售商自己的位置和竞争性位置的有效性。我们随机分配促销活动的折扣深度，以便估计客户对每个地点的促销价格的敏感性。最后，我们随机地改变了促销的时间安排，一半的时间是实时的，另一半是一周后。时间操纵提供了衡量每个地点的基准购买率的指标。

我们希望能够证明竞争性区位定位的有效性。具体而言，同样的折扣深度下，相对于在另一个时间（一周后）或地点（基准位置）的反事实场景，在竞争对手附近收到促销信息的客户应该有更高的响应。另外，我们也期望找到当目标定位于公司自己的位置时，区位定位的影响。通过额外减少选择性偏差的措施，这将加强其他移动研究的结果（Danaher 等，2015；Ghose，Goldfarb 和 Han，2013；Luo 等，2014）。并且，我们将焦点位置、竞争位置和基准位置的消费者对促销的反应进行了比较，预计对促销反应最高的消费者应该是在焦点位置的，其次是竞争位置，最低是基准位置（由于对其他地方的兴趣增加）。即使在竞争位置消费者对于产品的兴趣，可能和在焦点位置一样高，但如果客户在实时促销中采取行动，他们就会产生位置转换成本，而该成本可能会被折扣深度的增加抵消。这为竞争性定位效果提供了一个保守的测试。

5.3.4 研究设计

5.3.4.1 实证设置

我们进行了一次大规模的随机现场试验，主要针对无线服务提供商（其希望保持匿名）。随机分配的独立变量使我们能够估计因果效应来测试我们的假设。观测数据显示，营销人员的蓄意针对可以引入选择偏见，掩盖其他促销反应的差异。一个实验也提供了机会来证明营销人员可能产生变异，如我们广泛使用的深度折扣。现场设置对于外部有效性至关重要，因为目标定位依赖于真实的情景。鉴于我们的预期效果大小和实验的多变量设计，需要进行大规模的实验。

参加测试促销活动的零售商是一家电影院，促销活动只针对打折的通用入场券，该券仅在当天有效。我们选择了类别为高预期的反应，因为企业合作伙伴已发现，在这个市场上的客户对移动促销敏感。因为电影放映是在网站上被消耗的，提供的时间和收件人的位置都应该影响响应。双方的焦点和竞争位置，安置于主流影院中且主要集中在位置上。

5.3.4.2 实验设计

手机用户通过短信即时购买特价商品，可享受优惠。商品为只在促销当天有效的通用电影入场券，强调紧迫性，这已经被证明会影响移动促销的响应能力（Danaher 等，2015）。接收者的选择用时 1 小时，时间是周六上午 11：00 至 12：00 之间。实验采用三因素设计［3（地点）×3（折扣深度）×2（时间条件）］。

在实验时，促销短信被推送到距离三个地点 200 米以内的消费者的手机上：焦点影院、竞争影院和基准地点。这三个地点都位于亚洲一个大城市的二环路上。焦点影院和竞争影院之间的距离是 2.4 英里（4 千米），基准位置大约在两者中间。

在每个地点，我们都提供不同深度的打折促销。低、中、高折扣条件，分别对应折扣为 20%、40%、60%，折扣随机分配，每类折扣的接收者数为总样本的三分之一。我们通过咨询公司合作伙伴，选择了这些折扣深度，它的经验来源于曾经运行过的类似促销活动。中等和高折扣的深度，被视为足以产生大量的采购。对 20% 折扣的回应将表明，一些买家可能在没有促销的情况下购买。短信上写着："买券一般进入任何今天的 2D 影片（焦点剧院）低（20%、40%、60%）折扣。如想以 20%、40%、60% 折扣购买'焦点电影院'今日放映的任何 2D 电影的通用入场券，请点击此链接。"理想情况下，我们观察的位置影响相同的客户，但是位置不能通过实验控制。它是重要的变量条件，所以我们除了选择电影院存在的差异，还让一些针对性的位置保持相似。每个实验位置包括一个大型、高流量的户外购物区，还有一个中央构建，包含许多小型供应商的区域焦点和竞争位置在内的较大的商人区和单独的房子，电影院占据自己独特的地区，而基准位置没有电影院（详细比较的位置和附近的人口结构特点，见表 5-13）。我们还可以通过位置比较客户的手机使用行为，没有发现显著差异（见表 5-14）。最后，我们比较了每一个影院上映的电影名称，发现高度重叠（见表 5-15）。

表 5-13　目标定位位置的比较

	位置		
	焦点	竞争者	基准
Panel A：目标定位购物中心			
购物区域（平方米）	120000	102000	92000
公交线路	10	10	8
游客（人/天）	55000	53000	60000
商家数量	670	650	740
电影院	Yes	Yes	No
Panel B：人口统计特征（1公里半径）	计数　人口占比	计数　人口占比	计数　人口占比
男性总数	12927　53%	13382　51%	58987　51%
女性总数	11306　47%	12985　49%	55749　49%
年龄 0-14	2041　8%	2251　9%	11254　10%
年龄 15-64	19805　82%	21752　82%	93380　81%
年龄 65 及以上	2385　10%	2363　9%	10101　9%
家庭户数	7433	8878	36584
家庭人口数	19701　81%	22,644　86%	94822　83%
总人口数	24233	26367	114736
Panel C：目标定位购物中心客户平均移动使用			
每月账单	16.2	16.5	16.7
语音使用	742.4	752.0	745.2
SMS 使用	134.3	136.2	133.8
数据使用	77377.4	77007.7	74443.9

注：Panel A 的来源是购物中心用以吸引商家的开发宣传材料。Panel B 的来源是 2010 年的人口普查，根据密歇根大学安娜堡分校的研究中心的报告。Panel C 的来源是与我们合作的无线供应商提供的实验样品。Panel C 中，每个位置 N = 6000，其中每月账单、语音使用、SMS 使用、数据使用的单位分别为美元、分钟、消息数和千字节。

基于位置的精准营销研究

表5-14 在取样位置对客户差异的检查

变量	比较		
	焦点 - 竞争	焦点 - 基准	竞争 - 基准
每月账单	-0.019 (0.018)	-0.037* (0.018)	-0.018 (0.018)
语音使用	-0.013 (0.018)	-0.004 (0.018)	0.010 (0.018)
SMS 使用	-0.011 (0.019)	0.003 (0.018)	0.015 (0.018)
数据使用	0.0 02 (0.020)	0.0 14 (0.019)	0.0 12 (0.016)

**p < 0.01, *p < 0.05, †p < 0.10, 括号中是标准误差。

注：测试是为了区分不同地点的客户之间的差异，在标准的移动使用测量值中。每次比较中 N = 12000。

表5-15 上映电影名称

英文名称	上映第1周 焦点	上映第1周 竞争	上映第2周 焦点	上映第2周 竞争	原产国	发行后天数 第1周	发行后天数 第2周	最终票房 (USD, 000s)
Need for Speed	1	1	1	1	U.S.	1	8	67154.5
Homefront	1	1	1	1	U.S.	1	8	5056.9
RoboCop	1	1	1	1	U.S.	15	22	51544.7
The Hobbit: The Desolation of Smaug	1	0	1	0	U.S.	22	29	75609.8
Free Birds	1	1	1	1	U.S.	8	15	8105.7
Malavita	1	1	1	1	U.S./France	8	15	8699.2
The Extreme Fox	1	1	1	1	China	1	8	682.9
Frozen	1	1	1	1	U.S.	38	45	48455.3
The Old Cinderella	1	1	1	1	China	8	15	8471.5
Sweet Alibis	1	1	1	1	China (Taiwan)	8	15	5813.0

续表

英文名称	上映第1周 焦点	上映第1周 竞争	上映第2周 焦点	上映第2周 竞争	原产国	发行后天数 第1周	发行后天数 第2周	最终票房 (USD, 000s)
Lock Me Up, Tie Him Down	1	1	1	0	China	11	18	4772.4
You Are The One	1	1	0	0	China	8	15	0.37
Black Coal, Thin Ice	-	-	1	1	China	-	1	16748.0
Fighting	-	-	1	1	China	-	1	11902.4
Last Flight	-	-	1	1	U.S./China	-	1	5479.7
Snowpiercer	-	-	1	1	U.S./Korea	-	5	11414.6
Horse Trader	-	-	1	1	China	-	1	10078.0
The Police Diary	-	-	1	1	China	-	1	265.0
Makeup Artist	-	-	1	1	China	-	2	582.1
总计:	12	11	18	16				
	第一周 Match% 92%		第二周 Match% 89%					

注：最终票房数字的来源是58921.com，这些数字都在Box Office Mojo（标题）的2%以内。

消费者从不同的位置也会有不同的稳定偏好电影或电影院，尽管这不会使区位定位无效，消费者有不同的稳定偏好，大概可以有针对性地通过其他渠道（取决于可用性的数据）。作为一个额外的措施，区分移动信道的实时位置精度，我们在每个位置都引入了一个操纵时间，为消费者购买不属于预定目标的基准利率。我们创造了"不属预定目标的"设计，在这些团体最初的推广中，通过随机分组选择在每个位置，以及

基于位置的精准营销研究

扣缴一半的位置样本。相反，我们在第一次抽样一周后的同一时间给他们发送了促销信息，不管他们当时在哪里。为这些消费者延迟抑制区位定位的影响，所以他们的响应作为基线估计区位定位的效果。因为电影标题和需求，随着时间的推移发生着变化，时机操作可以捕捉市场环境变化，如表5-16。

目标/非靶向性和低/中/高的操作，使得每个实验位置中产生了6个随机实验单元。有3个位置，总共有18个细胞。该设计介于受试者之间，每个单元中有1000个接受者，总样本量为1.8万人。

表5-16 未定位组的购买调整因素

英文名称	焦点连锁票房 第1周	焦点连锁票房 第2周	线上连锁票房 第1周	线上连锁票房 第2周	最终票房 (USD, 000s)
Need for Speed	2559.9	1350.1	7209.2	5763.0	67154.5
Homefront	284.0	11.5	1401.9	141.8	5056.9
RoboCop	219.8	7.8	1069.9	100.9	51544.7
The Hobbit: The Desolation of Smaug	139.3	0.0	421.1	0.0	75609.8
Free Birds	110.6	44.1	695.3	364.2	8105.7
Malavita	92.0	1.6	468.6	0.0	8699.2
The Extreme Fox	80.3	0.2	285.6	0.0	682.9
Frozen	69.4	0.0	316.7	0.0	48455.3
The Old Cinderella	62.0	0.0	370.2	0.0	8471.5
Sweet Alibis	25.0	0.0	268.0	0.0	5813.0
Lock Me Up, Tie Him Down	12.9	0.0	53.9	0.0	4772.4
You Are The One	0.03	–	0.00	–	0.37
Black Coal, Thin Ice	–	556.3	–	1810.8	16748.0
Fighting	–	314.1	–	2809.1	11902.4
Last Flight	–	308.3	–	968.1	5479.7

5 移动营销策略的精准匹配

续表

英文名称	焦点连锁票房 第1周	焦点连锁票房 第2周	线上连锁票房 第1周	线上连锁票房 第2周	最终票房（USD，000s）
Snowpiercer	–	249.2	–	1360.7	11414.6
Horse Trader	–	246.6	–	1944.1	10078.0
The Police Diary	–	14.7	–	180.9	265.0
Makeup Artist	–	7.5	–	206.4	582.1
总计：	3655	3112	12560	15650	
	调整因素1（连锁）		调整因素2（线上）		
	1.17	0.80			

5.3.5 数据分析

除了用于实验单元的标识符，数据还包括消费者是否购买了代金券（整体平均购买率为2.6%）和非目标人群位置的指标，非目标促销在一周后发出。尽管客户的确切位置不可用，但有93%的非目标群体在所有的实验地点之外，显示出高的"依从性"（表5-17）。政府法规禁止无线提供商泄露客户的人口信息。然而，我们的数据包括客户的移动使用行为，这使我们能够比较不同实验对象中的消费者，用于摘要统计和随机检查，见表5-18和表5-19。

表5-17 实验单元的取样范围

位置	移动目标定位	价格折扣 低	价格折扣 中	价格折扣 高	位置总数
焦点	目标定位	1000	1000	1000	5838/6000
焦点	非目标定位	947/1000	940/1000	951/1000	5838/6000
竞争	目标定位	1000	1000	1000	5893/6000
竞争	非目标定位	955/1000	964/1000	974/1000	5893/6000

243

基于位置的精准营销研究

续表

位置	移动目标定位	价格折扣 低	价格折扣 中	价格折扣 高	位置总数
基准	目标定位	1000	1000	1000	5606/6000
	非目标定位	871/1000	866/1000	869/1000	
总计					17337/18000

注：目标定位是指实时移动目标定位。非目标定位指的是在目标定位操作后一周接受促销的人群。对于非目标定位的组，数字表示#遵守/#抽样，在那里遵从意味着消费者不在任何目标定位位置。

表5－18 移动使用总结数据

变量	均值	标准差	最小值	最大值
每月账单	16.5	14.4	2.0	300.7
语音使用	746.5	716.8	15	6098
SMS使用	134.8	166.3	1	2797
数据使用	76276.3	213720.0	1093	9257672

注：$N=18000$。表中变量的单位从上至下，分别是美元、分钟数、信息数和千字节。

表5－19 在位置和折扣深度目标定位条件下，比较客户移动使用的随机检查

	焦点位置 低	焦点位置 中	焦点位置 高	基准位置 低	基准位置 中	基准位置 高	竞争位置 低	竞争位置 中	竞争位置 高
每月账单	−0.016 (0.041)	−0.062 (0.043)	−0.018 (0.049)	0.090† (0.047)	−0.047 (0.043)	0.034 (0.042)	−0.005 (0.047)	0.083† (0.047)	0.058 (0.043)
语音使用	−0.008 (0.043)	−0.049 (0.044)	−0.020 (0.047)	0.016 (0.045)	−0.022 (0.046)	−0.030 (0.045)	−0.059 (0.043)	−0.000 (0.045)	−0.006 (0.045)
SMS使用	−0.041 (0.046)	−0.042 (0.043)	−0.012 (0.045)	0.005 (0.047)	−0.058 (0.046)	0.035 (0.044)	−0.024 (0.046)	−0.001 (0.042)	−0.074† (0.043)
数据使用	−0.023 (0.060)	0.027 (0.054)	−0.028 (0.043)	0.030 (0.030)	0.040 (0.063)	0.035 (0.024)	0.054* (0.025)	0.039 (0.035)	0.069 (0.048)
N	2000	2000	2000	2000	2000	2000	2000	2000	2000

** $p<0.01$，* $p<0.05$，† $p<0.10$，括号中是标准误差。

注：测试是针对不同的目标群体和控制组之间的差异，在标准化的值中，对几个移动设备使用的度量。

5 移动营销策略的精准匹配

5.3.6 研究结论

5.3.6.1 实时区位定位效果

我们首先研究与实时目标效应相关的假设。通过比较目标和非目标群体，在每个地点和折扣深度的购买率来做到这一点。图5-18描述了每个实验单元的购买率。在目标和非靶点之间的区别，表示了目标定位和折扣深度的效果。我们利用时间操纵来衡量这些差异，当客户不在目标地点时，这些差异就会影响客户；对差异的详细测试，包括稳健性检查，以满足电影需求的操纵和变化，如表5-20。

表5-20 定位和折扣深度的移动目标定位购买率

	基准位置 低	基准位置 中	基准位置 高	焦点位置 低	焦点位置 中	焦点位置 高	竞争位置 低	竞争位置 中	竞争位置 高
目标定位组	0.031	0.082	0.089	0.012	0.020	0.051	0.007	0.014	0.032
非目标定位组	0.006	0.010	0.029	0.005	0.008	0.022	0.008	0.012	0.034
差异	0.025** (0.006)	0.072** (0.009)	0.060** (0.010)	0.007† (0.004)	0.012* (0.005)	0.029** (0.008)	-0.001 (0.004)	0.002 (0.005)	-0.002 (0.008)
使用连锁票房调整的差异	0.024** (0.006)	0.070** (0.009)	0.055** (0.011)	0.006 (0.004)	0.011† (0.006)	0.025** (0.009)	-0.002 (0.004)	-0.000 (0.006)	-0.008 (0.009)
使用线上票房调整的差异	0.026** (0.006)	0.074** (0.009)	0.066** (0.010)	0.008* (0.004)	0.014** (0.005)	0.033** (0.008)	0.001 (0.004)	0.004 (0.005)	0.005 (0.007)
使用工具变量的差异	0.026** (0.006)	0.077** (0.010)	0.063** (0.011)	0.007† (0.004)	0.012* (0.005)	0.030** (0.009)	-0.001 (0.004)	0.002 (0.006)	-0.002 (0.009)
N	2000	2000	2000	2000	2000	2000	2000	2000	2000
使用筛选非目标定位的差异	0.026** (0.006)	0.071** (0.010)	0.061** (0.011)	0.007 (0.005)	0.015** (0.005)	0.028** (0.008)	-0.002 (0.004)	0.001 (0.005)	-0.007 (0.009)
N（筛选后）	1947	1940	1951	1955	1964	1974	1871	1866	1869

注：测试的是移动目标定位组和非目标定位组在购买上的差异，移动目标定位组是直接收到促销短信的，而非目标定位组是在一周后收到促销短信的。在当非目标性的促销短信在接下来的一周内被发送出去时，在非目标定位人群中进行了"非针对性"的观察。IV评估使用随机定位处理，作为工具变量回归定位的工具，包括移动使用协变量（账单、语音、短信和数据）对估计没有影响。

基于位置的精准营销研究

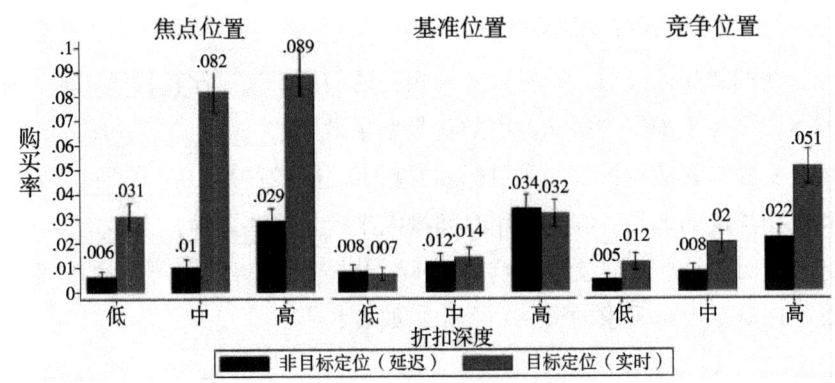

图 5-18 定位和折扣深度的目标定位效果

竞争小组在中高折扣深度上，显示出积极的区位目标效应。这些差异支持了这项研究的主要假设：在一个公司的竞争对手附近，定位目标消费者可以提高促销反应。之前关于手机营销的研究，强调了靠近零售商自己的位置，我们提供了第一个严格控制的证据，其他潜在的目标地点代表实时需求热点。回应的模式也暗示了这一点。

这种竞争性的定位需要与更大的折扣相结合，我们在不同的地点和折扣深度的比较中进一步探索。

值得注意的是，焦点小组在每个折扣深度上，显示出积极的区位目标效应。这一发现与先前的研究一致，并通过将定位目标效应归因于移动信道的实时能力，做出了额外的贡献。

相比之下，我们发现基准组的参与者在购买率上没有差异，因为他们与每个站区的距离都相等。这个比较提供了一个有用的证伪验证：我们期望没有差异，或者最多来说，只存在很小的差异，对这个组来说是一个小的实时影响。

零效应可能是由于旅行费用造成的，然而要注意的是，处于竞争位置的消费者面临着稍高的旅行成本。我们解释了基准位置缺乏目标效应，因为它显示了消费者当天选择去哪里。一个购物中心和两个竞争的

5　移动营销策略的精准匹配

电影院之一,对定位目标反应至关重要。

5.3.6.2　不同位置的比较

接下来,我们比较在不同的目标位置下影响的大小。我们预计采购率最高的是焦点位置,其次是竞争位置,最后是基准位置。这种预测符合零售商提高自己的位置和竞争位置的需求,但区位转换成本抑制反应的竞争位置这一结论。

表 5-20 给出了购买率差异的位置。单一的差异是两个示例 t 的结果,而交互(法比较)使用线性回归进行了测试。每个 t 检验比较两个实验单元的平均响应(2000 观察)。每个回归估计的交互使用四个单元(4000 观察)。

我们发现,在所有折扣深度上,焦点位置的购买率比其他两个位置更高。即使基准位置更近,竞争位置也会产生更高的购买率,但只是在高折扣深度的情况下。这与以下预期是一致的:虽然在焦点和竞争地点的顾客可能对零售商的产品有更高的需求,但是在竞争地点的顾客有相当大的转换成本。

效果大小的排序既适用于目标定位组的总购买率(标记为目标定位的行),也适用于通过时间操纵的地理目标定位导致的购买比例(双重差分行)。因此,我们需要应对区位定位属性的差异。这一发现认为,实时移动目标放大区位转换成本,并进一步表明竞争区位定位应该搭配更大的折扣。

这些发现表明,不属于预定目标的采购率(延迟)组,在不同折扣深度下不存在明显差异。这提供了额外的保证,在这项研究中,基于位置的目标没有诱导选择偏见,会妥协跨位置的比较。

研究发现,竞争地点的临近对移动促销具有重要性,利润分流在焦点零售商自己的位置,比竞争定位的位置更严重。这创造了一个短期激励价格歧视:在实验中,高折扣是最佳的竞争位置,而中等折扣是最佳的焦点位置。

5.3.6.3　折扣影响和折扣响应位置曲线

我们下一步研究如何针对不同的位置结果,在不同的折扣响应曲

247

线，影响最佳的折扣深度；形状的差异可以创造激励价格歧视。图 5-18 还提供了一些客户对折扣深度的敏感度。特别是，我们观察到强烈的视觉证据的减少返回到折扣深度的焦点位置。我们测试每一个曲线的拐点，通过在每个位置比较低、中等折扣之间的购买率的差异，以及在中、高折扣之间的差异。一个积极的估计指出，这将会增加折扣深度差异（凸响应）。

表 5-21 显示了回归测试不同折扣深度的影响。对于客户的焦点位置，采购率大幅增加之间的低和中等折扣深度（模型 1）。购买率不表现出类似的增加时，从中到高折扣深度（模型 2），差异比较表明一个凹的响应增加折扣（模型 3）。

客户在竞争激烈的位置，购买率增加时，从中到高折扣深度影响逐渐增大（型号 5）；相反，静音的反应时，从低到中等折扣（型号 4），影响逐渐减小。差异比较表明增加折扣凸响应（模型 6）。这些增加的收益通常会导致更高的最优折扣的深度，因为它更可能是增加折扣深度，快速增加的销售数量，足以抵消减少的利润。虽然我们在基准位置观察到一个类似的模式，所观察到的凸度无统计学意义（见表 5-21）。因此，在基准位置，较低的折扣带来较大回报的可能性相对较小。

表 5-21 在基准位置比较折扣响应回归

	(1)	(2)	(3)
	基准位置		
	中 - 低	高 - 中	差异微分 (2) - (1)
试验组 (A)	0.007 (0.005)	0.018** (0.007)	0.011 (F = 1.16)
控制组 (B)	0.004 (0.004)	0.022** (0.007)	0.018† (F = 3.10)
差异微分 (A) - (B)	0.003 (0.006)	-0.004 (0.009)	-0.007 (F = 0.23)
N	4000	4000	6000

**$p < 0.01$, *$p < 0.05$, †$p < 0.10$, 括号中是标准差。

三个额外的回归，比较不同的折扣深度之间的焦点和竞争位置的影响，竞争的位置显示了积极的回应。相对于焦点位置的递减回报率（模型 9 中的三重差异比较的焦点位置与竞争位置），这部分是由一个更高的增加响应时，从低到中等折扣深度的焦点位置（模型 7），但是，当产生一个更高的响应时，从中到高折扣深度在竞争位置，也有助于在拐点的差异（模型 8）。

这些比较是基于响应水平的变化。价格弹性是折扣的敏感性，占需求的比例变化的替代措施。我们计算弧弹性与价格（1－折扣深度），它不改变模式的结果：在焦点位置，弧弹性－3.2 从低段中折扣的深处，只有－0.2 段从中到高折扣。相反，在竞争定位弧弹性－1.7 段从低到中等，其中－2.2 段高。在电弧弹性差异的非参数 Bootstrap 分析产生的结果与模型 9 相同：低中弧弹性、焦点与竞争位置中高弧弹性之间的相互作用显著在 95% 的置信水平。

折扣响应曲线，是在焦点位置具有高边际报酬递减的折扣，或饱和效应相一致。相反，在竞争激烈的位置，收益递增的折扣与限效应，即折扣深度必须足够深，为自己的区位转移成本补偿消费者的一致。这种差异可以作为价格歧视的激励；对收入的粗略分析表明，短期收益最大化的政策是在竞争激烈的位置提供深度折扣和在焦点位置（图 5-40）提供中等折扣。

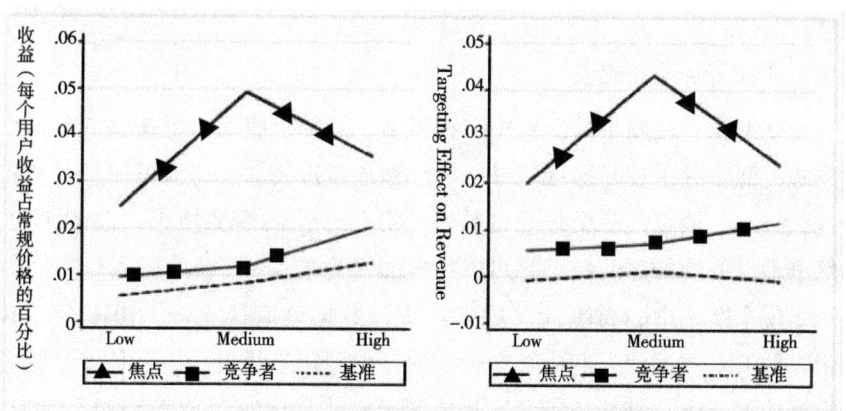

注：左图表示每个用户在实时目标定位情景下的收益。右图表示的是实时定位目标的收益，即目标定位（实时）和非目标（延迟）条件之间的收入差距。

图 5-19　基于位置进行目标定位的各组的估计收益

研究发现竞争区位定位，可产生销售增量而不蚕食利润。从结果上，我们首先发现竞争区位定位，可以利用焦点零售商没有捕捉到的增加需求。提供折扣时，即使基准位置更接近焦点位置，竞争区位定位比目标定位更有效，因为竞争区位定位提供了一个保守的测试竞争区位定位的效果。折扣收益递增表示阈值效应的存在，与区位转换成本一致。相比之下，针对零售商自己的（焦点）位置表现出折扣收益递减，表明饱和效应和利润的分流。

我们的随机实验提供了在零售商自己的位置和竞争对手的位置，进行的移动促销的定位目标效应的因果估计。我们把大部分的促销反应，归功于促销的实时目标特征。每个位置的最优折扣深度各不相同，创建一个三度价格歧视的激励。虽然这些结果应该推广到餐馆和零售业，但我们建议营销人员使用类似的手段时，谨慎设计、优化自己的手机促销活动。长期以来，随着这些工具的可用性和精度的逐渐提升，位置目标有加强竞争的潜力。目前，我们发现它们为聪明的营销人员提供了一种实质的战术优势。

附录 A 现场实验的细节

目标定位地点比较

基准位置在较小的区域中有稍微多一点的供应商，但是在其他方面非常类似。除了相互连接之外，每个地点通过公共交通也可以接近周围地区。有一辆直达三个地点的特快公共汽车，不需要换乘。总的来说，每个地点的购物区的特点是可以比较的（见表5–13，面板A）。

每个购物中心周围社区的人口统计数据也值得比较。2010年人口普查的GIS数据使人们能够对每个地点的固定半径进行人口估计；这些数据表明，焦点直接环境和竞争地区确实非常相似（见表5–13，面板B）。基准位置有较高的人口密度，由于住宅区距离，使家庭和居民的类型比例类似于其他两个位置。

不同地点的商业中心的顾客在其他消费行为上也会有所不同。例如，一些地区的客户可能更依赖移动设备，因此会对移动促销做出更大的反应。我们通过比较不同地区客户的移动使用行为来解决这个问题。

移动使用比较

我们可用的移动使用指标包括每月平均账单、使用语音服务的分钟数、发送和接收的短信数量以及互联网数据的使用情况。无线服务提供商认为这些指标是对无线使用行为的充分总结。这些变量可以很好地指示未观察到的混淆：例如，数据使用量较大的用户可能更善于通过移动渠道进行购买。大量短信用户更有可能关注即将到来的短信促销活动。表5-18提供了这些变量的汇总统计信息。

我们没有发现不同地区的手机使用情况有很大差异。表5-13，面板C中报告了每个位置的客户的平均移动使用水平。来自基准位置的客户在移动服务上的支出似乎略高于焦点组（不到4%的标准差），而竞争组则介于两者之间；然而，我们没有观察到系统性的差异，这表明在不同地点比较购买率是不合适的。

表5-19给出了比较几种移动使用度量的差异的随机化检查。变量的值已经标准化，表5-19中所示的差异代表了标准化的效果大小。虽然发现了一些差异，但没有一个差异大于每个变量标准差的十分之一，并且考虑到比较的数量，统计上显著的差异发生的频率并不比随机预期的高（超过36次比较，一次显著性水平 $p < 0.05$ 和三次显著性水平 $p < 0.1$）。此外，在观察到这些差异的实验单元中，没有观察到实时目标定位对购买的实验效果；因此，客户特征的巧合差异不太可能驱动对实时目标定位的响应。

电影需求因素

虽然实验设计考虑了不同地点的客户差异，但它没有考虑每个地点的影院提供的电影之间的差异，这可能会影响对不同地点进行比较的目标估计。另外，每周电影需求的变化可能会影响我们的目标估计，这依赖于实验中的时间操纵。通过对影院的选择和实验时间的选择，将电影因素的影响降到最低。表5-15报告了上映电影的名称。我们还比较了

基于位置的精准营销研究

实验当天这些电影的票房数据，如表5-16所示。

焦点影院和竞争影院都是主流影院，通常放映相同的电影片名。在实验的两周内，两家影院放映的电影有90%的重叠（第一周匹配的12部影片中有11部重叠，第二周匹配的18部影片中有16部重叠）。在两部不匹配的电影中，第一部的实验发生在这部电影首次上映一个月之后，所以它不再是一个主要吸引。第二周增加的不匹配的电影是由于竞争影院在该电影发行后的第三周结束了放映，而焦点影院继续放映。因此，我们的结论是，影院和电影因素不太可能解释促销反应的地域差异。

我们得到了两种日常可用的电影片名需求的度量方法（因此允许在实验进行的当天进行比较）。第一个是焦点影院的电影链级别的总票房。就供应链迎合市场的某些部分而言，这一指标是衡量职称级别需求的有用指标。二是通过网络渠道（全链）总票房。在某种程度上，某些类型的消费者更有可能在网上购买电影票，这一指标也是一个潜在的有用的需求指标。虽然这两项指标原则上都包括实验影院的销售额（因此受到现场实验本身的影响），但单个影院的销售额在这些数字中可能只占相对较小的比例。

在一周的时间里，我们通常预计对之前发行的电影的需求会下降，为新发行的需求所抵消。使用这两种需求测量方法，我们发现在实验的第一周到第二周，所有电影的销量都有所下降。还要注意的是，一些在第二周上映的影片并没有票房记录，这可能是由于影片放映结束时的报告不完善所致。在实验的两周内，共发行了八部新电影，全部在焦点影院和竞争影院上映，没有一部是票房收入很高的大片。新上映影片的最低票房（最终票房的中间价）为26万美元，最高票房为1670万美元。这种所有权的变动足以维持需求，而不会造成导致需求激增的重大冲击。

这些数字考虑到直接的门票销售调整，以适应需求的变化，从一个星期到下一个星期。我们计算一个调整因子，通过计算第一周和第二周在焦点影院放映的电影的总票房的比率。使用这个因素作为非目标条件下的销售乘数（在第 2 周获得促销的客户），可以大致修正一周到下周的需求变化。这两种需求衡量方法都会导致调整因素在一对一比率的 20% 以内，但方向相反。表 5-20 报告了使用这两个因素的估计。需要注意的是，基于链级票房测量的调整因子 1，对于目标效果的测试来说是较为保守的校正。

附录 B　补充结果

稳健性检测

表 5-20 给出了针对目标群体之间的购买率差异的测试，目标群体立即收到了短信，而相应的非目标群体则在一周后收到了短信。前两行表示这两个条件的购买率，而每一列表示目标位置和折扣深度。前两行之间的差异提供了定位目标对促销响应的影响的估计。因此，我们发现在焦点位置的所有折扣深度，以及在竞争位置的中或高折扣，都有定位目标效应的证据。基准位置则没有影响。

我们首先进行稳健性检查，以调查电影需求的变化是否可以解释这些结果。表 5-20 中的第二和第三组差异使用附录 A 中计算的调整因子，对电影需求的差异进行了调整。第 2 周购买数量乘以调整因素（第 1 周至第 2 周需求的比率），这样影响的大小被标准化到第 1 周销售。使用基于链级需求的更保守的调整因子，我们得到的目标效应的点估计值略小。对于竞争区位而言，调整的影响在中等折现深度仅微显著，但整体结果模式则没有改变。

我们分别确认，在发送非目标促销（延迟一周）时的消费者位置不影响结果。在可能不完全符合实验治疗的情况下，随机分配实验。

条件可以作为所接收的处理的一个工具，并且可以使用工具变量回归（Angrist，Imbens 和 Rubin，1996）。在相当一般的假设下估计编译器的平均处理效果。在我们的案例中，对非目标群体的实验分配，可以作为一种工具，来估计在促销反应中离开目标位置（确切地说是一周后）的因果效应。一种工具变量估计器本质上缩小原始差异，以解释是否遵

基于位置的精准营销研究

守目标操作,因为一些客户可能会重新出现在目标位置,因此不"遵守"实验操作。使用此过程的参数估计与第一组差异几乎相同。

另外,最后一组的差异表5-20("筛选一道"),只是一些观察消费者不遵守时间操作(即他们的目标位置在星期二)的实验窗口。当这些消费者被排除在外,区位定位效应的估计不会改变很大。因此,我们得出的结论是,遵守时间操作对我们的结果几乎没有影响。

收入估计

焦点组对折现深度的凹响应和竞争组的凸响应,应该能使竞争促销得到更高的最优折现深度,这在我们的实证例子中得到了很好的证实。图5-19显示了实地实验的收入(相当于零边际成本假设下的利润,这可能是电影院的合理近似)。在没有损失先导效应的情况下(如同伴的票价或特许权的出售),也会被忽略。

由于需求转移或远期购买等抵消因素,焦点小组达到了负回报的程度,在中等折扣下实现了收益最大化,每名消费者接受促销 SMS 的电影门票的正常价格为一般价格的 0.049 倍。在高折扣深度下,竞争群体的收入最大化,产生 0.020 倍于每个客户的价格。

右边的面板显示了实时目标的收入估计。基准组虽然响应折扣深度,但并不产生可归因于促销的实时目标方面的收入。因此,如果通过其他渠道能以更低的成本接触到类似的客户,那么就没有什么理由利用手机促销来追踪这些客户了。竞争组实时目标值为价格的 0.012 倍,焦点组实时目标值为 0.043 乘以每个顾客的价格。

考虑另一种方式来解释收入估计:如果边际门票销售的净利润是 10 美元,实时定位在竞争位置增加了 12 美分短信推广的价值,和实时定位附近的零售商的位置增加了 43 美分,至短信推广的价值。虽然竞争促销的总收入较低,但对于一个没有运力限制的影院运营商来说,他们可以通过针对两个地点(取决于每个地点的总流量)增加 28% 的促销收入。移动服务提供商在这个城市有 1400 万用户,在这个城市的商人中有很多潜在的客户。促销短信的费用大约只有几美分,这意味着定位竞争的促销活动有巨大的利润潜力。

区位转换成本

作为对现场实验的二次分析,我们对实时位置切换的成本进行了估计,并与之前的研究结果进行了比较。在差异化产品竞争的理论模型中,存在着竞争企业与消费者"定位"在光谱上的匹配价值观念。在空间竞争中,例如在电影院市场和许多其他零售市场,位置被认为是这种匹配价值的主要组成部分。错配的不确定性,也就是我们所说的位置转换成本,在决定哪些卖家在与哪些卖家竞争中扮演着重要的角色。我们并没有把"转换成本"这个词用在妨碍从先前的购买决定中改变行为的意义上,而是把它用在我们的研究中作为转换位置的成本。在我们的经验示例中,转换成本是旅行成本(时间、金钱和努力)、品牌和位置偏好以及其他相关因素的组合。在以前的研究中,使用空间需求模型时(Huff, 1964; Davis, 2006),潜在需求根据人们的居住地而变化,而移动技术的出现使我们能够实时研究空间需求。

我们可以用我们的结果来估计转换成本,尽管对需求有很强的假设。首先,注意到非目标组的宣传反应估计数,在协调组和竞争组之间非常相似。我们以此作为两个群体有相似需求的证据。此外,在它们的实时情况中存在一定程度的对称性,即它们都选择了电影院附近的位置。通过规定,在没有转换成本的情况下,对电影代金券的需求在焦点和竞争位置上大致相同,我们可以将转换成本确定为在预订值分布上的水平转移。我们通过拟合两个地点共同的折扣响应曲线来实现这一点,其中包括竞争地点的额外成本参数。这个参数表示两个位置的拟合曲线之间的水平距离,提供了转换成本的估计。

理想情况下,折扣响应曲线可以非参数估计(van Heerde, Leeflang和Wittink, 2001),但我们的价格水平有限。在某种程度上,使用我们的模型转换成本估算,将通过函数形式进行识别,但只要估计曲线合理地符合采购模式,这就不是主要问题,关键的假设是这两个位置的形状是相同的。

我们使用logistic函数来满足折扣响应曲线。当使用高阶多项式拟合折现响应时,可以得到类似的切换成本估计,但这种模型在样本外的

基于位置的精准营销研究

预测很差。logistic 函数适应数据中观察到的阈值和饱和效应,并对接近实验值的折现深度提供合理的预测。我们估计的模型是由下列方程(转换成本参数 δ)表示,不同于基准条件是否包含在方程(2),和对照组是否包括在方程(3)。然而,包括其他组织可能不合适,因为这样做已经隐式地假定所有客户有相同的形状(可能转移)估值分布。式(4)适用于目标群的五阶多项式。

$$(1)\ P(purchase|x) = \frac{\alpha}{1 + \exp[-\beta \times [discount + \gamma + (\delta_c \times I(competitive))]]}$$

$$(2)\ P(purchase|x) = \frac{\alpha}{1 + \exp[-\beta \times [discount + \gamma + (\delta_c \times I(competitive)) + (\delta_N \times I(neutral))]]}$$

$$(3)\ P(purchase|x) = \frac{\alpha}{1 + \exp[-\beta \times [discount + \gamma + (\gamma_T + (\delta_c \times I(competitive)) + \delta_N \times I(neutral)) \times I(targeted)]]}$$

$$(4)\ P(purchase|x) = f_5(discount + \delta_c \times I(competitive)) + (\delta_N \times I(neutral))$$

用非线性最小二乘法估计方程(最大似然估计在1%以内产生转换成本点估计,标准误差略大)。

我们估计有竞争力的目标客户的转换成本是常规票价的31%。Davis(2006)利用结构模型,来推断消费者在美国影院市场的旅行成本。2.4英里路程的估计旅费约为51美分,低于数据显示时5.60美元的平均票价的10%,约为我们估计的1/3(与票价相比只是零头)。我们注意到,这是两个不同环境下的一个非常粗略的比较。我们的估计可能更高,因为我们的实验是在城市环境中进行的,2.4英里是中等距离,在许多美国市场,这被认为是一段很短的距离。更重要的是,我们的估算是在已经接近竞争影院的客户的背景下进行的,而戴维斯的估计是基于销售和附近人口密度之间的联系。因此,我们发现间接证据表明,移动目标的实时性可能会增加切换成本。

6 LBA 营销的场景应用

本章内容是理论向现实的跨越，运用两个具体实例分析研究了 LBA 在现实生活中的运用。两个研究都通过构建 VAR 向量自回归模型，并在此基础上运用贝叶斯法分析得出结论。前者主要研究 LBA 广告对于不同的受众人群，在长期和短期中存在何种影响，并将其与其他渠道，诸如弹出式广告进行比较，量化 LBA 的销售影响。后者主要以中国移动手机市场为例，量化道歉、沟通等移动营销策略，对于手机用户的动态影响。本章研究使得管理者能明确 LBA 的销售效果，合理地在各广告渠道上分配资源，同时还能帮助企业降低顾客流失率，保证 LBA 的长期营销效果。

6.1 LBA 对提升电影票房的影响效果：贝叶斯 VAR 法

对电影发行商以及电影经理而言，仅仅告知其 LBA 对销售具有促进效果是不够的。他们更关注 LBA 能对电影票房能带来什么样的营销效果。因此结合上一实验的研究结果，本实验运用贝叶斯 VAR 法，具体地分析研究 LBA 对短期和长期的购票行为存在何种影响，并考虑 LBA 对于不同受众人群的销售效果。最后将其与其他广告形式，如弹出式窗口广告（PWA）进行比较，得出其营销效果。这对于电影制作方以及影院制订广告策略、合理分配广告资源都具有重要意义。

6.1.1 研究问题

电影产业是世界上最引人注目的产业之一（Joshi 和 Hanssens，2009）。由于频繁的新产品引入和短暂的产品生命周期（Rennhoff 和 Wilbur，2011），电影行业很少会有高水平的广告。由于广告是公众对即将上映的电影的主要信息来源，人们普遍认为，在广告上花钱的多少决定了电影的成功与否（Joshi 和 Hanssens，2009）。他们声称广告效果可能比我们想象的更重要，如果当最初的销售至关重要时，它的有效性可能就被低估了。随着这个行业越来越激烈的竞争，广告将比以前发挥更重要的作用。尽管2014年全球电影银幕数量增长了6%，但全球票房仅增长了1%（MPAA，2014）。因此，提高票房绩效的一种可行的方法，就是关注广告的有效性。

然而，电影广告只覆盖了最敏感广告市场的53%（Gopinath，Chintagunta 和 Venkataraman，2013）。与此同时，平均而言，90%的电影广告预算，在影院上映前的几周里就被使用了（Elberse，2007）。因此，增加广告的效应是影院经理关注的主要问题。然而，以前的文献主要关注传统广告（Brewer 和 Jozefowicz，2009；Elliott 和 Simmons，2011；Rennhoff 和 Wilbur，2011），如电视、新闻和户外广播。很少有关于手机广告的研究。自从智能手机被广泛使用以来，移动媒体已经成为最具影响力的电影广告渠道。此外，移动媒体的普及也使得手机上的电影广告增加了很多。虽然LBA拥有多种形式（TsangHo 和 Liang，2004），但它对于地点敏感、实时以及个性化的特点，使它成为最大化移动媒体技术优势的最典型形式之一（Luo，Andrews，Fang，Phang 和 Aaker，2014）。LBA根据手机用户地理位置，向其提供广告信息（Banerjee 和 Dholakia，2008；Brunner 和 Kumar，2007）。它以比过去更有针对性的方式接触人们，提高了准确性（Bruner 和 Kumar，2007）。因此，LBA可能是增加电影广告覆盖面和响应的有效途径。那么LBA产生电影票销售究竟有何效果？这成为电影销售方同时也是学界颇为关注的问题之一。

尽管LBA由于移动设备的普遍存在，似乎给从业者提供了巨大的潜力，但我们对其短期和长期有效的购票行为却知之甚少。并且我们无法量化与其他广告渠道相比，LBA 广告是否更具有销售魅力。如果缺乏量化，经理们肯定会质疑 LBA 的销售影响。Leek 和 Christodoulides（2009）呼应了 LBA 和 LBA 的财务问责的重要性，因为"LBA 最有效"的时候是能够准确跟踪有效性，从而为投资提供理由的时候。因此，将 LBA 对电影票购买的短期和长期销售影响，进行量化是很重要的。因此本研究不仅关注 LBA 对于电影票房的销售效果，还将使用具体的数据分析方法量化其在电影销售中的长期以及短期影响。此外，在这一过程中，将其与其他新媒体广告，如 PWA 进行比较，分别研究 LBA 和 PWA 对电影票销售的相对影响。这将允许电影发行商或电影经理动态地监控 LBA 的回报，并有效地在不同的媒体渠道之间分配资源。

最后，由于个体存在差异性，不同的群体在不同时间地点接收广告，所作出的购买反应存在差异性。Xu 等（2011）研究了内容相关性和交付时间对短消息服务广告效果的影响，并指出较高的内容相关性与高的态度、更积极的行为意图相关。Molitor、Reichhart 和 Spann（2012）在一组基于位置的优惠券使用的数据集基础上，分析了基于位置的优惠券对消费者行为的影响，并将消费者实际位置与商店的物理距离值，量化为相对于基于位置的优惠券的百分比折扣。在这些研究的基础上，本研究也将考虑各受众群体之间是否存在异质性。对于不同受众，LBA 的效果有何不同？此问题的提出对于经理们更精准地发掘目标人群，更精确地投放广告具有重要意义。

6.1.2 理论基础

在国内外现有的文献中，大多数学者，例如 Gidofalvi 等（2008）、Xu 等（2009）、Mazaheri 等（2010）等均使用模拟数据对 LBA 的销售影响进行过探究。也有例如 Gopal 和 ripathi（2006）、Bruner 和 Kumar（2007）这部分的学者，利用无限软数据涉及过相关内容的研究。Banerjee 和 Dholakia（2008）通过一个操纵地点和接受者的行为的实验，来检验 LBA 的有效性。Xu、Ohlb 和 Teo（2009）实证研究了在 LBA 模拟

基于位置的精准营销研究

环境中,多媒体广告和文本广告对消费者的认知和行为影响,这表明多媒体 LBA 消息导致更有利的态度,增加了打算用 LBA 应用程序的意愿,并对购买意愿产生重大影响。Lee(2011)调查了影响受众对这种 LBA 态度的因素,并强调个性化对消费者态度有直接的影响。但很少有学者将定位广告与其他渠道的广告进行对比,同时考虑销售异质性,以及 LBA 广告对于电影票销售的长期以及短期影响。为了弥补研究的空白,本研究将在世界上最大的移动公司之一的帮助下,通过分析公司档案硬数据,考察 LBA 对于电影销售的长期以及短期影响,同时还加入销售异质性因素,研究在不同介入群体中,LBA 广告对于电影票销售的影响。

表 6-1 文献综述

研究	LBA 的影响	数据					
		无限软数据	模拟数据	公司档案硬数据	估计长期影响	销售异质性	与其他广告渠道比较
Gopal 和 ripathi (2006)	较高的广告召回率	√					
Bruner 和 Kumar (2007)	提升广告效果,有用性和娱乐价值	√					
Banerjee 和 Dholakia (2008)	增加有效性的广告感知,商店评价和回应意愿						√
Gidofalvi 等 (2008)	增加广告响应		√				

续表

研究	LBA 的影响	无限软数据	模拟数据	公司档案硬数据	估计长期影响	销售异质性	与其他广告渠道比较
Xu 等（2009）	对于使用 LBA 应用更赞同的态度，更高的意向和更高的购买意向		√				
Lee（2010）	更加赞同的态度		√				
Mazaheri 等（2010）	增加广告效果		√				
Xu 等（2011）	增加购买意向		√				
Molitor 等（2012）	消费者信息搜索和补救行为			√			
Xu 等（2011）	态度和更积极的行为倾向		√				
This study	通过移动手机应用程序实现电影票销售			√	√	√	√

6.1.2.1 电影广告

电影是从短期的戏剧可用性开始的，通过平台有序发布的体验商品。由于新电影可用性的快速变化，消费者可能经常不知道当前可看的电影有哪些。频繁的新产品推出和迅速得到的营业额，导致电影制片厂大量投放广告。这个广告/销售比率高达 0.39，这在美国所有行业中占到了最大比例（Schonfeld 和 Associates，2011）。实证研究证实了广告对电影票购买的重要性，已有研究者发现广告的回报是更高的票房收入。Elberse（2007）研究认为，平均 100 万美元的广告导致票房累计收入达到 55 万美元。与此同时，同样的调查结果显示，广告总量增长 1%，累计票房增长率为 6.6%（Ainslie、Dreze 和 Zufryden，2005）。但是，他们没有观察到，随着时间的推移电影广告支出的变化。Rennhoff 和 Wilbur（2011）指出，电影广告在整个电影中呈现出高度的异质性，但是却带来了丰厚的回报。Joshi 和 Hanssens（2009）证明，广告支出高于平均水平的电影与较小的异常收益挂钩。此外，广告也是提高电影在观众和关注电影行业的投资者心中显著性的重要因素（Squire，2004）。

总之，学界普遍认为，高广告支持的电影预计会有更高的收入（Elberse，2007）。然而，现有的文献主要集中在传统的电影广告方面，而新媒体广告的效果却很少受到关注，例如 LBA。不仅如此，我们对电影购买的动态效果也知之甚少。

6.1.2.2 移动短信与个人消费环境和偏好的联系

LBA 通常涉及广告的策略性布局，通常是靠近买方行为最容易受到直接影响和转化为销售的地方（Butcher，2011）。媒体经理可以接触到消费者，并在地理目标定位的基础上传递广告信息（Skeldon，2011）。

6.1.2.3 LBA 的有效性

许多研究从不同的角度对 LBA 的表现进行了实证检验。一项初步的实验研究分析了 LBA 的商业模式，并对一些重要因素的广告效果进行了衡量，比如零售商店和广告投放位置之间的距离。Banerjee 和 Dholakia（2008）通过一个操纵地点和接受者的行为的实验，来检验 LBA 的有效性。Gidofalvi、Larsen 和 Pedersen（2008）基于模拟现实中的移动消费人群和提供接近性和兴趣需求的 LBA，来估计 LBA 渠道的容量。Xu、Ohlb 和 Teo（2009）实证研究了在 LBA 模拟环境中，多媒体广告和文本广告对消费者的认知和行为影响，研究表明多媒体 LBA 消息导致更有利的态度，增加了打算用 LBA 应用程序的意愿，并对购买意愿产生重大影响。Lee（2011）调查了影响受众对这种 LBA 的态度的因素，并强调个性化对消费者态度有直接的影响。Mazaheri、Rafiee 和 Khadivi（2010）提出了，一种基于 Bayesian 网络和模糊 TOPSIS[①] 的服务环境下的新的智能定向广告方法。Xu 等（2011）研究了内容相关性和交付时间，对短消息服务广告效果的影响，并指出较高的内容相关性与高的态度、更积极的行为意图相关。同时，交付时间会显著影响 LBA 的有效性。Xu 等（2011）通过实验研究，验证了该模型在定位感知营销中的个性化隐私悖论。

6.1.2.4 基于位置的优惠券对消费者行为的影响

Molitor、Reichhart 和 Spann（2012）在一组基于位置的优惠券使用的数据集基础上，分析了基于位置的优惠券对消费者行为的影响，并将消费者实际位置与商店的物理距离值，量化为相对于基于位置的优惠券的百分比折扣。虽然关于电影广告效果的研究已经取得了一定成果，但我们发现大多数研究都是研究传统的广告，很少有研究 LBA 对电影票购买的影响。此外，之前的研究还通过实验或调查来研究 LBA，而不是业务经理最关心的销售影响。表 6 – 1 总结了我们的研究对 LBA 文献做出贡献的三个方面。第一，我们利用在电影票购买的背景下，公司记录为的"hard"时间序列数据，考察了 LBA 短期和长期的影响。第二，我们考察了不同受众群体中，LBA 电影票销售影响的异质性。第三，我们比较了 LBA 与 PWA，来探索二者对电影票购买的相对销售影响。

6.1.3 研究内容

LBA 通常涉及一个广告引发的买家行为，可以被最及时地影响和转化为销售附近的战略定位（Butcher, 2011）。它的目的是通过移动短信

[①] TOPSIS（Technique for Order Performance by Similarity to Ideal Solution）是一种经典的多标准通过众多应用程序的决策方法，Fuzzy TOPSIS 它是一种基于模糊数据的 TOPSIS 技术的扩展版。

基于位置的精准营销研究

与个人消费环境的偏好联系，增加潜在消费者的购买行为（Unni 和 Harmon，2007）。媒体经理在地理定位的基础上接触到消费者，并有针对性地发布广告信息（Skeldon，2011）。本研究首先旨在，量化 LBA 在电影销售方面的营销效果。分别考虑其在长期和短期、不同介入群体以及与其他广告渠道相比之下的销售效果。现阶段，虽然关于电影广告效果的研究已经有了一定的成果，但我们发现大多数研究都是针对传统的广告，很少研究 LBA 对电影票购买的影响。因此研究 LBA 对电影票购买的影响成为本项研究首要的内容。

此外，我们还在前者的基础上提炼了三个研究内容，如下所示：

第一，利用在电影票购买的背景下，公司记录的名为"hard"时间序列数据，考察了 LBA 短期和长期的影响。

第二，考察了不同受众群体中，LBA 电影票销售影响的异质性。

第三，比较了 LBA 与 PWA，来探索二者对电影票购买的相对销售影响。

我们的数据集来自世界上最大的移动公司之一。该公司（希望保持匿名）已经推出了移动购买业务，将电影票购买者从线下和在线渠道迁移到移动渠道，以促进手机的多用途。

该公司与电影院合作，通过手机销售电影票。消费者可以查询电影信息、票价、订票，并从 LBA 程序中选择座位。如果消费者与影院的物理距离在指定范围内，他们就会通过短信接收 LBAs。更具体地说，与无线公司合作的电影院是现代连锁影院。这些影院有先进的 IT 设施连接无线公司，通常与其他商店和餐馆一同位于购物中心。一旦移动用户在微蜂窝的覆盖范围内，公司就会在有广告活动的时候，向他们推送 LBA 信息。一个微蜂窝是一个移动电话网络中的一个单元，它由一个低能量的蜂窝基站（塔）服务，覆盖了一个有限的区域，如购物中心。其中，一个微蜂窝的典型范围小于 200 米宽。LBA 消息内容每天都是一致的。无线运营商发送的 LBA 通常包括两种信息：①什么电影正在或即将面向观众上映；②如何通过手机购买电影票。电影票的价格由电影院决定，消费者可以从应用程序中查询。如果消费者决定购买电影票，公司将从消费者的手机费用账户中减去票价。

在阅读了 LBA 信息后,如果手机用户感兴趣并熟悉电影,他们可以立即预订座位并支付电影票,从而对 LBA 做出回应。如果他们不太了解这部电影,在购买电影票之前,用户可致电公司热线以获取更多有关电影的信息。

通过对实验数据的收集和整理,我们在简单描述性分析的基础上,经过平稳性测试,构建了最终的 VARX 模型,量化了 LBA 在电影票销售中所起的具体营销作用。

6.1.4 研究设计

6.1.4.1 LBA 作为门票销售的驱动因素

LBA 作为门票销售的主要通道,该公司为我们提供了超过 300 万名参与 LBA 和移动业务的消费者的数据。但是除了 LBA,公司还使用其他 LBA 渠道。分别为基于行为的 LBA(BBA)以及 Web PWAs 通道。前者主要是该公司随机选择,并向那些对以往的手机广告做出过回应并在过去 3 个月内购买了电影票的消费者,发送手机广告信息。而后者主要是为安装了该公司即时消息业务的 PC 客户端的消费者所设计。为了避免过度营销和干扰,公司平衡了这三种广告信息的数量,通常一个消费者每天不接收超过一个信息。宣传电影的信息内容在三个广告渠道上是相同的,所以它们对销售的影响是可比的。

6.1.4.2 LBA 的不对称效应

表 6-2 提供了整个市场(高和低介入段合并)和它的两个部分的关键描述性统计。LBA 的平均值为 187518,标准偏差为 14309 条短信,每天发送给 300 多万消费者。电影票销售的平均值为 2432 张,每天卖出 360 张票的标准偏差(我们没有销售收入数据,因为每天不同的电影组合有高度复杂的结构,以及不同的电影价格促销)。要求了解电影信息的用户,拨打的热线电话的平均值为 29999,标准偏差为 2672/天。基于表 6-2,我们发现,虽然高介入段只占总消费者基数的不到 1%,

但他们的移动购买占总市场份额的20%左右。

6.1.4.3 LBA 对电影票销售的相对影响

图 6-1 描述了整个市场的移动采购时间序列,即低介入段以及高介入段。电影市场正处于夏季假期(7月)至寒假(2月中国春节)的旺季。因此,在此期间,移动购买量相对较高。寒假过后,除了国庆假期外的一个小高峰,电影市场通常会进入淡季。我们在随后的模型中,也会控制这些季节性效应。

6.1.5 数据分析

6.1.5.1 数据收集

参与实验的公司提供了超过 300 万名接收 LBA 和移动业务的消费者的数据。该公司提供的数据集从 2009 年 8 月 1 日至 2010 年 7 月 31 日,一共 365 天。移动行业的数据已被应用于先前的营销文献(Libai,Muller 和 Peres,2013;Manchanda,Xie 和 Youn,2004;Nitzan,2012)。

该公司还拥有消费者是否属于其移动"电影粉丝俱乐部"的信息。电影粉丝俱乐部的身份,提供了一个消费者参与电影产品的自然指标。因此,我们把属于移动电影粉丝俱乐部的消费者作为高介入消费者,那些不属于流动影迷俱乐部的消费者是低介入消费者。电影 LBA 业务的消费群体,拥有超过 300 万的消费者。其中大约 2 万人属于流动影迷俱乐部。

除了 LBA,公司还使用其他 LBA 渠道。其中一个通道是基于行为的 LBA(BBA)。该公司随机选择,并向那些对以往接收过广告的手机做出回应,且在过去 3 个月内购买了电影票的消费者发送手机广告信息。另一个通道由 web PWAs 组成。这个广告频道,是为那些安装了该公司即时消息业务的 PC 客户端的消费者所准备。如果消费者打开他们的 PC 客户端,并且在上网,公司将会发送一个弹出广告信息至他们的 PC 端。为了避免过度营销和干扰,公司平衡了这三种广告信息的数量,通常一个消费者每天不接收超过一个广告信息。宣传电影的信息内容在三个广告渠道上是相同的,所以它们对销售的影响是可比的。

表 6-2 提供了整个市场(高和低介入段合并)和它的两个部分的关键描述性统计。LBA 的平均值为 187518,标准偏差为 14309 条短信,每天发送给 300 多万消费者。电影票销售的平均值为 2432 张,每天卖出 360 张票的标准偏差(我们没有销售收入数据,因为每天不同的电影组合有高度复杂的结构,以及不同的电影价格促销)。要求电影信息的用户拨打的热线电话平均值为 29999,标准偏差为 2672。基于表 6-3,我们发现,虽然高介入段只占总消费者基数的不到 1%,但他们的移动购买占总市场份额的 20% 左右。图 6-1 描述了整个市场的移动采购时间序列。电影市场正处于夏季假期(7月)至寒假(2月中国春节)的旺季。因此,在此期间,移动购买量相对较高。寒假过后,电影市场通常回归淡季,除了国庆假期外的一个小高峰。我们在随后的模型中控制这些季节性效应。

表 6-2 描述性分析

变量	全部市场				低介入细分市场				高介入细分市场			
	M	SD	Min	Max	M	SD	Min	Max	M	SD	Min	Max
Sales	2432	360	1728	3180	1955	272	1392	2594	476	98	255	621
Calls	29999	2672	24351	35504	27980	2593	22454	33291	2009	154	1615	2391
BBA	38733	4128	28986	48771	37050	4012	27639	46927	1690	135	1313	1925
PWA	925312	185276	601303	1223729	913161	184882	589992	1210618	12403	614	11227	13459
LBA	187518	14309	162958	228074	185482	14281	161012	225954	2012	46	1932	2146

注:BBA = 基于行为的 LBA;PWA = 弹窗广告;LBA = 基于位置的广告。

表 6-3 协变量描述性分析

变量	M	SD	Min	Max
周末	0.40822	0.49218	0	1
假期	0.06301	0.24332	0	1
Blockbuster	2.43562	1.05317	1	5

表6-4 第一次差分化后的稳定性检测

测试	所有细分市场 Tau	P值	低介入细分市场 Tau	P值	高介入细分市场 Tau	P值
ΔSales	-13.58	<0.001	-14.15	<0.001	-12.68	<0.001
ΔCalls	-16.34	<0.001	-16.54	<0.001	-14.45	<0.001
ΔBBA	-13.71	<0.001	-13.80	<0.001	-12.23	<0.001
ΔPWA	-13.42	<0.001	-13.43	<0.001	-14.10	<0.001
ΔLBA	-13.25	<0.001	-13.24	<0.001	-13.38	<0.001

注：BBA = 基于行为的LBA；PWA = 弹窗广告；LBA = 基于位置的广告。所有的平稳性检验都是零均值型。

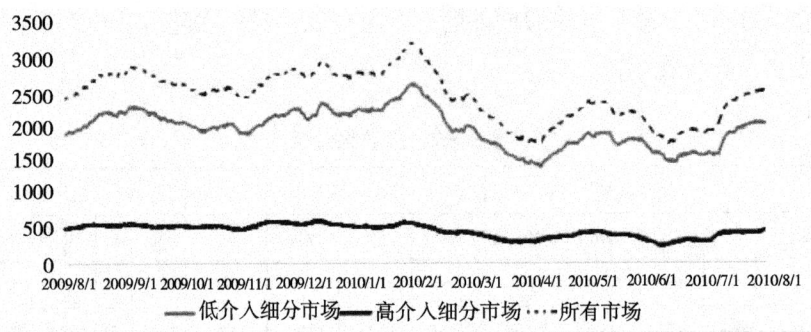

图6-1 低介入部分和高介入部分每日电影票销售

6.1.5.2 Bayesian VAR

矢量向量回归（VAR）模型，适用于通过日常的公司级数据，来捕获LBA和电影票销售之间的复杂动态关系。VAR模型可以将系统中的每个变量，作为所有变量滞后值的函数。在VAR的基础上，向量自回归模型与外生变量（VARX）可以将系统中的每个内生变量，作为所有变量的滞后值的函数。VARX将单个内生变量的回归，扩展到各种内生变量的同时回归。因此，VARX可以对闭环进行建模。①不同类型的广告渠道，它们的交互影响热线电话和电影票销售。②每日广告渠道的决定是基于先前的热线电话和电影票销售。（Bronnenberg，Mahajan和

Vanhonacker, 2000; Dekimpe 和 Hanssens, 1999; Luo, 2009)。本研究构建的 VARX 模型如下:

$$\begin{bmatrix} \Delta Sales_t \\ \Delta Calls_t \\ \Delta BBA_t \\ \Delta PWA_t \\ \Delta LBA_t \end{bmatrix} = \begin{bmatrix} \delta_{10} \\ \delta_{20} \\ \delta_{30} \\ \delta_{40} \\ \delta_{50} \end{bmatrix} + \begin{bmatrix} \delta_{12}t \\ \delta_{21}t \\ \delta_{31}t \\ \delta_{41}t \\ \delta_{51}t \end{bmatrix} + \sum_{j=1}^{p} \begin{bmatrix} \varphi'_{11} & \varphi'_{12} & \varphi'_{13} & \varphi'_{14} & \varphi'_{15} \\ \varphi'_{21} & \varphi'_{22} & \varphi'_{23} & \varphi'_{24} & \varphi'_{25} \\ \varphi'_{31} & \varphi'_{32} & \varphi'_{33} & \varphi'_{34} & \varphi'_{35} \\ \varphi'_{41} & \varphi'_{42} & \varphi'_{43} & \varphi'_{44} & \varphi'_{45} \\ \varphi'_{51} & \varphi'_{52} & \varphi'_{53} & \varphi'_{54} & \varphi'_{55} \end{bmatrix} \begin{bmatrix} \Delta Sales_{t-j} \\ \Delta Calls_{t-j} \\ \Delta BBA_{t-j} \\ \Delta PWA_{t-j} \\ \Delta LBA_{t-j} \end{bmatrix}$$

$$+ \sum_{j=0}^{q} \begin{bmatrix} \theta'_{11} & \theta'_{12} & \theta'_{13} \\ \theta'_{21} & \theta'_{22} & \theta'_{23} \\ \theta'_{31} & \theta'_{32} & \theta'_{33} \\ \theta'_{41} & \theta'_{42} & \theta'_{43} \\ \theta'_{51} & \theta'_{52} & \theta'_{53} \end{bmatrix} \begin{bmatrix} Weekend_{t-j} \\ Holiday_{t-j} \\ Blockbuster_{t-j} \end{bmatrix} + \begin{bmatrix} \varepsilon_{1t} \\ \varepsilon_{2t} \\ \varepsilon_{3t} \\ \varepsilon_{4t} \\ \varepsilon_{5t} \end{bmatrix} \qquad (1)$$

其中 ΔSales 表示每天 t 通过手机购买电影票的变化，ΔCalls 代表手机用户请求电影信息的热线电话的变化，ΔLBA 代表 LBA 的数量变化，ΔBBA 代表基于兴趣的行为目标定位 LBA 的数量变化，ΔPWA 代表 PWA 的数量变化。p 和 q 是滞后长度，ε 是随机干扰项。δ_{10}、δ_{20}、δ_{30}、δ_{40}、δ_{50} 拦截是截距，δ_{11}、δ_{21}、δ_{31}、δ_{41} δ_{51} 捕捉潜在的时间趋势的影响。虽然我们对广告对热线电话产生的影响不感兴趣，但我们也包括热线电话，因为在做广告决策时，公司会考虑热线电话，消费者也可能会使用热线电话信息来减少购买的不确定性。在这个意义上，包括热线电话使得省略的变量偏差减少。

在 VAR 模型中，系数 φ_{15} 在短期内（直接 t+1）和长期（累积 t+1, t+2, t+3, ……，和 t+j）可以估计 LBA 对票房随时间变化的影响。系数 φ_{34}、φ_{35}、φ_{43}、φ_{45}、φ_{53} 和 φ_{54} 在不同的广告渠道，捕获完整的互动效应。这些在短期和长期的系数，都是解决我们研究问题的关键。

此外，系数 φ_{31}、φ_{41} 和 φ_{51} 捕获 LBA 等广告渠道的电影票销售的反馈影响。VAR 可以用于 φ_{11}、φ_{22}、φ_{33}、φ_{44}、φ_{55} 估计所有变量的延滞效应，即过去电影票销售对当前电影票销售的影响。此外，我们将外生变量的影响考虑在内，并通过控制变量（周末、假期、时间趋势和大片）将 VAR 模型扩展到 VARX 模型中。表 6-3 为变量提供了关键的描述性统计。周末控制变量除包括周六、周日外，还包括周五，因为周五晚上消费者通常会去看电影。大片是通过在指定的一周，影院有多少票房超过1亿元（大片）的电影来衡量的。θ_{11}，……，θ_{53} 代表这些外生变量的影响。

最后，基于参数估计结果，我们使用脉冲响应函数（IRFs）来计算动态影响。基于 VARX 模型，IRFs 可以估计其他内生变量，对系统中内生变量造成的意外冲击的动态响应。例如，如果 LBA 改变一个单元，IRFs 可以追踪电影票销售，将如何在接下来的9天内对这一变化做出反应。基于 IRFs，我们使用累加 IRF（AIRF）来度量长期影响，由 t+1 期的 IRF 和 t+j 周期的 IRFs 的总和计算。

附录中给出了关于 VARX 估计、IRF 推导和 AIRF 计算的更多细节。

6.1.5.3 平稳性测试和模型选择

在 VAR 模型中，固定性是检验时间序列数据的一个重要假设，以防止虚假结果（Dekimpe 和 Hanssens，1999；Luo，2009）。固定性测试有许多，最常用的方法是 ADF 测试。我们进行了 ADF 测试，发现大多数变量都不是固定的。但第一次差分后，全部是在 $p < 0.001$ 的水平下，零均值的固定型，意味着零假设是存在一个第一次差分化移动购买、电话和广告变量可以被拒绝的单位根，如表6-4所示。

为了确定 VAR 模型的最优滞后长度，我们计算了4个拟合良好的指标，修正了 AIC（Akaike information 准则）、HQC（Hannan - Quinn 准则）、AIC 和 HQC 的统计数据，表明 VARX（1，0）模型对所有四种 VARX 模型都是最优的，如表6-5所示。此外，我们还对 VAR 残差的各种假设（多变量正规性、不作为变量偏差、White 异方差性测试和 Portmanteau 自相关）进行了测试。在95%的置信水平上，没有发现任何违反这些假设的情况。根据 VARX（1，0）模型的单位根检验，模型 AR 特征多项式根的模小于1，所有5个特征根都在单位圆内，从而确定了 VARX（1，0）过程的固定性。

6.1.6 研究结论

这项研究揭示了几个关键的结果。首先，LBA可以预测并影响短期和长期的电影票销售。平均而言，LBA对电影票销售的影响可持续9天左右，其累计影响是直接影响的两倍多。其次，我们提出并支持对LBA有效性的不对称观点。尽管高介入的消费者更有可能立即购买定位目标广告的电影，但低介入消费者需要更多的时间来做出反应（在接下来的9天内）。这些发现对文献理论来说具有重要的影响力，有如下两个原因：①我们证明了LBA的媒体回报可以是高的，但是是异质的，在针对高介入的电影观众时有更高的责任；②市场责任研究很少追踪长期的累积效应。我们的研究结果指出，在低介入消费者中监控LBA延迟的累积售票效果非常重要。再者，我们比较了公司三个广告渠道的有效性，研究表明，无论是高介入人群还是低介入人群，LBA对销售的影响都大于PWA。最后，我们进一步研究了系统时间序列模型在媒体经济学中的应用。开发的VAR模型可以在不同的电影广告中，对LBA的长期效应和交互效应进行评估，并比较它们在时间变化中的相对销售影响。

6.1.6.1 LBA在短期和长期内影响门票销售

表6-6展示了LBA生成的短期和长期的电影票销售。在细分市场中，平均来看LBA积极且显著地与电影销售联系在一起。一个单位的LBA在接下来的9天中，无论是在短期还是在长期内，都生成大量的电影票销售。具体地说，总共增加了1000个LBAs，在短期内增加了316张票的销售，长期增加了753张电影票销售。此外，长期影响是LBA对电影票销售的短期影响的两倍以上。LBA对电影票销售影响的衰减时间，在均衡中达到0之前为9天。因此，研究结果表明，LBA在短期和长期生成电影票购买都有效。

基于位置的精准营销研究

表6–5 不同时滞性的 VARX 模型比较

指数	VARX (1, 0)	VAR (2, 0)	VAR (3, 0)
AICc	64.34	64.43	64.55
HQC	64.53	64.72	64.93
AIC	64.33	64.41	64.52
SBC	64.82	65.17	65.55

注：VAR = 向量自回归模型；VARX = 外生向量自回归模型变量；AICc = 纠正 Akaike 信息标准；HQC = Hannan – Quinn 准则；AIC = 赤池信息量准则；SBC = Schwarz Bayesian 准则。

表6–6 LBA 对门票销售的短期和长期影响

市场	短期	长期	短期/长期	衰退时间（天）
所有细分市场	0.00316*** (0.00057)	0.00753** (0.00374)	0.420	9
低介入细分市场	0.00305*** (0.00051)	0.00749** (0.00360)	0.407	9
高介入细分市场	0.11338*** (0.03269)	0.11338*** (0.03269)	1.000	1 (0.03269)

注：LBA = 基于位置的广告。这些系数表示短期内（例如0.00316）或长期（例如0.00753）的电影票的销售额变化，将由 LBA 数量的另一个变化触发。

**$p < .05$. ***$p < 0.01$。

6.1.6.2 LBA 在高介入领域销售的累积影响远大于低介入段

如表6–7所述，不对称效应确实存在。具体来说，LBA 在高介入消费者中，对电影票销售的直接影响显著大于低介入群体。实际上，前者的影响规模是后者的37倍。此外，LBA 在高介入群体销售的累积影响也显著大于低介入段（约15倍）。

此外，LBA 的衰减效应在高低介入群体中也不同。在低介入群体，衰减时间持续9天，这表明低介入群体会花更多的时间对 LBA 做出反应。但在高介入群体，其衰减时间只持续1天，比低介入群体时间要短得多。这些不对称衰变结果表明，注意消费者群体之间的异质性是很重要的。对于高介入度的人来说，对 LBA 的销售反应是立竿见影的，或许是因为他们的高参与度和冒险态度。但对于低介入消费者，营销者应该追踪一段时间的累积效果，不要快速得出 LBA 对低介入群体几乎无效的结论，因为低介入群体对 LBA 的销售反应并不是直接的，而是在一段长期的时间中慢慢积累的。

6.1.6.3　LBA 票务销售影响比 PWA 高低介入受众群体的影响强

此外，我们比较了三个广告渠道的有效性。如表 6-7 所述，在规模上，BBA 对销售的影响最大，其次是 LBA 和 PWA。事实上虽然都显著，但对于高介入群体来说，LBA 对销售的短期影响是在线 PWA 的 10 倍，而长期影响是其 40 倍。此外，对于低介入群体来说，LBA 对销售的短期影响是在线 PWA 的 30 倍，而长期影响约为其 60 倍。然而，在持续时间上，三个广告渠道的影响模式是完全不同的。对于 LBA，它的影响在低介入群体持续 9 天，在高介入群体只持续 1 天。然而，对于 BBA 来说，它的影响逐渐减弱，在低介入群体有 3 天，在高介入群体有 10 天。对于 PWA 来说，它的影响只在低介入群体持续 1 天，但在高介入群体持续 9 天。因此，两个消费群体和三个广告渠道之间的衰减时间，是非常不同的。在低介入群体，LBA 的影响时间最长，在线 PWA 的影响最短。但在高介入群体，LBA 只具有短期影响，而基于兴趣的行为目标 LBA 和在线 PWA 具有更长的持续性影响。

表 6-7　不同广告频道对门票销售的影响比较

市场	广告频道	短期	长期	短期/长期	衰退时间（天）
低介入细分市场	BBA	0.01215*** (0.00250)	0.02100** (0.01046)	0.579	3
	PWA	0.00016** (0.00008)	0.00016** (0.00008)	1.000	1
	LBA	0.00305*** (0.00051)	0.00749** (0.00360)	0.407	9

续表

市场	广告频道	短期	长期	短期/长期	衰退时间（天）
高介入细分市场	BBA	0.19830*** (0.02378)	0.59275** (0.27767)	0.335	10
	PWA	0.01559*** (0.00515)	0.03329** (0.01657)	0.468	9
	LBA	0.11338*** (0.03269)	0.11338*** (0.03269)	1.000	1

注：BBA = 基于行为的 LBA；PWA = 弹出窗口广告；LBA = 基于位置的广告。该系数表示短期（如 0.01215）或长期（如 0.02100）的电影票销量变化，将由 LBA 数量的再一次变化触发。

$p<0.05$；*$p<0.01$。

至此，本研究给出了本章刚开始所提出的三个研究问题的答案。首先，对于 LBA 的销售效果而言，LBA 在短期和长期内都影响了电影票销售，其中长期影响是短期影响的两倍以上。其次，LBA 在高介入群体中对电影票销售的直接影响，显著大于低介入群体。并且对于高介入群体而言，销售的反应是立竿见影的，而对于低介入群体则需要花费一些时间。最后，LBA 和 PWA 对于销售的影响都显著，但是对于不同的群体其影响持续时间存在差异。对于高介入群体，LBA 的影响不比 PWA 更具持续性。而对于低介入群体，LBA 的影响更长。

6.1.6.4 启示

这项研究对电影发行商和电影经理们有着重要的影响。首先，他们关心的是超越心理测量范围的销售结果。我们对 LBA 和其他 LBA 类型的票务销售影响提供了一个可量化的衡量标准，这有助于他们保护技术投资，并建立新广告渠道和 IT 媒体的执行责任（Gao 和 Hitt，2012；Tambe 和 Hitt，2012）。此外，研究结果表明，面对不同受众群体中 LBA 效果异质性的挑战，市场营销人员应该考虑跟踪工具，来在观众中估计和模拟电影参与度。物理和时间上的接近消费，并不一定导致冲动购买，绝大多数观众，尤其是低介入的观众，都不参与冲动消费。受众细分可以让营销人员，更客观地评价 LBA 的电影票销售影响。我们的发现还表明，为观众提供各种工具来促进产品购买将是有效手段。例如，低介入受众可能需要更多的时间，进行信息搜索和产品评估，而营销人员应该考虑设计移动应用，以更好地服务于异构受众群体。提供基于受众细分策略的个性化移动应用，可以提高票房成绩。

影院经理们也会重视 LBA 在不同的 LBA 投放渠道的相对优势，以提高电影票销售结果。表 6-8 显示如果影院将观众从 PWA 转换到 LBA，销售将会增加。对于移动服务提供商而言，针对低介入消费者，短期销售的收益将提高 18 倍（0.0028／0.00016），而长期效果的收益将是更有效的 46 倍（0.00733／0.00016）。针对高介入消费者，收益也相当可观。短期销售的收益是前者的 6 倍（0.0979／0.01559），长期销售的收益是后者的 2 倍（0.07009／0.03329）。

结果表明，如果我们想要增加电影票销售，针对低介入群体，则需要短期增加 328 个 LBAs，长期增加 134 个 LBAs 或者长短期增加 6250 个 PWAs。针对高介入群体，如果想要增加销售，短期需要增加 64 个 PWAs，长期需要增加 30 个 PWAs，或长短期增加 9 个 LBAs。因此，新媒体技术使电影经理能够衡量两种新媒体广告的成本效率，并确定哪一种广告更有效。此外，电影经理可以比较不同媒体的相对效果，然后优化广告组合，以降低广告成本。

表 6-8　当一个消费者从弹窗广告转向基于位置的广告时的销售影响

细分市场	短期影响	长期影响
低介入细分市场	0.00289	0.00733
高介入细分市场	0.09779	0.07009

6.1.6.5　局限性

尽管有大量的实证产出，但这项研究仍存在局限性。首先，我们无法分析电影 LBA 与传统广告的比较优势，例如电视和户外广告，因为我们的数据集中没有传统的广告信息。其次，我们很难提出强有力的因果关系。我们分析了二次数据，但没有控制现场实验数据，因此，不能完全排除其他解释。最后，我们没有调查个人层面的消费者异质性，也不能从公司层面的汇总数据来估计 LBA 在移动用户之间的异质性票务销售影响。

附录

贝叶斯估计

我们使用贝叶斯方法来估计所有的自由参数，因为它可以避免强制性共线性问题，解释缺失数据，提高 VARX 模型的结果鲁棒性（Litterman, 1986）。

具体来说，如果我们定义向量如下：

$$y_t = (y_{1t}, \cdots, y_{kt})' = (\Delta Sales_t, \Delta Calls_t, \Delta BBA_t, \Delta PWA_t, \Delta LBA_t)',$$
$$x_t = (x_{1t}, \cdots, x_{mt})' = (Weekend_{i-j}, Holiday_{i-j}, Blockbuster_{i-j})',$$
$$\delta_0 = (\delta_{10}, \cdots, \delta_{k0})', \delta_1 = (\delta_{11}, \cdots, \delta_{k1})', \varepsilon_t = (\varepsilon_{1t}, \cdots, \varepsilon_{kt})',$$

此时方程（1）可表达为 VAR（p, q）的简单形式：

$$y_t = \delta_0 + \delta_1 t + (\Phi_1 y_{t-1} + \cdots + \Phi_p y_{t-p}) \\ + (\Theta_0 x_t + \Theta_1 x_{t-1} + \cdots + \Theta_q x_{t-q}) + \varepsilon_t \tag{2}$$

其中 $t = 1, \ldots, T_n$ $E(\varepsilon_t) = 0$, $E(\varepsilon_t \varepsilon_t') = \Sigma$；如果 $t \neq s$，此时 $E(\varepsilon_t \varepsilon_t') = 0$；$\Phi_p$ 是 $k \times k$ 矩阵，Θ_q 是 $k \times m$ 矩阵。基于方程（2），VAR 可进一步表示为简单的回归形式：

$$Y = XB + \varepsilon \text{ or } y = (X \otimes I_k) \beta + e \tag{3}$$

其中：

$$Y = (y_1, \cdots, Y_T)', B = (\delta_0, \delta_1, \Phi_1, \cdots, \Phi_p, \Theta_0, \cdots, \Theta_q)',$$
$$X = (X_1', \cdots, X_T')', X_t = (1, t, y_t', \cdots, y_{t-p}', x_t', \cdots, x_{t-p}')',$$
$$E = (\varepsilon_1, \cdots, \varepsilon_T)', y = vec(Y), \beta = vec(B'), e = vec(E')$$
$$\tag{4}$$

If $\beta \sim N(\beta^*, V_\beta)$ 则先验分布的密度函数为：

$$f(\beta) = (\frac{1}{2x})^{k^2p/2} |V_\beta|^{-1/2} \exp[-\frac{1}{2}(\beta-\beta^*)'v_\beta^{-1}(\beta-\beta^*)] \quad (5)$$

高斯函数的似然函数为：

$$l(\beta|y) = (\frac{1}{2\pi})^{kT/2} |I_t \otimes \Sigma|^{-1/2} \times$$

$$\exp[\frac{1}{2}(y-(X \otimes I_k)\beta)'(I_T \otimes \Sigma^{-1})(y-(X \otimes I_k)\beta)] \quad (6)$$

因此，后验分布的密度函数是：

$$f(\beta|y) \propto \exp[-\frac{1}{2}(\beta-\beta')\Sigma_\beta^{-1}(\beta-\bar{\beta})] \quad (7)$$

后验均值为：

$$\beta = [V_\beta^{-1} + (X'X \otimes \Sigma^{-1})]^{-1}[V_\beta^{-1}\beta^* + (X' \otimes \Sigma^{-1})y] \quad (8)$$

后验协方差矩阵为：

$$\Sigma_\beta = [V_\beta^{-1} + (X'X \otimes \Sigma^{-1})] \quad (9)$$

实践中，先验均值 β^* 和先验方差 V^β 需要具体化。根据 Litterman（1986），（1）除因变量的第一个滞后系数外，所有的参数都假定为零，即给定一个先验平均值，且（2）先验方差可给出：

$$V_{mn}(1) = \begin{cases} (\lambda/l)^2 & \text{if } m = n \\ (\lambda\theta\delta_{mn}/l\delta_{MN})^2 & \text{if } m \neq n \end{cases} \quad (10)$$

其中 $V_{mn}(1)$ 是 Φ_p 中第（m, n）个先验方差，λ 是 Φ_p 中对角元素先验标准差，θ 是（0, 1）之间的常数，σ_{mn}^2 是 Σ 第 m 个对角元素。

估计长期影响：脉冲响应函数

VAR 模型中的脉冲响应函数（IRF），可以直观地呈现出 LBA 在票面销售上的时变动态，并识别出衰减模式。

基于 VARX 模型，IRF 是动态系统对外界变化的反应。

例如，如果 LBA 更改一个单元，IRF 可以跟踪票务销售在未来 20 天内如何响应这个更改。

假设方程（2）是一个平稳过程，Wold 分解定理认为方程（2）可以用移动平均的方式分解。

每个变量表示为电流和滞后线性组合，过程如下：

$$y_t - \sum_{j=1}^{p} \Phi_j y_{t-j} = \delta_0 + \delta_1 t + \sum_{j=0}^{q} \Theta_q x_{t-j} + \varepsilon_t \tag{11}$$

此时方程（11）可表示为：

$$(I - \Phi_1 L - \Phi_2 L^2 \cdots - \Phi_P L^P) y_t = \delta_0 + \delta_1 t + \sum_{j=0}^{q} \Theta_q x_{t-j} + \varepsilon_t \tag{12}$$

$$\begin{aligned} y_t &= (I - \Phi_1 L - \Phi_2 L^2 - \cdots - \Phi_P L^P)^{-1} (\delta_0 + \delta_1 t + \sum_{j=0}^{q} \Theta_q x_{t-j}) \\ &+ [(I - \Phi_1 L - \Phi_2 L^2 \cdots L - \Phi_P L^P)^{-1}] \varepsilon_t \end{aligned} \tag{13}$$

If $(I - \Phi_1 L - \Phi_2 L^2 - \cdots - \Phi_P L^P)^{-1} = \psi(L)$，方程（13）变为：

$$\begin{aligned} y_t &= \psi(L) (\delta_0 + \delta_1 t + \sum_{j=0}^{q} \Theta_q x_{t-j}) + \psi(L) \varepsilon_t \\ &= \psi(L) (\delta_0 + \delta_1 t + \sum_{j=0}^{q} \Theta_q x_{t-j}) + \varepsilon_t + \psi_1 \varepsilon_{t-1} + \psi_2 \varepsilon_{t-2} + \cdots \end{aligned} \tag{14}$$

此时，在 t + s 时：

$$\begin{aligned} y_{t+s} &= \psi(L) (\delta_0 + \delta_1 t + \sum_{j=0}^{q} \Theta_q x_{t-j}) + \varepsilon_{t+s} + \psi_1 \varepsilon_{t+s-1} \\ &+ \psi_2 \varepsilon_{t+s-2} + \cdots + \psi_s \varepsilon_t + \psi_{s+1} \varepsilon_{t-1} + \cdots \end{aligned} \tag{15}$$

从方程（15），我们可得出：

$$\frac{\partial y'_{t+s}}{\partial \varepsilon'_t} = \psi_s = [\psi_{ij}^{(s)}], \quad \frac{\partial y'_{i,t+s}}{\partial \varepsilon'_{jt}} = \psi_{ij}^{(s)}, \quad \psi_{ij}^a = \sum_{s=1}^{T} \psi_{ij}^{(s)},$$

其中 ψ, 是包含 $\psi_{ij}^{(s)}$ 中元素的 k×k 矩阵，$\psi_{ij}^{(s)}$ 为 IRF，表示变量创新对滞后周期的变量值的影响。$\psi_{ij}^{(a)}$ 表示 AIRF（累计 IRF），或第 j 个变量变化对第 i 个变量值的累积影响。根据以前的研究，短期影响应被 $\psi_{ij}^{(1)}$ 测量且长期效应应被 $\psi_{ij}^{(a)}$ 测量（Bronnenberg 等，2000；Pauwels 和 Hanssnes，2007）。

6.2 量化移动营销服务补救对手机用户的动态影响：以中国移动手机市场为例

6.2.1 研究问题

服务失败是服务企业无法回避的问题，即使最受青睐的服务商也难以保证"零缺陷"的服务（Hess，Ganesan 和 Klein，2003），服务质量的波动必然导致服务失败的发生。服务失败越严重，客户不满意就越强烈，顾客的不满进一步影响 LBA 的销售效果。因此管理层会采取恢复策略降低顾客流失率，维持、提升顾客满意度，来保证 LBA 的销售效果是非常关键的。服务补救是管理者面临的一个重要问题。

而服务补救是指组织机构，为了应对服务失败而采取的行动（Grönroos，1988），是降低服务失败负面影响的关键。在补救过程中，顾客会比接受日常服务和首次服务投入更多的情感和精力，补救不当会造成比服务失败更严重的不满，补救恰当会提高顾客满意、总程度和正面口碑意愿（Hart，Heskett 和 Sasser，1990）。同时，补救管理对客户的评估有重大影响，因为客户在面对公司第一次补救措施时会有情绪化。他们通常不满意公司服务补救的失败，而不是服务失败本身（Berry 和 Parasuraman，1991；Bitner，1990；Hess，Ganesan 和 Klein，2003；Luo，2007）。

之前的研究表明，不同营销手段的服务补救程度（峰值影响）和时间（积累时间）是不同的（Bronnenberg 等，2008；Dekimpe 和 Hanssens，1999；Luo，2008，2009）。在解决服务失败时，企业可能会采取各种补救策略，包括质量改善、补偿、道歉和沟通这四大措施。在移动商务迅速发展的当下，道歉、沟通等措施越来越多地，通过移动营销策略实现。量化以上补救策略对手机用户的动态影响，在重大服务失败后挽回客户满意度的动态作用，能够拓展以往研究，帮助企业降低顾客流失率，保证今后 LBA 的销售效果以及长期的营销效果。因此，本研究探索在 LBA 背景下，将服务补救作为反向营销方式，探索其对顾客的动态影响。

6.2.1.1 时间变量与服务补救的关系

对于服务补救策略对顾客满意度的影响，是短期还是长期的衰减，以前的文献没有提供直接的答案，但现有研究提到可能会出现短期或长期的衰减，具体取决于服务补救工作的具体类型。例如，根据情绪灌注模型（AIM；Forgas，1995），在短期内，消费者更可能依赖他们的感受，因为感觉通常是立即产生的（Pham 等，2001）。也就是说，情感反应比认知反应要快得多。然而随着时间的推移，客户体验的积累，情感因素对客户满意度的影响会降低，而认知因素对客户满意度的影响会增加（Homburg，Koschate 和 Hoyer，2006）。这是因为当顾客作出判断时，认知因素比情感因素更可靠（Leventhal，1980）。因此，情感因素会引起短暂的反应，从而导致短暂的衰退。相反，认知因素会诱发长期反应及对顾客满意度产生影响，从而导致长期衰退。

根据服务补救工作的定义，质量改进、补偿和沟通的补救策略更接近认知因素，但道歉更多地与情感因素有关。更具体地说，质量改进策略可以提高服务效率，最大限度地减少相同服务失败情况的再次发生，并通过提高服务质量来降低客户期望的不确定性（Johnston 和 Fern 1999；Luo 和 Bhattacharya，2006；Oliver 和 Swan，1989a）。所有这些都属于认知因素类别。因为补偿涉及组织的经济激励（Smith，Bolton 和 Wagner，1999），如果顾客认识到经济激励策略可以抵消他们的损失，那么他们就会满意。所以，补偿策略是一个认知因素。沟通策略是公司努力让客户意识到其补救的步骤行动（Van Vaerenbergh，Lariviere 和 Vermeir，2009）。为了调整对服务质量的期望，沟通策略可以塑造和改变顾客的认知。此外，服务提供者的道歉策略向客户传递了礼貌、谦虚、关心、努力等（Hart，Heskett 和 Sasser，1990）。在社会交换和公平理论中，道歉被视为重新分配自尊价值的奖励（Hatfield，Walster 和 Berscheid，1978），并会引起情感反应（Smith，Bolton 和 Wagner，1999）。因此，服务营销文献预测，质量改进，补偿和沟通的策略更接近认知因素，因而会有较长的衰退（更具有持续性的影响）。相比之下，道歉更接近于情感因素。

大多数先前的服务补救措施是静态的（通常是实验性的）。并且，前人的纵向研究很少（Bolton 和 Drew，1991），他们的数据只有三个时间点，且不能准确分析时变影响。以往的时间序列研究，指出了市场工具的积累和衰减效应（Little，1979；Luo，2009）。根据以往文献以及这一研究流程，我们将探索服务恢复策略对顾客满意度的影响衰退是怎样的，以及服务恢复策略的累积程度的高低。

6.2.1.2 *服务补救四大措施效果——提供质量、补偿、交流、道歉*

除了衰减异质性之外，服务补救策略可能在增加重建强度和峰值影响的时间方面有所不同。许多学者已经确定了质量改进的服务补救策略，对满足顾客满意度的重要性，因此，在处理顾客抱怨和不满时，质量改进策略相对于补偿或道歉的策略有更强的积累效应（Hart，Heskett 和 Sasser，1990；Tax，Brown 和 Chandrashekaran，1998）。此外，之前的研究（Johnston 和 Fern，1999；The National Complaints Culture Survey，2006）指出，在服务失败之后，客户最期望的是解决问题，象征主义甚至补偿都不是客户最想要的。调查还发现，在服务质量较差的情况，免费的商品或服务只对不到5%的客户是有用的。事实上，质量改进策略是处理投诉时最重要手段，并且对顾客满意度影响最大（Hart，Heskett 和 Sasser，1990；Johnston 和 Clark，2005；Reichheld 和 Sasser，1990；Stauss，1993）。因此，在四项服务补救策略中，质量改善对客户满意度的影响最高。

根据社会交换理论，服务补救可以被看作是交换，在交换中，客户由于失败而遭受损失，并且公司试图以补救的形式，来弥补对顾客服务的失败。社会交换和公正（Oliver 和 Swan，1989b；Walster，Berscheid 和 Walster，1973）指出了可能影响顾客满意的三个维度，其中，分配公正，涉及了资源分配和交换的预期结果（Adams，1966）；程序公正，涉及作出决定和解决冲突的手段（Thibaut 和 Walker，1975）；互动公正，涉及了信息交换和结果交流的方式（Bies 和 Moag，1986）。对60

项独立研究的分析表明，无论是重建强度还是响应时间方面，客户满意度在分配公正、行为公正以及程序公正这三方面受影响最大（Ossingher，Valentini 和 de Angelis，2010）。由于补偿策略是唯一影响分配公平的恢复策略（这是影响顾客满意度最有效的公平维度），所以社会交换和公平理论认为，相比于道歉和沟通策略，补偿策略的影响具有更高的峰值和更快的积累量。

关系营销相关文献表明，及时的沟通可以提高客户的信任，这是提升客户关系和满意度的关键因素（Morgan 和 Hunt，1994）。审慎的沟通在解决纠纷时更为有效，而不仅仅使用补偿或道歉策略（Anderson 和 Narus，1990；Moorman，Deshpande 和 Zaltman，1993）。另外，沟通策略让客户意识到公司会试图解决问题（Va'zquez Casielles, Sua'rez Alvarez 和 Di'azMarti'n，2010），这将使公司获得更多的客户信任。因此，关系营销说明了沟通补救措施，可以有效地促进客户与企业之间的关系，从而提升更高的客户满意度，更快地弥补客户满意度损失，而不仅仅是赔偿和道歉。

之前的研究表明，不同营销手段的积累量（峰值影响）和时间（积累时间）是不同的（Bronnenberg 等，2008；Dekimpe 和 Hanssens，1999；Luo，2008，2009）。我们将比较服务补救策略对满意度影响的增长强度和持续时间，并且同时检查质量改善、补偿、道歉和沟通四种服务补救策略的相对影响。通过对服务营销相关文献的研究，明确不同的理论视角，如何预测服务补救的时段和意义，从而达到挽回顾客满意度，进一步提升 LBA 销售效果的目的。

6.2.2 理论基础

6.2.2.1 营销动态

营销动态既要考虑到市场上的销量渠道、竞争状况等多种引力，也要考虑到企业的财务状况，社会消费趋势等方面的因素。其须经常考虑和评估各种市场引力及企业自身因素的变化，从而不断调整自己的营销方式、方法或策略，以适应不断变化的市场。从长远来看，营销动态对评估营销变量的时变效应至关重要。之前的时间序列研究指出了"积累和衰减效应"（Little，1979），或广告的"磨合"和"磨损"效应（Pauwels 等，2004）（luo，2009）。根据以前的研究，积累和衰减影响是由动态模型中的脉冲响应函数（IRF）建模的，我们将在 IRF 部分中详细讨论建模短期或长期衰减和累积的强度。在 IRF 达到峰值影响点之前，累积意味可以增加影响效果，而衰减是指从峰值影响点到零（Bronnenberg 等，2008；Pauwels 和 Hanssens，2007），随着时间的推移逐渐减小的影响。其他研究则提出了"持续性"或"动态侵蚀效应"（Bronnenberg，Dhar 和 Dube，2009；Bronnenberg，Mahajan 和 Vanhonacker，2000）和"调整期"（Pauwels，Hanssens 和 Siddarth，2002）或"沉降期"（Nijs 等，2001）。

6.2.2.2 服务补救

服务补救，即企业在对顾客提供服务出现失败和错误的情况时，对顾客的不满和抱怨当即做出的补救性反应。其目的是通过这种反应弥补过错，挽回顾客，重新建立顾客满意和忠诚。如表 6-9 所示，服务补救相关的研究文献中，已经提出了几个重要的补救策略。质量改进策略是公司为避免未来类似的服务失败，而为客户提供优质服务方面的改进（Johnston 和 Michel，2008；Van Vaerenbergh，Larivie`re 和 Vermeir，2009）。补偿策略是指机构提供折扣、免费商品、退款、优惠券等其他经济补偿，以抵消服务失败造成的不平衡（Smith，Bolton 和 Wagner，1999）。服务提供商的道歉措施会向服务失败的客户表达出礼貌、谦虚、担心等（Hart，Heskett 和 Sasser，1990；Kelley，Hoffman 和 Davis，1993；Smith，Bolton 和 Wagner，1999）。此外，交流策略是为了使客户了解问题的根源，以及识别补救过程而采取的公关活动（Andreassen，2000；Van Vaerenbergh，Lariviere 和 Vermeir，2009；Yavas 等，2004）。Smith、Bolton 和 Wagner（1999）通过调查实验证明，例如道歉、赔偿等补救策略，可以快速地影响顾客对公司的认知感，从而影响顾客满意度。

表6-9 服务补救文献

参考文献	因变量	数据	产品和技术	动态影响
本研究	实际销售	销售数据	LBA	是
Ghose 等（2012）	移动浏览	点击流数据	LBA	否
Molitor 等（2012）	优惠点击和使用	点击流数据	LBA	否
Soroa–Koury 和 Yang（2010）	意愿	调查	总体移动推广	否
Xu 等（2009）	意愿	实验室实验	LBA	否
Brunner 和 Kumar（2007）	对 LBA 的态度	调查	总体 LBA	否
Xu 等（2009）	意愿	实验室实验	LBA	否
Ghose 等（2009）	对移动展示广告的回应	点击流数据	移动展示广告（不同位置）	否

6.2.3 研究内容——服务补救措施对恢复顾客满意度的有效性：动态效应、累积强度及高峰时间

由于市场竞争激烈，消费者选择不稳定，中国三大运营商不得不依靠优质的服务质量和服务补救措施，以尽量减少现有用户的流失率，吸引新的用户。并且其本身作为移动营销平台，也通过 LBA 为顾客提供促销活动。因此，中国移动手机市场成为本研究提供测试服务补救措施，恢复和维持客户满意度，以此提升 LBA 销售效果的市场。本研究数据来自对中国移动通信市场的实地考察，公司使用了一种动态、闭环的服务补救策略。更具体地说，公司启动了各种补救措施，以提高客户满意度，并根据每周的消费者满意度调整恢复策略。整个过程共持续39 周。

研究通过使用多变量时间序列模型，来模拟动态服务补救过程，并利用贝叶斯估计来解决过度参数化问题，探索质量改善、补偿、道歉和沟通等四大措施，对顾客满意度动态效果的影响。具体而言，通过比较

四大策略对顾客满意度产生的影响的衰退时间长短，探索服务补救策略对顾客满意度的影响，是短期还是长期的衰退，以及哪种服务补救策略具有较低或较高的重建率。

进一步地研究根据期望框架、社会交换理论和关系营销等相关理论，基于 VAR 模型，通过 IRF 评估服务补救策略，对客户满意度的时间效应，在视觉上呈现时变动态，并识别长期衰减或短衰减模式，以及对峰值点的影响累积。通过比较各补救策略的累积强度和衰减时间长短，识别最有效的恢复顾客满意度的策略。

6.2.4　研究设计——中国移动公司掉线率

由于服务补救策略是在服务失败之后实施的，因此使用真实的服务失败补救时的数据，进行系统的实证研究是一个挑战。如果涉及严重的服务失败问题时，对补救策略的有效性进行实地研究会更具有说服力。

我们的数据是从中国手机通信行业的实地考察中获得的。这个行业是一个典型的寡头市场，只有三大公司。其中一家（以下简称 CM 公司），为我们的研究提供了数据。2007 年，CM 公司对成都（CD）地区的移动网络设备进行了升级，2008 年新网络仍处于调试阶段。然而，2008 年 5 月 12 日，西部地区发生了特大地震，严重地影响了公司 100 多公里以外的服务区域。地震发生后，新安装的网络非常不稳定。导致严重的服务失败，在地震的关键时刻频繁掉线。通常，普通情况下掉线率应该小于 0.3%。不过，地震发生后的掉线率为 8%，是常见掉线率的 27 倍。与此同时，另外两个竞争对手的情况相对较好，没有发生重大的通信故障。因此，CM 公司的客户变得非常不满。每天有高达 3 万的消费者进行热线投诉。为了恢复市场，CM 公司从地震当天就启动了服务补救措施。

公司高层管理人员使用了一种动态、闭环的服务补救策略。更具体地说，公司启动了各种补救措施，以提高客户满意度，并根据每周的消费者满意度，来调整恢复策略。这种闭环策略是我们数据集中的一个独特功能，需要采取适当的方法，来解释服务补救策略与客户满意度之间的完全内生循环关系。CM 公司的补救策略，包括质量改进、补偿、道歉和沟通。接下来讨论他们的措施，由于通信服务失败严重，整个恢复过程持续了 39 周，直到满意度稳定在 95% 左右。因此，数据量包括了 39 周的时间段（2008 年 5 月 12 日至 2009 年 2 月 14 日）。通过电话调查收集数据，这些样本是在经历了严重的服务失败之前，使用移动网络的消费者。为了保证测量的有效性，公司每周都有超过 10% 的用户群（超过 100 万用户）被调查。

6.2.5 数据分析

6.2.5.1 VAR 向量自回归模型

VAR 模型适用于捕捉补救策略和客户满意度之间的复杂动态关系。VAR 模型可以将系统中的每个内生变量，作为所有变量滞后值的函数。它将单一内生变量的回归，扩展到多种内生变量的同时回归。因此，VAR 可以模拟闭环，其中（1）恢复策略及其相互作用影响客户满意度；（2）CM 公司的每周补救策略，来源于上周的客户满意度。VAR 模型可以处理这种内生循环关系（Bronnenberg 等, 2008；Bronnenberg, Mahajan 和 Vanhonacker, 2000；Dekimpe 和 Hanssens, 1999；Luo, 2009；Nijs, Srinivasan 和 Pauwels, 2007）。

在估计中，VAR 模型能够充分反映系统内生变量的时变动态效应。第一，模型可以估计服务补救策略对短期（即时 t+1）和长期（t+1, t+2, t+3, …, t+j）的客户满意度的时变效应，或直接影响。第二，VAR 可以估计消费者满意度对恢复策略的反馈效应，或者反向效应。第三，可以估计所有变量的滞后效应，即以前的顾客满意度对当前顾客满意度的影响。第四，该模型还可以估计复原策略的交叉效应，例如补偿对通信策略的影响。本研究构建的 VAR 模型如下：

$$\begin{bmatrix} CS_t \\ QI_t \\ Compensatoin_t \\ Apology_t \\ Communications_t \end{bmatrix} = \begin{bmatrix} \delta_{10} + \delta_{11}t \\ \delta_{20} + \delta_{21}t \\ \delta_{30} + \delta_{31}t \\ \delta_{40} + \delta_{41}t \\ \delta_{50} + \delta_{51}t \end{bmatrix}$$

$$+ \sum_{j=1}^{J} \begin{bmatrix} \varphi_{11}^j & \varphi_{12}^j & \varphi_{13}^j & \varphi_{14}^j & \varphi_{15}^j \\ \varphi_{21}^j & \varphi_{22}^j & \varphi_{23}^j & \varphi_{24}^j & \varphi_{25}^j \\ \varphi_{31}^j & \varphi_{32}^j & \varphi_{33}^j & \varphi_{34}^j & \varphi_{35}^j \\ \varphi_{41}^j & \varphi_{42}^j & \varphi_{43}^j & \varphi_{44}^j & \varphi_{45}^j \\ \varphi_{51}^j & \varphi_{52}^j & \varphi_{53}^j & \varphi_{54}^j & \varphi_{55}^j \end{bmatrix} \quad (2)$$

$$\begin{bmatrix} CS_{t-j} \\ QI_{t-j} \\ Compensatoin_{t-j} \\ Apology_{t-j} \\ Communications_{t-j} \end{bmatrix} + \begin{bmatrix} \varepsilon_{1t} \\ \varepsilon_{2t} \\ \varepsilon_{3t} \\ \varepsilon_{4t} \\ \varepsilon_{5t} \end{bmatrix}$$

CS 表示客户满意度。服务补救策略，包括质量改进（QI）、补偿、道歉和沟通。另外，t 是时间，j 是滞后长度，e 是随机扰动项。δ_{10}、δ_{20}、δ_{30}、δ_{40} 和 δ_{50} 是截距；φ_{12}、φ_{13}、φ_{14} 和 φ_{15} 为直接影响，φ_{21}、φ_{31}、φ_{41} 和 φ_{51} 为反馈影响，φ_{11}、φ_{22}、φ_{33}、φ_{44}、φ_{55} 为交叉影响，φ_{23}、φ_{24}、φ_{25}、φ_{32}、φ_{34}、φ_{35}、φ_{42}、φ_{43}、φ_{45}、φ_{52}、φ_{53} 和 φ_{54}，捕捉了 VAR 中的服务补救策略之间的影响。为了消除规模差异，我们在估计 VAR 模型之前对变量进行标准化。

6.2.5.2 贝叶斯方法（Bayesian Method）

由于数据只持续 39 个周期，我们使用贝叶斯估计来避免在样本容量有限时，使用 VAR 模型时经常出现的潜在的过度参数化问题（Litterman 1986）。令向量 y_t =（CS_t, QI_t, 补偿$_t$, 道歉$_t$, 沟通$_t$），则等式（2）可以表示为 VAR 的简单形式：

$$yt = \delta_0 + \delta_1 t + \sum_{j=1}^{p} \Phi_j y_{t-j} + \varepsilon_t \quad (3)$$

其中，t = 1，……，T，δ_0，和 δ_1 是 k × 1 向量（k = 5），Φ_1，……，Φ_p 是 k × k 矩阵，ε_1，……$\varepsilon_T \sim N_k$（0，Σ），Σ 是 k × k 的正定误差协方差矩阵。

基于位置的精准营销研究

假设：
$$Y = (y_1, \cdots, y_T)'$$
$$B = (\delta_0, \delta_1, \Phi_1, \cdots, \Phi_p)'$$
$$X = (X_0, X_1, \cdots, X_{T-1})'$$
$$X_t' = (1, t, y_t, \cdots, y_{t-p+1})'$$
$$E = (\varepsilon_1, \varepsilon_2, \cdots, \varepsilon_T)$$
$$y = vec(Y')$$
$$\beta = vec(B')$$
$$e = vec(E')$$

因此，等式3被表述为下列形式：

$$Y = XB + \varepsilon \text{ or } y = (X \otimes I_k)\beta + e \tag{4}$$

如果 $\beta \sim N(\beta^*, V_\beta)$，密度函数的先验分布如下：

$$f(\beta) = \left(\frac{1}{2\pi}\right)^{k^2p/2} |V_\beta|^{-1/2} \exp\left[-\frac{1}{2}(\beta-\beta^*)V_\beta^{-1}(\beta-\beta^*)\right] \tag{5}$$

高斯函数的似然函数如下：

$$l(\beta|y) = \left(\frac{1}{2\pi}\right)^{kT/2} |I_T \otimes \Sigma|^{-1/2} \times$$
$$\exp\left[-\frac{1}{2}(y-(X \otimes I_k)\beta)(I_T \otimes \Sigma^{-1})(y-(X \otimes I_k)\beta)\right] \tag{6}$$

因此，密度函数的后验分布如下：

$$f(\beta|y) \propto \exp\left[-\frac{1}{2}(\beta-\bar{\beta})\overline{\Sigma}_\beta^{-1}(\beta-\bar{\beta})\right] \tag{7}$$

后验平均值如下：

$$\bar{\beta} = [V_\beta^{-1} + (X'X \otimes \Sigma^{-1})]^{-1}[V_\beta^{-1}\beta^* + (X \otimes \Sigma^{-1})y], \tag{8}$$

后验协方差矩阵如下：

$$\overline{\Sigma}_\beta = [V_\beta^{-1} + (X'X \otimes \Sigma^{-1})]^{-1} \tag{9}$$

实际上，先验平均值 β^* 和先验方差 V_β 应该被特定化。根据 Litterman（1986）的文献：（1）所有的系数被假定为0意味着除开系数的第一个滞后因变量，其是被给定为先验平均值为1的量（2）先验方差可以被给定为

$$v_{mn}(l) = \begin{cases} (\lambda/l)^2 & \text{if} \quad m = n \\ (\lambda\theta\delta_{mn}/l\delta_{mn}) & \text{if} \quad m \neq n, \end{cases} \quad (10)$$

$v_{mn}(l)$ 是先验方差 (m, n) th元素 Φ_l，λ 是先验标准差的对角元素 φ_l，θ 是 $(0, 1)$ 区间的连续变量，σ_{mn}^2 是 mth 对角元素 Σ。

6.2.6 研究结论

6.2.6.1 提高质量措施的影响

表6-10质量改进服务补救策略对顾客满意度产生直接的积极影响（c1121）.304，p <.001），累积影响也是正的（ca12 = 2.032，p = 0.034）。图6-2描述了质量改进策略，对消费者满意度的时变影响。增长期从第1周到第7周，第7周达到峰值（见表6-11和表6-12中），随后影响逐渐减少。总衰减周期从第8周到第21周，即一共有14个星期，这表明质量改善策略对消费者满意度的影响，存在长时间的衰减。

表6-10 顾客满意度补救措施的即刻与累积影响

	即刻影响				影响				累积/即刻	峰值冲击
	估计	标准差	t	P值	估计	标准差	t	P值		
顾客满意度	.493	.108	4.570	<.001	2.196	.883	2.487	.017	4.454	.493*** (0.108)
质量提升	.304	.077	3.950	<.001	2.032	.925	2.197	.034	6.684	.489*** (0.106)
补偿	.151	.048	3.180	.003	0.510	.240	2.125	.040	3.377	.181*** (0.053)
道歉	.058	.034	1.740	.092	0.058	.034	1.740	.092	1.000	.058* (0.034)
交流	.113	.048	2.350	.025	0.339	.231	1.727	.089	3.531	.145** (0.064)

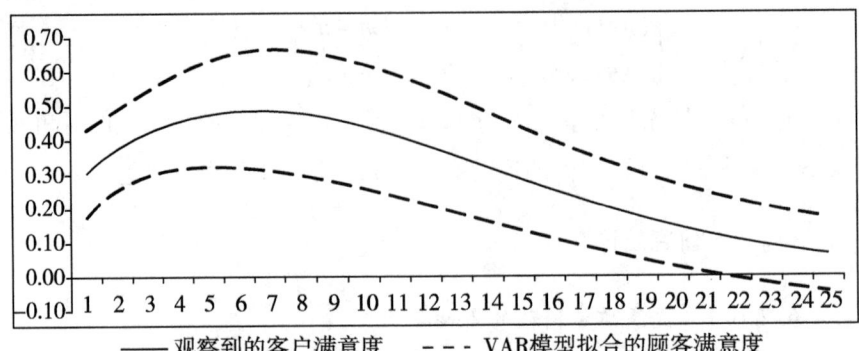

图6-2　质量提升措施对顾客满意度的时变影响

表6-11　建立度与衰减的动态影响

	质量提升		补偿		道歉		交流	
	建立度	衰减	建立度	衰减	建立度	衰减	建立度	衰减
工作周	7	14	3	5	0	1	2	1

注释：一周是完整的。

表6-12　建立强度与时间

	建立时间（周）	建立度峰值点	相对强度
质量提升	7	0.489*** (0.106)	1.000
补偿	3	0.181*** (0.053)	0.370
道歉	1	0.058* (0.034)	0.119
交流	2	0.145** (0.064)	0.297

相对强度假设检验	βa－βb	0.1 level C.V.	检验结论
质量提升＞补偿	0.308	0.197	显著
质量提升＞交流	0.344	0.206	显著
补偿＞道歉	0.123	0.105	显著
补偿＞交流	0.036	0.138	不显著
交流＞道歉	0.123	0.105	显著

注释：质量提升基于相对强度计算。

6.2.6.2 补偿措施的策略影响

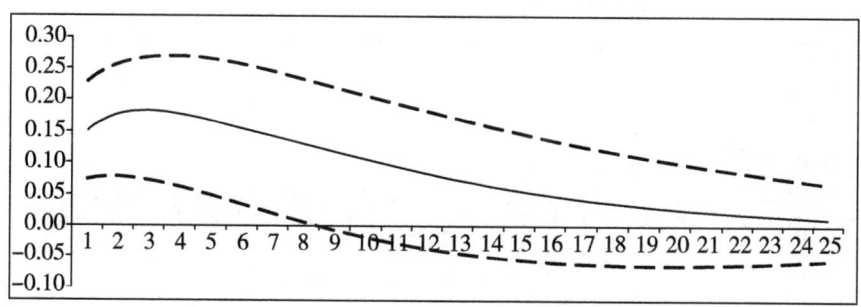

——观察到的客户满意度　- - - VAR模型拟合的顾客满意度

图6-3　补偿措施对顾客满意度的时变影响

表6-12补偿策略提高了顾客满意度（c1131 = 1.151，p = 0.003）或累积效应（ca13 = 0.510，p = 0.040），累积效应是及时效应的3.777倍。补偿策略对消费者满意度的影响，增长期为第一周到第三周，且在第三周达到高峰。如图6-4所示，衰减周期总共为5周，即第四周到第八周。

6.2.6.3 道歉措施的影响

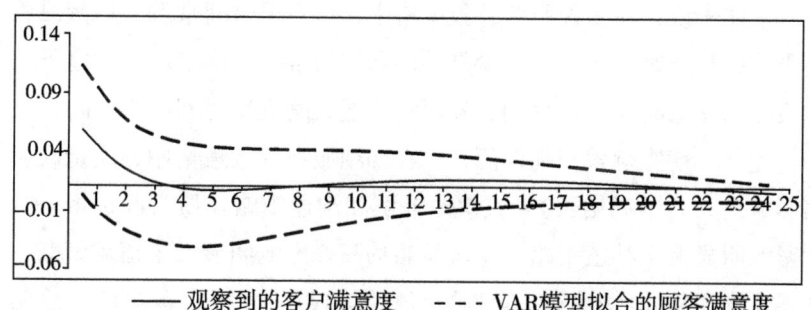

——观察到的客户满意度　- - - VAR模型拟合的顾客满意度

图6-4　道歉措施对顾客满意度的时变影响

表6-12显示了道歉措施对顾客满意有直接的影响（c1.151 = 0.058，p = 0.092），但是在第二个星期之后，则没有显著的效果（c1141 = ca14 = 0.058）。道歉策略对客户满意度的影响迅速下降到零，衰减影响最小。图6-5显示出道歉策略对顾客满意度的影响迅速达到

最高点，然后下降到零，表现出最短时间的衰减。

6.2.6.4 交流措施的影响

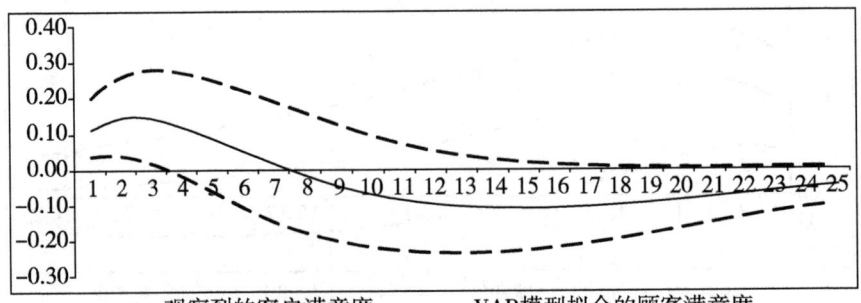

图6-5 交流策略对顾客满意度的时变影响

表6-11沟通交流策略具有重要意义，其不能立即产生积极的影响（c1.151 = 0.113, p = 0.025）和累积效应（ca15 = .399, p = 0.089）。因此，沟通策略倾向于建立无形的东西，并持续影响客户满意度的恢复。图6-5描述了交流策略对客户满意度的时变影响。增长阶段是在达到峰值影响的前2周，衰变期仅持续1周。

6.2.6.5 四大措施对顾客满意度动态效果

总体来说，在四种服务补救策略中，从衰退时间来看，质量改善策略影响的衰减时间最长，至少是补偿和沟通策略的两倍。相比之下，道歉策略的衰退时间是最短的，补偿和沟通策略衰退时间趋于中间。

此外，就影响累积强度而言，在四项服务补救策略中，质量改善策略影响最大（最高增长），其次是补偿和沟通策略。质量改进策略的最大影响明显大于补偿策略。赔偿策略的高峰影响明显大于道歉策略，但并不比沟通策略大得多。沟通的高峰影响明显大于道歉策略。总结一下，即质量改进策略，峰值影响排名第一，其次是赔偿和沟通策略，最后是道歉策略。尽管如此，与其他服务补救工作相比时，质量改进策略需要最长的时间，才能达到峰值影响点（最慢的增长）。此外，道歉策略对消费者满意度的影响最小。有趣的是，补偿往往比沟通策略的积累度相对较高，但后者比前者积累更快。

7 研究总结

7.1 研究结果与结论

精准营销是营销理论希望达成的重要目标,移动互联网技术带来的位置敏感和实时连接使精准营销成为可能。尽管移动互联网营销实践飞速发展,但由于研究方法和数据来源的限制,移动互联网营销中的真实变量因果关系难以验证,阻碍了移动互联网营销理论的发展。这使得在 LBA 效果的精准量化、LBA 的精准投放、移动营销策略的精准匹配方面,依然存有重要的理论空白。

7.1.1 LBA 营销效果的精准量化

本部分通过三个研究展开,以精准评价 LBA 效果。首先,对来自移动运营商向 300 万消费者,平均每天投放的 187518 条 LBA 真实销售数据,构建向量自回归模型,精准量化了 LBA 的动态效果与比较效果然后,与弹出式广告 PVA 相对比,探索了 LBA 的长期、短期精准化效果,研究发现同期 LBA 的销售影响超出了 PUA 10 倍以上,在长期中,LBA 销量影响也超 PUA 3 倍。最后从实时及延后的角度,展开 LBA 的精准化效果研究,研究发现 LBA 对顾客的影响是动态的,包括了当期及延迟影响。

7.1.2 LBA 的精准投放

本部分由三个研究组成，首先采用 11974 个真实样本的现场试验，探索 LBA 投放的位置、时间、内容对广告效果的影响，确认不同位置的 LBA 对消费者购买决策的影响不同，并表明基于位置的移动目标定位的成功取决于时间。然后在距离、时间的基础上，添加个性化因素，以探索 LBA 投放的影响效果，研究发现与个性化信息相比，使用非个性化信息的移动用户通常会产生更高的响应。最后在地铁情景下采用 14972 个真实样本的现场实验，探索拥挤对 LBA 的影响。研究发现拥挤程度与消费者对 LBA 的购买率成正向关系，但不是线性相关。

7.1.3 LBA 的精准匹配

本部分由三个研究构成，首先采用样本量为 10500 和 30300 个真实消费者的两个随机现场实验，以探索 LBA 结合善因营销策略的效果。研究发现温和的价格折扣与善意营销的组合，最能够激发顾客的愉悦感，进而促进购买。然后采用 18000 个真实样本的随机现场试验，探索 LBA 和价格策略的联合作用。研究发现竞争性价格目标定位，可以弱化整体价格竞争，产生比在统一定价情况下更高的利润，当消费者群体导致最佳反应不对称时，竞争性价格目标行为会使价格竞争更加激烈，产生比在统一定价情况下更低的利润。最后探索了竞争性区位定位对 LBA 销售效果的影响，研究发现竞争地点的临近对移动促销具有重要性，利润分流在焦点零售商自己的位置，比竞争定位的位置更严重，在实验中，高折扣是最佳的竞争位置，而中等折扣是最佳的焦点位置。

7.1.4 LBA 营销的场景应用

本部分由两个实例研究组成。在第一个实例研究中，我们与电影院合作，通过手机销售电影票，量化 LBA 在电影票销售中的具体营销作用，研究表明 LBA 在短期和长期生成电影票购买都有效；在第二个实例研究中，与中国移动合作，量化了在 LBA 中的服务补救，LBA 对手机用户的动态影响，研究发现使用 LBA 能够提升手机用户的满意度。

7.2 管理启示

我们的研究同时带来了一些管理上的启示。

第一，营销人员应该意识到针对 LBA 延迟响应的可能性。在我们的研究中，LBA 不仅会立即影响产品的销售，还可以导致延迟销售。对营销主管来说很重要的是，应该在消费者可接受的条件下实施最理想的定位广告，以避免隐私问题。在适当的情况下，无处不在的新移动技术可以让公司在任何时间和地点，向消费者提供相关的且有针对性的优惠广告，从而得到先前难以抓住的新营销机会。

第二，虽然情境营销有巨大的潜力，但管理者应该注意到目标非近距离的反向效应。因此，市场营销管理者必须谨慎地设计手机运动，以平衡及时信息的目标，避免使用"猎枪方式"疏远客户的风险。营销人员还应该将注意力从多点触点转移到正确的位置。同时有必要提醒各公司，在迎合顾客需求时，不要提前太短或太长的时间发送通知的目标策略。我们的发现，强调了理解客户场景的重要性，公司通过了解客户是谁以及他们目前正在做什么，来实现更大的移动目标效率。

第三，利润分流在焦点零售商自己的位置比竞争定位的位置更严重。这创造了一个短期激励价格歧视：在实验中，高折扣是最佳的竞争位置，而中等折扣是最佳的焦点位置。我们建议营销人员谨慎设计折扣方案，以优化自己的手机促销活动。长期以来，随着这些工具的可用性和精度逐渐提升，位置目标有加强竞争的潜力；目前，我们发现它们为聪明的营销人员提供了一种实质的战术优势。

第四，此前的研究表明，当企业考虑采用新的目标定位技术时战略考虑的重要性。我们通过使用一个结构模型来说明这个实验没有包含每个公司的最佳反应水平。实验和模型的结合以无模型的方式，为那些可能无法测试"足够"价格点来观察最佳或平衡的实践者，提供了一个实用的解决方案。

第五，管理者可能会试图通过提供深度折扣来吸引客户、增加销售。然而，我们发现温和的折扣（10%~30%的折扣）可以放大善因营销的销售影响，而深层折扣（50%及以的折扣）实际上会削弱它。因此，管理者可以节省一些他们的促销预算，但仍然可以实现更多的销售。此外，当营销人员对接近于促销商店或活动的客户采用实时的LBA时，他们应该避免个性化他们的消息，以避免失去潜在的目标客户。

7.3 研究局限

同时，我们的研究也存在一些局限。

第一，本研究只分析了二手数据和不可控的现场实验数据。因此，不能完全排除其他解释变量；我们没有调查用户异质性，因而无法估计公司总体数据的异类销售影响；由于数据只来源于一个移动公司，所以实证结果无法进行更多的推广；我们选择的行业也有局限，研究数据来自电信企业的真实数据，研究结论是否适用于其他行业，仍需要进一步验证。

第二，研究只是系统研究移动营销的第一步，其他LBA效果的影响因素，还需要继续考量拥挤程度与LBA效果之间的关系还需要更细致的考量。

第三，尚未解决在多阶段环境中，可能出现的消费者群体定义的潜在内生性。在实践中，因为目标定位吸引更多的消费者进入影院，它内在地改变了"近因"群体的构成。我们定义的"近因"是基于消费者在正常票价下对影院的访问，而不是基于有针对性的促销价格的访问。然而，未来研究的一个有趣的方向是，探索动态如何影响均衡目标定位，以及公司是否会继续从行为目标定位中获利。

参考文献

[1] ACHROL R S, KOTLER P. Marketing in the network economy [J]. Journal of Marketing, 1999, 63 (1): 146-163.

[2] ADAM S J S. Inequity in social exchange [M]. Advances in experimental social psychology. Academic Press, 1965, 2: 267-299.

[3] AGARWAL A, HOSANAGAR K, SMITH MD. Location, location, location: an analysis of profitability of position in online advertising markets [J]. Marketing res, 2011, 48 (6): 1057-1073.

[4] AIELLO J R, DERISI D T, EPSTEIN Y M, KARLIN R A. Crowdedness and the role of interpersonal distance preference [J]. Sociometry. 1977, 40 (3): 271-282.

[5] AINSLIE G. Specious reward: A behavioral theory of impulsiveness and impulse control [J]. Psychological Bulletin. 1975, 82 (4): 463-509.

[6] AINSLIE ANDREW, DREZE XAVIER, ZUFRYDEN FRED. Modeling movie lifecycles and market share [J]. Marketing science, 2005, 24 (3): 508-517.

[7] ANDERSON EROC, ANDDUNCAN SIMESTER. Advertising in a competitive market: The role of product standards, customer learning, and switc-

hing costs [J]. Journal of marketing research, 2013, 50 (4): 489 – 504.

[8] ANDREWS M, LUO X, FANG Z, GHOSE A. Mobile ad effectiveness: hyper – contextual targeting with crowdedness [J]. Marketing Science, 2016, 35 (2): 218 –233.

[9] A ANSARI, CF MELA, SA NESLIN. Customer channel migration [J]. Journal of marketing research, 2008, 45 (1): 60 –76.

[10] ANGIE WADE. Matched sampling for causal effects [M]. Cambridge University Press, 2006.

[11] BERRY L L, PARASURAMAN A. Marketing services: Competing through quality [M]. Simon and Schuster, 2004.

[12] BIAKELSEY. U.S. Mobile Local Ad Revenues to Reach $4.5 Billion in 2014 [EB/OL]. (2014 – 04 – 10) [2015 – 06 – 10]. http://www.biakelsey.com/u – s – mobile – local – ad – revenues – to – reach – 4 – 5 – billion – in – 2014/.asp.

[13] BINTER M J. Evaluating service encounters: the effects of physical surroundings and employee responses [J]. Journal of Marketing, 1990, 54 (2): 69 –82.

[14] BLATTBERG RC, BYUNG – DO KIM, SCOTT A. NESLIN. Database Marketing: Analyzing and Managing Customers [J]. International Series in Quantitative Marketing, 2008: 313 –316.

[15] BLODGETT J G, HIL D J, TAX S S. The effects of distributive, procedural, and interactional justice on postcomplaint behavior [J]. Journal of retailing, 1997, 73 (2): 185 –210.

[16] BLUNDELLl R, BONDS. Initial conditions and moment restrictions in

dynamic panel data models [J]. Journal of econometrics, 1998, 87 (1): 115 - 143.

[17] BOLTON R N, DREW J H. A longitudinal analysis of the impact of service changes on customer attitudes [J]. Journal of Marketing, 1991, 55 (1): 1 - 9.

[18] BONFRER A, DREZE X. Real - time evaluation of e - mail campaign performance [J]. Marketing Science, 2009, 28 (2): 251 - 263.

[19] BORENSTEIN S. Price discrimination in free - entry markets [J]. Rand Journal of Economics, 1985, 16 (3): 380 - 397.

[20] BORENSTEIN S, ROSE N L. Competition and price dispersion in the US airline industry [J]. Journal of Political Economy, 1994, 102 (4): 653 - 683.

[21] BREHM J W. A theory of psychological reactance [J]. Academic Press, 1966.

[22] BRONNEBERG B J, MAHAJAN V, VANHONACKER W R. The emergence of market structure in new repeat - purchase categories: The interplay of market share and retailer distribution [J]. Journal of Marketing Research, 2000, 37 (1): 16 - 31.

[23] BRONNEBERG B J, DHAR S K, DUBE J P H. Brand history, geography, and the persistence of brand shares [J]. Journal of political Economy, 2009, 117 (1): 87 - 115.

[24] BURGER J M. Individual differences in preference for solitude. [J]. Journal of Research in Personality, 1995, 29 (1): 85 - 108.

[25] BUSSE M, Rysman M. Competition and Price Discrimination in Yellow Pages Advertising [J]. Rand Journal of Economics, 2005, 36 (2):

378-390.

[26] BUTCHER D. HopStop CEO: Location – targeted mobile ads 20 times more effective than online [J]. Mobile Market, 2011, 3 (4).

[27] BRONNENBERG B J, MAHAJAN V, VANHONACKER W R. The emergence of market structure in new repeat – purchase categories: The interplay of market share and retailer distribution [J]. Journal of Marketing Research, 2000, 37 (1): 16 – 31.

[28] BAUM A E, SINGER J E, VALINS S E. Advances in environmental psychology: I. The urban environment [M]. Denmark: Lawrence Erlbaum, 1978.

[29] BERKOWITZ L, ZANNA M P, OLSON J M. Advances in experimental social psychology. [M]. Utah: Academic Press, 1964.

[30] Couch C J. Research on Negotiation in Organizations, Vol. 1. by Roy J. Lewicki; Blair H. Sheppard; Max H. Baserman [J]. Contemporary Sociology, 1986, 18 (3): 372.

[31] CAPPELLI P. The missing role of context in OB: The need for a meso – level approach [J]. Organizational Behavior, 1991, 13: 55 – 110.

[32] CARR T. Mobile intelligence paves way for spontaneous commerce: Forrester analyst [J]. Luxury Daily, 2012, 6 (28).

[33] CHANDRAN S, MENON G. When a Day Means More than a Year: Effects of Temporal Framing on Judgments of Health Risk [J]. Journal of Consumer Research, 2004, 31 (2): 375 – 389.

[34] CHANDRAN S, MORWITZ V G. Effects of Participative Pricing on Consumers' Cognitions and Actions: A Goal Theoretic Perspective [J]. Journal of Consumer Research, 2005, 32 (2): 249 – 259.

参考文献

[35] ChHARTRAND T L, BARGH J A. The chameleon effect: the perception – behavior link and social interaction [J]. Journal of personality and social psychology, 1999, 76 (6): 893.

[36] CHEN C F, CHEN F S. Experience quality, perceived value, satisfaction and behavioral intentions for heritage tourists [J]. Tourism management, 2010, 31 (1): 29 – 35.

[37] CHEN P Y, HITT L M. Measuring switching costs and the determinants of customer retention in Internet – enabled businesses: A study of the online brokerage industry [J]. Information systems research, 2002, 13 (3): 255 – 274.

[38] CHEN P, WU S. The impact and implications of on – demand services on market structure [J]. Information Systems Research, 2012, 24 (3): 750 – 767.

[39] CHEN J V, SU B, YEN D C. Location – based advertising in an emerging market: a study of Mongolian mobile phone users [J]. International Journal of Mobile Communications, 2014, 12 (3): 291 – 310.

[40] CHEN Y, NARASIMHAN C, ZHANG Z J. Individual marketing with imperfect targetability [J]. Marketing Science, 2001, 20 (1): 23 – 41.

[41] CHINTAGUNTA P, DUBE J P, GOH K Y. Beyond the endogeneity bias: The effect of unmeasured brand characteristics on household – level brand choice models [J]. Management Science, 2005, 51 (5): 832 – 849.

[42] CHO C H, AS – U T A. Why do people avoid advertising on the internet? [J]. Journal of advertising, 2004, 33 (4): 89 – 97.

301

[43] CHANDRAN S, MENON G. When a day means more than a year: Effects of temporal framing on judgments of health risk [J]. Journal of Consumer Research, 2004, 31 (2): 375 – 389.

[44] CHANDRAN S, MORWITZ V G. Effects of participative pricing on consumers´cognitions and actions: A goal theoretic perspective [J]. Journal of Consumer Research, 2005, 32 (2): 249 – 259.

[45] CHEN C F, CHEN F S. Experience quality, perceived value, satisfaction and behavioral intentions for heritage tourists [J]. Tourism management, 2010, 2010 (1): 29 – 35.

[46] CHEN P Y, HITT L M. Measuring switching costs and the determinants of customer retention in Internet – enabled businesses: a study of the online brokerage industry [J]. Information systems research, 2002, 13 (3): 255 – 274.

[47] CHEN P, WU S. The impact and implications of on – demand services on market structure [J]. Information Systems Research, 2012, 24 (3): 750 – 767.

[48] CHEN Y, X LI, M SUN. Competitive mobile targeting [J]. Working paper, 2015.

[49] CHEN, YU XIN, CHAKRAVARTHI NARASIMHAN, Z JOHN ZHANG. Individual marketing with imperfect targetability [J]. Marketing science, 2001, 20 (1): 23 – 41.

[50] CHINTAGUNTA, GOH Y, et al. Beyond the endogeneity bias: The effect of unmeasured brand characteristics on household – level brand choice models [J], Management science, 2005, 51 (5): 832 – 849

[51] CHIOU L, TUCKER C. How does the use of trademarks by third –

party sellers affect online search [J]. Marketing Science, 2012, 31 (5): 819 -837.

[52] CLEMONS E, GAO G, HITT L. When online review meets hyper-differentiation: A study of craft beer industry [J]. Management inform., 2006, Systems 23 (2): 149 - 171.

[53] Collette J, Webb S D. Urban density, household crowding and stress reactions [J]. The Australian and New Zealand Journal of Sociology, 1976, 12 (3): 184 -191.

[54] CORTS, KENNETH S. Third-degree price discrimination in oligopoly: All-out competition and strategic commitment [J]. Rand journal of economics, 1998, 29 (2): 306 - 323.

[55] CRONIN JJ, BRADY MK, HULT GTM. Assessing the effects of quality, value, and customer satisfaction on consumer behavioral intentions in service environments [J]. Retailing, 2000, 76 (2): 193 -218.

[56] CHRIS FORMAN. The Corporate digital divide: determinants of internet adoption [J]. Management Science, 2005, 51 (4): 641 -654.

[57] CAPPELLI P. The missing role of context in OB: The need for a meso-level approach [J]. Organizational Behavior, 1991, 13: 55 -110.

[58] CHUNG T S, RUST R T, WEDEL M. My mobile music: an adaptive personalization system for digital audio players [J]. Marketing Science, 2009, 28 (1): 52 -68.

[59] CHINTAGUNTA P, DUBÉ J P, GOH K Y. Beyond the endogeneity bias: the effect of unmeasured brand characteristics on household-lev-

el brand choice models [J]. Management scienceence, 2005, 51 (5): 832-849.

[60] D BESANKO, JP DUBE, S GUPTA. Competitive Price Discrimination Strategies in a Vertical Channel Using Aggregate Retail Data [J]. Management Science, 2003, 49 (9): 1121-1138.

[61] Dierdonck R V. Service operations management: Improving service delivery [J]. International Journal of Service Industry Management, 2008, 17 (1): 99-100.

[62] DANAHER P, DAGGERT. Comparing the relative effectiveness of advertising channels: A case study of a multimedia blitz campaign [J]. Journal of marketing research, 2013, 50 (4): 517-534.

[63] DANAHER, P, M S SMITH, K RANASINGHE, T S DANAHER. Where, when and how long: Factors that influence the redemption of mobile phone coupons [J]. Journal of marketing research, 2015.

[64] DAVIDOW M. The bottom line impact of organizational responses to customer complaints [J]. Journal of hospitality and tourism research, 2000, 24 (4): 473.

[65] DAVIS F D. A technology acceptance model for empirically testing new end user information systems: Theory and results [D]. Massachusetts Institute of Technology, Sloan School of Management, 1985.

[66] DAVIS, PETER. Spatial competition in retail markets: Movie theaters [J]. Rand journal of economics, 2006, 37 (4): 964-82.

[67] DEKIMPE, M G, HANSSENS, D M. Sustained spending and persistent response: A new look at long-term marketing profitability [J]. Journal of marketing research, 1999, 36: 397-412.

[68] DENG X, CHI L. Understanding postadoptive behaviors in information systems use: A longitudinal analysis of system use problems in the business intelligence context [J]. Management inform. System, 2012, 29 (3): 291 - 326.

[69] DENG C, GRAZ. Generating randomization schedules using SAS programming [J]. Proceeding of 27th annual SAS users group international conference, 2002: 267 - 270.

[70] DESAI, PREYAS S, WOOCHOEL SHIN, RICHARD STAELIN. The company that you keep: When to buy a competitor's keyword [J]. Marketing science, 2014, 33 (4): 485 - 508.

[71] DONTHU. Marketing's credibility: A longitudinal study of marketing communication productivity and share - holder value [J]. Journal of marketing, 2006, 70 (4): 70 - 91.

[72] DICKERSON MD, GENTRY JW. Characteristics of adopters and non - adopters of home computers [J]. Journal of Consumer Research, 1983, 10 (9): 225 - 235.

[73] DICKINGER A, KLEIJNEN M. Coupons going wireless: Determinants of consumer intentions to redeem mobile coupons [J]. Interactive marketing, 2008, 22 (3): 23 - 39.

[74] DROSSOS D, GIAGLISG. Mobile advertising effectiveness: An exploratory study [C]. International Conference on Mobile Business, 2006.

[75] DUBé, J P, X LUO, Z FANG. Self - Signaling and Prosocial Behavior: A Cause Marketing Experiment [J]. Marketing science, 2015, 36 (2): 161 - 186.

[76] DUSHINSKI K, MARRIOTT L. The mobile marketing handbook: A

step – by – step guide to creating dynamic mobile marketing campaigns [M]. Information Today, Incorporated, 2012.

[77] DEKIMPE M G, HANSSENS D M. Sustained spending and persistent response: A new look at long – term marketing profitability [J]. Journal of Marketing Research, 1999, 36 (4): 397 –412.

[78] DOMINIK MOLITOR, PHILIPP REICHHART, MARTIN SPANN. Location – Based Advertising: What is the Value of Physical Distance on the Mobile Internet [J]. Ssrn Electronic Journal, 2012.

[79] ECONSULTANCY, ADOBE. Quarterly digital intelligence briefing: 2014 digital trends [EB/OL]. (2014 –01 –14) [2015 –06 –09]. https: //econsultancy. com/reports/quarterly – digital – intelligence – briefing –2014 – digital – trends. html.

[80] EMARKETER. Digital set to surpass tv in time spent with us media [EB/OL]. (2013 – 08 – 01) [2015 – 06 – 09]. http: //www. emarketer. com/article/digital – set – surpass – tvtime – spent – with – us – media/1010096. html.

[81] ELBERSE A. The power of stars: Do stars drive success in creative industries [J]. Journal of marketing, 2007, 71 (4): 102 – 120.

[82] ELLIOTT C, SIMMONS R. Advertising media strategies in the film industry [J]. Applied economics, 2011.

[83] EMARKETER. Us m – commerce sales to grow 91% to $6.7 billion in 2011 [EB/OL]. (2011 – 12 – 01), https: //www. emarketer. com/newsroom/index. php/mcommerce – sales – grow – 91 – 67 – billion –2011/. html.

[84] EMARKETER. Mobile banners continue to boast high click rates

[EB/OL]. (2012 – 08 – 27), https：//www.emarketer.com/Article/Mobile – Banners – Continue – Boast – High – Click – Rates/1009299.html.

[85] EMARKETER. CPG Brands Up the Mobile App Ante [EB/OL]. (2013 – 04 – 02), https：//www.emarketer.com/Article/CPG – Brands – Up – Mobile – App – Ante/1009776.html.

[86] EMARKETER. Real – time location data gets a bigger slice of mobile targeting [EB/OL]. (2013 – 02 – 15), http：//www.emarketer.com/article/real – time – location – data – gets – bigger – slice – of – mobile – Targeting/1009675.html.

[87] EMARKETER. Search gets a mobile makeover [EB/OL]. (2013 – 04 – 18), https：//www.emarketer.com/Article/Search – Gets – Mobile – Makeover/1009822.html.

[88] EMARKETER. Tablets, smartphones drive mobile commerce to record heights [EB/OL]. (2013 – 01 – 09), https：//newsroom.emarketer.com/newsroom/index.php/emarketer – tablets – smartphones – drive – mobile – commerce – record – heights/.html.

[89] EMARKETER. Driven by Facebook and Google, Mobile Ad Market Soars 105% in 2013 [EB/OL]. (2014 – 03 – 19) [2015 – 03 – 07]. https://www.emarketer.com/Article/Driven – by – Facebook – Google – Mobile – Ad – Market – Soars – 10537 – 2013/1010690.html.

[90] ENGEL JF, KOLLAT RD. Consumer behavior. New York：holt, rinehart and Winston [J]. Engineering and service sciences (icsess), 1978.

[91] EVANS GW, WENER RE. Crowdedness and personal space invasion

on the train: Please don't make me sit in the middle [J]. Marketing science, 2007.

[92] Emarketer. Driven by Facebook and Google, Mobile Ad Market Soars 105% in 2013 [J/OL]. (2014 – 03 – 19) [2015 – 03 – 07]. https://tinyurl.com/ns9s2hh.html.

[93] ENTERPRISES I. International Journal of Mobile Communications [M]. Olney: Inderscience Publishers, 2009.

[94] ENCINO. Motion Picture Association of America [J]. Comparative Biochemistry & Physiology B Comparative Biochemistry, 1921.

[95] FONG N M, FANG Z, LUO X. Geo – conquesting: Competitive locational targeting of mobile promotions [J]. Journal of Marketing Research, 2015, 52 (5): 726 – 735.

[96] FAN M, KUMAR S, WHINSTON A. Selling or advertising: strategies for providing digital media online [J]. Journal of Management Information Systems, 2007, 24 (3): 143 – 166.

[97] FERN A. Service recovery strategies for single and double deviation scenarios [J]. Service industries journal, 1999, 19 (2): 69 – 82.

[98] FONG N, FANG Z, LUO X. Geo – conquesting: competitive locational targeting of mobile promotions [J]. Marketing res, 2015, 52 (5): 726 – 735.

[99] FORGAS J P. Mood and judgment: The affect infusion model (aim) [J]. Psychological bulletin, 1995, 117 (1): 39 – 66.

[100] FORMAN C, GHOSE A, GOLDFARB A. Competition between local and electronic markets: how the benefit of buying online depends on where you live [J]. Management Science, 2009, 55 (1):

47 - 57.

[101] FRIEDRICH, ROMAN, et al. The march of mobile marketing: New chances for consumer companies, new opportunities for mobile operators [J]. Journal of advertising research, 2009, 49 (1): 54 -61.

[102] FROST, ULLIVAN. Research and markets: U. S. Location - based services market. Business wire [EB/OL]. (2012 - 12 - 18), http: //www. businesswire. com/news/home/20121218005937/en/research. html.

[103] FUDENBERG D, VILLAS - BOAS J M. Behavior - based price discrimination and customer recognition [J]. Handbook on economics and information systems, 2006, 1: 377 -436.

[104] F PROVOST D M A M. Geo - Social Network Targeting for Privacy - friendly Mobile Advertising [J]. Everyscreenmedia Com. Https: //archive. nyu. edu/handle/2451/31279.

[105] GIDOFALVI G, LARSEN H R, PEDERSEN T B. Estimating the capacity of the location - based advertising channel [J]. International Journal of Mobile Communications, 2008, 6 (3): 357 -375.

[106] GALLETTA D F, HENRY R M, MCCOY S, POLAK P. When the wait isn't so bad: the interacting effects of website delay, familiarity and breadth [J]. Inform system research, 2006, 17 (1): 20 - 37.

[107] GAO G, HITT L M. Information technology and trademarks: implications for product variety [J]. Management science, 2012, 58 (6): 1211 - 1226.

[108] GHOSE A, GOLDFARB A, HAN S P. How is the mobile internet

different? Search costs and local activities [J]. Inform systems research, 2013, 24 (3): 613 – 631.

[109] GHOSE A, HAN S P. An empirical analysis of user content generation and usage behavior on the mobile internet [J]. Management science, 2011, 57 (9): 1671 – 1691.

[110] GHOSE A, HAN S P. Estimating demand for mobile apps in the new economy [J]. Management scienceence, 2014, 60 (6): 1470 – 1488.

[111] GHOSE A, HAN S P, PARK S. Analyzing the interdependence between web and mobile advertising: A randomized field experiment [D]. New York University of New York, 2013.

[112] GHOSE A, IPEIROTIS P G, LI B. Designing ranking systems for hotels on travel search engines by mining user – generated and crowd – sourced content [J]. Marketing science, 2012, 31 (3): 493 – 520.

[113] GIDOFALVI G, LARSEN H R, PEDERSEN T B. Estimating the capacity of the location – based advertising channel [J]. International journal of mobile communications, 2007, 6 (3): 357 – 375.

[114] GOH K Y, CHU H, SOH W. Mobile advertising: An empirical study of advertising response and search behavior [J]. ICIS 2009 Proceedings, 2009, 150: 883 – 898.

[115] GOLDBERG P K, F VERBOVEN. Market integration and convergence to the law of one price: Evidence from the European car market [J]. Journal of international economics, 2005, 65: 49 – 73.

[116] GOLDFARB A, TUCKER C. Online display advertising: targeting

and obtrusiveness [J]. Marketing science, 2011, 30 (3): 389 - 404.

[117] GOODMAN J K, MALKOC S A. Choosing here and now versus there and later: the moderating role of psychological distance on assortment size preferences [J]. Journal of Consumer Research, 2012, 39 (4): 751 - 768.

[118] GOODWIN C, I ROSS. Consumer responses to service failures: influence of procedural and interactional fairness perceptions [J]. Journal of business research, 1992, 25 (2): 149 - 163.

[119] GOPAL R D, TRIPATHI A K. Advertising via wireless networks [J]. International journal of mobile, 2006, 4 (1): 1 - 16.

[120] GOPINATH S, CHINTAGUNTA P K, VENKATARAMAN S. Blogs, advertising, and local - market movie box office performance [J]. Journal Management scienceence 2013, 59 (12): 2635 - 2654.

[121] GREENBERG J. Looking fair vs. Being fair: Managing impressions of organizational justice [J]. Research in organizational behavior, 1990, 12 (1): 111 - 157.

[122] GREENE W H. Functional form and heterogeneity in models for count data [J]. Foundations and trends in econometrics, 2007, 1 (2): 113 - 218.

[123] GRIFFITT W, VEITCH R. Hot and crowded: influence of population density and temperature on interpersonal affective behavior [J]. Journal of Personality and Social Psychology, 1971, 17 (1): 92 - 98.

[124] GRONROOS C. Service quality: The six criteria of good perceived

service quality [J]. Review of business, 1988, 9 (3): 10 – 13.

[125] GROBART S. Apple's location – tracking ibeacon is poised for use in retail sales [EB/OL]. [2015 – 03 – 07]. https: //www. bloomberg. com/news/articles/2013 – 10 – 24/apples – location – tracking – ibeacon – poised – for – retail – sales – use. html.

[126] GRONROOS C. Service quality: the six criteria of good perceived service quality [J]. Review of business, 1988 (3): 10 – 13.

[127] GUADAGNI P M, LITTLE J D C. A logit model of brand choice calibrated on scanner data [J]. Marketing science, 1983, 2 (3): 203 – 238.

[128] GUPTA, S. Impact of sales promotions on when, what, and how much to buy [J]. Journal of marketing research, 1988, 25 (11): 342 – 355.

[129] GARETT SLOANE. The iPhone 6 Should Make Mobile Ads a Bigger Deal [EB/OL]. (2014 – 08 – 31), https: //www. adweek. com/brand – marketing/iphone – 6 – should – make – mobile – ads – bigger – deal – 159811/. html.

[130] HARRELL G, HUTT M, ANDERSON J. Path analysis of buyer behavior under conditions of crowdedness [J]. Marketing res, 1980, 17 (1): 45 – 51.

[131] HART C W, HESKETT J L, SASSER W E. The profitable art of service recovery [J]. Harvard business review, 1990, 68 (4): 148 – 156.

[132] HEILMAN C M, NAKAMOTO K, ROA A G. Pleasant surprises: consumer response to unexpected in – store coupons [J]. Journal of

marketing research, 2002, 39 (2): 242 - 252.

[133] HESS R L, GANESAN S, KLEIN N M. Service failure and recovery: the impact of relationship factors on customer satisfaction [J]. Journal of the academy of marketing science, 2003, 31 (2): 127 - 145.

[134] HOCH S, LOEWENSTEIN G F. Time - inconsistent preferences and consumer self - control [J]. Journal of consumer research, 1991, 17 (3): 492 - 507.

[135] HOLMES T J. The effects of third - degree price discrimination in oligopoly markets [J]. The American economic review, 1989 (79): 244 - 250.

[136] HOMBURG C, KOSCHATE N, HOYER W D. The role of cognition and affect in the formation of customer satisfaction: A dynamic perspective [J]. Journal of marketing, 2006, 70 (3): 21 - 31.

[137] Hopkins J, Turner J. Go mobile: location - based marketing, apps, mobile optimized ad campaigns, 2D codes and other mobile strategies to grow your business [M]. New Jersey: John Wiley & Sons, 2012.

[138] HUANG Q, NIJS V R, HANSEN K, ANDERSON, et al. Walmart's impact on supplier profits. [J]. Journal of marketing research, 2012, 49 (2): 131 - 143.

[139] HUFF, D L. Defining and estimating a trading area [J]. Journal of marketing, 1964, 28 (28): 34 - 38.

[140] HUI M, BATESON J. Perceived control and the effects of crowdedness and consumer choice on the service experience [J]. Journal of consumer research, 1991, 18 (2): 174 - 184.

[141] HUI S, INMAN J, HUANG Y, SUHER J. Estimating the effect of travel distance on unplanned spending: Applications to mobile promotion strategies [J]. Marketing, 2013, 77 (2): 1 - 16.

[142] HENNIG - THURAU T, HANSEN U. Relationship Marketing — Some Reflections on the State - of - the - Art of the Relational Concept [M]. Relationship Marketing. Berlin Heidelberg: Springer, 2000: 3 - 27.

[143] II GORDON, A KUMAR. Attitude toward location - based advertising [J]. Journal of interactive advertising, 2007, 7 (2): 3 - 15.

[144] JC ANDERSONJ, JA NARUS. A model of distributor firm and manufacturer firm working partnerships [J]. Journal of Marketing, 1990, 54 (1): 42 - 58.

[145] JARRELL S, HOWSEN R. Transient crowdedness and crime: The more strangers In an area, the more crime except for murder, rape, and assault [J]. Econom Sociol, 1990, 49 (4): 483 - 494.

[146] Johnston R, Clark G. Service operations management: improving service delivery [M]. Harlow: Pearson Education, 2008.

[147] JASPERSON J, CARTER P E, ZMUD R. A comprehensive conceptualization of post - adoptive behavior associated with information technology enabled work systems [J]. Mis quart, 2005, 29 (3): 525 - 557.

[148] JOHNS G. The Essential Impact of Context on Organizational Behavior [J]. Academy Management review. 2006, 31 (2): 386 - 408.

[149] JOHNSON L. Consumers are Driving Need for Contextual Mobile Ex-

periences: Token exec [J/OL]. Mobile commerce daily. (2013 - 05 - 14) [2015 - 03 - 07]. http://www.mobilecommercedaily.com/proximity - presence.

[150] JOHNSON R, S MICHEL. Three Outcomes of Service Recovery: Customer Recovery, Process Recovery and Employee Recovery [J]. International journal of operations and production management, 2008, 28 (1): 79 - 99.

[151] JUNGLAS I A, WATSON R T. The U - Constructs: Four Information Drives [J]. Communications of AIS, 2006, 17 (4): 569 - 592.

[152] J WAGNER. A Model of Customer Satisfaction with Service Encounters Involving Failure and Recovery [J]. Journal of marketing research, 1999, 36 (3): 356 - 372.

[153] J P DUBO, C F MELA, P ALBUQUERQUE, et al. Measuring Long - run Marketing Effects and Their Implications for Long - run Marketing Decisions [J]. Marketing letters, 2008, 19 (3): 367 - 382.

[154] JIWOONG SHIN, K SUDHIR. A customer management dilemma: when is it profitable to reward one's own customers [J]. Marketing Science, 2010, 29 (4): 671 - 689.

[155] K BAWA, RW SHOEMAKER. The Coupon - Prone Consumer: Some Findings Based on Purchase Behavior across Product Classes [J]. Journal of Marketing, 1987, 51 (4): 99 - 110.

[156] K BAWA, RW SHOEMAKER. The Effects of a Direct Mail Coupon on Brand Choice Behavior [J]. Journal of Marketing research, 1987, 24 (4): 370 - 376.

[157] KELLEY S W, HOFFMAN K D, DAVIS M A. A Typology of Retail

Failures and Recoveries. Journal of retailing, 1993, 69 (4): 429-452.

[158] KENNY D, MARSHALL J F. Contextual Marketing: The Real Business of the Internet [J]. Harvard business review. 2000, 78 (6): 119-125.

[159] KIM J B, ALBUQUERQUE P, BRONNENBERG B J. Mapping Online Consumer Search [J]. Marketing research. 2011, 48 (1): 13-27.

[160] KIM M J, JUN J W. A Case Study of Mobile Advertising in South Korea: Personalisation and Digital Multimedia Broadcasting (dmb) [J]. Journal of targeting, measurement and analysis for marketing, 2008 (2): 129-138.

[161] KIM N, HAN N K, SRIVASTAVA R K. A Dynamic it Adoption Model for the Soho Market: Pc Generational Decisions with Technological Expectations [J]. Management science. 2002, 48 (2): 222-240.

[162] KIM K K, ZHANG M, LI X. Effects of Time and Social Distance on Consumer Evaluations [J]. Journal of consumer research, 2008, 35 (4): 706-713.

[163] KNOWLES E S. An affiliative conflict theory of personal and group spatial behavior [J]. Psychology of group influence, 1980: 133-188.

[164] KOMIAK SYX, BENBASAT I. The Effects of Personalization and Familiarity on Trust and Adoption of Recommendation Agents [J]. MIS quarterly. 2006, 30 (4): 941-960.

参考文献

[165] KOTLER P, SALIBA S, WRENN B. Marketing management: Analysis, planning, and control: Instructor's Manual [M]. New York: Prentice – hall, 1991.

[166] KOEN PAUWELS, DOMINIQUE M HANSSENS, S SIDDARTH. The long – term effects of price promotions on category incidence, brand choice, and purchase quantity [J]. Journal of Marketing Research, 2002, 39 (4): 421 – 439.

[167] LL BERRY. Relationship marketing of services: Growing interest, emerging perspectives [J]. Journal of the Academy of Marketing Science, 1995, 23 (4): 236 – 245.

[168] LEE T R, CHEN S Y, WANG S T, et al. Adoption of mobile location – based services with Zaltman metaphor elicitation techniques [J]. International Journal of Mobile Communications, 2009, 7 (1): 117 – 132.

[169] LEE, BYUNG – KWAN LEE, WEI – NA. The Impact of Product Knowledge on Consumer Product Memory and Evaluation in the Competitive Ad Context: The Item – Specific – Relational Perspective: The item – specific – relational perspective [J]. Psychology and marketing, 2011, 28: 360 – 387.

[170] LEE H S, LEE C H, LEE G H, et al. Analysis of the actual response rates in mobile advertising [J]. Innovation in information technology, 2006.

[171] LEE Y C. Factors influencing attitudes towards mobile location – based advertising [C]. Software Engineering and Service Sciences (ICSESS), 2010 IEEE International Conference on. IEEE, 2010:

709 – 712.

[172] LEEK S, CHRISTODOULIDES G. Next – generation mobile marketing: how young consumers react to bluetooth – enabled advertising [J]. Journal of advertising research, 2009, 49 (1): 44 – 53.

[173] LEVAV J, ZHU R. Seeking Freedom Through Variety [J]. Consumer res. 2009, 36 (4): 600 – 610.

[174] LEVENTHAL H. Toward a Comprehensive Theory of Emotion [J]. Advances in experimental social psychology, 1980, 13 (1): 139 – 207.

[175] LIBAI B, MULLER E, PERES R. Decomposing the value of word – of – mouth seeding programs: Acceleration versus expansion [J]. Journal of marketing research, 2013, 50 (2): 161 – 176.

[176] LIBERMAN N, TROPE Y. The Role of Feasibility and Desirability Considerations in Near and Distant Future Decisions: A Test of Temporal Construal Theory [J]. Journal of personality and social psychology. 1998, 75 (1): 5 – 18.

[177] LIBERMAN N, TROPE Y. The Psychology of Transcending the Here and Now [J]. Science 2008, 21 (322): 1201 – 1205.

[178] LICHENTENSTEIN DR, NETEMEYER RG, BURTON S. Assessing the Domain Specificity of Deal Proneness: A Field Study [J]. Journal of consumer research. 1995, 22 (3): 314 – 326.

[179] LICHENTENSTEIN DR, NETEMEYER RG, BURTON S. An Examination of Deal Proneness Across Sales Promotion Types: A Consumer Segmentation Perspective [J]. Retailing, 1997, 73 (2): 283 – 297.

[180] LITTERMAN R B. Forecasting with Bayesian Vector Autoregressions: Five Years of Experience [J]. Journal of business and economic statistics, 1986, 4 (1): 25-38.

[181] LITTLE J D C. Aggregate Advertising Models: The State of the Art [J]. Operations research, 1979, 27 (4): 629-667.

[182] LOEWENSTEIN G. Frames of Minding Inter-temporal Choice [J]. Management science. 1988, 34 (2): 200-214.

[183] LUO X. How Does Shopping with Others Matter to Individual Impulsive Purchasing? [J]. Consumer psychology, 2005, 15 (4): 288-294.

[184] LUO X. Quantifying the Long-term Impact of Negative Word of Mouth on Cash Flows and Stock Prices [J]. Marketing science. 2009, 28 (1): 148-65.

[185] LUO X, ANDREWS M, Fang Z, et al. Mobile Targeting [J]. Management science. 2014, 60 (7): 1738-1756.

[186] LUO X, RAITHEL S, WILES M. The Impact of Brand Dispersion on Firm Value [J]. Journal of marketing research. 2013, 50 (3): 399-415.

[187] LUO X, ZHANG J, DUAN W. Social Media and Firm Equity Value [J]. Information systems research. 2013, 24 (1): 146-163.

[188] LUO X. Product Competitiveness and Beating Analyst Earnings Target [J]. Journal of the academy of marketing science, 2010, 38 (3): 253-264.

[189] LEE B K, LEE W N. The impact of product knowledge on consumer product memory and evaluation in the competitive ad context: The i-

tem - specific - relational perspective [J]. Psychology & Marketing, 2011, 28 (4): 360 -387.

[190] LUO X, HSU M K, LIU S S. The moderating role of institutional networking in the customer orientation – trust/commitment – performance causal chain in China [J]. Journal of the Academy of Marketing Science, 2008, 36 (2): 202 -214.

[191] M ARMSTRONG, J VICKERS. Competitive price discrimination [J]. Rand Journal of Economics, 2001, 32 (4): 579 -605.

[192] MR BAYE, J MORGAN, P SCHOLTEN. Price Dispersion in the Small and in the Large: Evidence from an Internet Price Comparison Site [J]. J Journal of Industrial Economics, 2010, 52 (4): 463 - 496.

[193] MiCHAEL Bull. No Dead Air! The iPod and the Culture of Mobile Listening [J]. Leisure Studies, 2005, 24 (4): 343 -355.

[194] MELISSA BUTCHER. Cultures of Commuting: The Mobile Negotiation of Space and Subjectivity on Delhi's Metro [J]. Mobilities, 2011, 6 (2) : 237 -254.

[195] MACDONALD EK, WILSON HN, KONUS U. Better Customer Insight—in Real Time [J]. Harvard business Review (September), 2012, 90 (9): 102 - 108.

[196] MAENG A, TANNER R J. Construing in a crowd: The effects of social crowding on mental construal [J]. Journal of Experimental Social Psychology, 2013, 49 (6): 1084 -1088.

[197] MAENG A, TANNER R J, SOMAN D. Conservative when crowded: Social crowding and consumer choice [J]. Journal of Marketing Re-

search, 2013, 50 (6): 739 - 752.

[198] MANCHANDA P, XIE Y, YOUN N. The Role of Targeted Communication and Contagion in Product Adoption [J]. Marketing Science, 2004, 27 (6): 961 - 976.

[199] MARSHALL J. Weather - informed Ads are Coming to Twitter [J/OL]. Wall street journal, (2014 - 06 - 11) [2015 - 03 - 07]. http://tinyurl.com/mq7f8z6.html.

[200] MAXHAM J G, NETEMEYER R G. A Longitudinal Study of Complaining Customers' Evaluations of Multiple Service Failures and Recovery Efforts [J]. Journal of marketing, 2002, 66 (4): 57 - 71.

[201] MBLOX. Mobile Engagement: What Consumers Really Think [R/OL]. (2014 - 01 - 14) [2015 - 06 - 09]. https://thelbma.com/wp - content/uploads/files/495 - MBL_Global_Mobile_Engagement_09 - 23 - 13FINAL.pdf.

[202] MCCULLOCH R, P E ROSSI. An Exact Likelihood Analysis of the Multinomial Probit Model [J]. Journal of econometrics, 1994, 64: 207 - 240.

[203] MCKENNA R. Real - time Marketing [J]. Harvard business review, 1995, 73 (4): 87 - 95.

[204] MCKENZIE B, RAPINO M. Commuting in the United States: 2009 [R]. Maryland: U.S. Census Bureau, 2011.

[205] MIRBAGHERI S, HEJAZINIA M. Mobile marketing communication: Learning from 45 popular cases for campaign designing [J]. International Journal of Mobile Marketing, 2010, 5 (1): 175 - 192.

[206] MISHRA A, MISHRA H. We are What We Consume: The Influence of Food Consumption on Impulsive Choice [J]. Social Science Electronic Publishing, 2010, 47 (6): 1129 – 1137.

[207] MITHAS S, KRISHNAN M S, FORNELL C. Why Do Customer Relationship Management Applications Affect Customer Satisfaction [J]. Journal of Marketing, 2005, 69 (4): 201 – 209.

[208] MIZUNO T. On the existence of a unique price equilibrium for models of product differentiation [J]. International Journal of Industrial Organization, 2003, 21 (6): 761 – 793.

[209] MOLITOR D, REICHHART P, SPANN M. Location – Based Advertising: Measuring the Impact of Context – Specific Factors on Consumers' Choice Behavior [J]. Social Science Electronic Publishing, 2012.

[210] MOLITOR, DOMINIK, REICHHART, PHILIPP, SPANN, MARTIN, et al. Measuring the Effectiveness of Location – Based Advertising: A Randomized Field Experiment [J]. Social Science Electronic Publishing, 2015.

[211] MOORMAN C, DESHPANDé R, ZALTMAN G. Factors Affecting Trust in Market Research Relationships [J]. Journal of Marketing, 1993, 57 (1): 81 – 101.

[212] MORGAN R M, HUNT S D. The commitment – trust theory of relationship marketing [J]. Journal of Marketing, 1994, 58 (3): 20 – 38.

[213] MICHAEL A NEWTON, ADRIAN E Raftery. Approximate Bayesian inference with the weighted likelihood bootstrap [J]. Journal of the Royal Statistical Society. Series B (Methodological), 1994, 56

(1): 3-48.

[214] MCKENNA R. Real-time marketing [J]. Harvard Business Review, 1995, 73 (4): 87-95.

[215] MILGRAM S. The experience of living in cities [J]. Science, 1970, 167 (3924): 1461-1468.

[216] N ARORA, X DREZE, A GHOSE, JD HESS, R LYENGAR. Putting one-to-one marketing to work: Personalization, customization, and choice [J]. 2008, 19 (3/4): 305-321.

[217] NARAYANAN S, MANCHANDA P, CHINTAGUNTA P K. Temporal Differences in the Role of Marketing Communication in New Pro [J]. Journal of Marketing Research, 2005, 42 (3): 278-290.

[218] NESLIN S A, GREWAL D, LEGHORN R, et al. Challenges and opportunities in multichannel customer management [J]. Journal of service research, 2006, 9 (2): 95-112.

[219] NESLIN S A, SHANKAR V. Key Issues in Multichannel Customer Management: Current Knowledge and Future Directions [J]. Journal of Interactive Marketing, 2009, 23 (1): 70-81.

[220] NEVO A, WOLFRAM C. Why Do Manufacturers Issue Coupons? An Empirical Analysis of Breakfast Cereals [J]. Rand Journal of Economics, 2002, 33 (2): 319-339.

[221] NIJS V R, DEKIMPE M G, STEENKAMPS J B E M, et al. The Category-Demand Effects of Price Promotions [J]. Marketing Science, 2001, 20 (1): 1-22.

[222] NIJS V R, SRINIVASAN S, PAUWELS K. Retail-Price Drivers and Retailer Profits [J]. Marketing Science, 2007, 26 (4):

473 – 487.

[223] Nitzan I, Barak L. Payments as a virtual lock – in: customers' profitability over time in the presence of payments [C]. Marketing Science Conference, Houston: Texas, 2011.

[224] NYSVEEN H, PEDERSEN P E, THORBJØRNSEN H. Intentions to use mobile services: Antecedents and cross – service comparisons [J]. Journal of the Academy of Marketing Science, 2005, 33 (3): 330.

[225] OHTA H, THISSE J F. Introduction: In Honour of Melvin L. Greenhut Does Economic Space Matter [M]. UK: Palgrave Macmillan, 1993.

[226] OLIVER R L, SWAN J E. Equity and Disconfirmation Perceptions as Influences on Merchant and Product Satisfaction [J]. Journal of Consumer Research, 1989, 16 (3): 372 – 383.

[227] OLSEN S O. Repurchase loyalty: The role of involvement and satisfaction [J]. Psychology & Marketing, 2010, 24 (4): 315 – 341.

[228] ORSINGHER C, VALENTINI S, ANGELIS M D. A meta – analysis of satisfaction with complaint handling in services [J]. Journal of the Academy of Marketing Science, 2010, 38 (2): 169 – 186.

[229] PANCRAS J, SUDHIR K. Optimal Marketing Strategies for a Customer Data Intermediary [J]. Journal of Marketing Research, 2007, 44 (4): 560 – 578.

[230] PAUWELS K, HANSSENS D M. Performance Regimes and Marketing Policy Shifts [M]. Maryland : INFORMS, 2007.

[231] PETTY R E, CACIOPPO J T, SCHUMANN D. Central and Peripheral Routes to Advertising Effectiveness: The Moderating Role of In-

volvement [J]. Journal of Consumer Research, 1983, 10 (2): 135 –146.

[232] PHAM M T, COHEN J B, PRACEJUS J W, et al. Affect Monitoring and the Primacy of Feelings in Judgment [J]. Journal of Consumer Research, 2001, 28 (2): 167 –188.

[233] PREACHER K J, HAYES A F. SPSS and SAS procedures for estimating indirect effects in simple mediation models [J]. Behavior Research Methods Instruments & Computers, 2004, 36 (4): 717 –731.

[234] PRELEC D, LOEWENSTEIN G. Decision Making over Time and under Uncertainty: A Common Approach [J]. Management science, 1991, 37 (7): 770 –786.

[235] Pricewaterhousecoopers. Mobile advertising: What do customers want? Cross – country comparison, Consumer intelligence series [EB/OL]. [2015 –0609]. https://www.pwc.com/gx/en/entertainment – media/pdf/pwc – consumer – intelligence_ series –_ mobile – advertising – what – do – consumers – want. pdf.

[236] PRINS R, VERHOEF P C. Marketing Communication Drivers of Adoption Timing of a New E – Service among Existing Customers [J]. Journal of Marketing, 2007, 71 (2): 169 –183.

[237] PAUWELS K, SILVARISSO J, SRINIVASAN S, et al. New products, sales promotions, and firm value: The case of the automobile industry [J]. Journal of Marketing, 2013, 68 (4): 142 –156.

[238] REICHHART P. Identifying factors influencing the customers purchase behaviour due to location – based promotions [J]. Interna-

tional Journal of Mobile Communications, 2014, 12 (6): 642-660.

[239] Rich B D Z. THE ECONOMICS OF WELFARE [J]. Charity Organisation Review, 1921, 49 (291): 163-166.

[240] REICHHELD F F, JR S W. Zero defections: quality comes to services [J]. Harvard Business Review, 1990, 68 (5): 105.

[241] RENNHOFF A D, WILBUR K C. The effectiveness of post-release movie advertising [J]. International Journal of Advertising, 2015, 30 (2): 305-328.

[242] RICHINS M L, DAWSON S. A Consumer Values Orientation for Materialism and Its Measurement: Scale Development and Validation [J]. Journal of Consumer Research, 1992, 19 (3): 303-316.

[243] ROOK, DENNIS W, FISHER, ROBERT J. Normative Influences on Impulsive Buying Behavior | Journal of Consumer Research | Oxford Academic [J]. Journal of Consumer Research, 1995, 22 (3): 305-313.

[244] ROSENBAUM P R, RUBIN D B. The central role of the propensity score in observational studies for causal effects [J]. Biometrika, 1983, 70 (1): 41-55.

[245] RUTZ O J, BUCKLIN R E, SONNIER G P. A latent instrumental variables approach to modeling keyword conversion in paid search advertising [J]. Journal of Marketing Research, 2012, 49 (3): 306-319.

[246] REIS, HARRY T, SUSAN SPRECHER, EDS. Encyclopedia of Human Relationships: Vol. 1 [M]. California: Sage Publications, 2009.

[247] RUST R T, ZAHORIK A J, KEININGHAM T L. Return on quality (ROQ): Making service quality financially accountable [J]. The Journal of Marketing, 1995, 59 (2): 58 - 70.

[248] S BALASUBRAMANIAN, RA PETERSON, SL JARVENPAA. Exploring the implications of m - commerce for markets and marketing [J]. Journal of the Academy of Marketing Science, 2002, 30 (4): 348.

[249] S BANERJEE, R R DHOLAKIA. Mobile Advertising: Does Location Based Advertising Work [J]. International Journal of Mobile Marketing, 2008, 3 (2): 68 - 74.

[250] ST BERRY. Estimating Discrete - Choice Models of Product Differentiation [J]. Rand Journal of Economics, 1994, 25 (2): 242 - 262.

[251] STEPHANIE M. BREWER, JASON M. KELLEY, JAMES J. JOZEFOWICZ. A blueprint for success in the US film industry [J]. Applied Economics, 2009, 41 (5): 589 - 606.

[252] SOLON O. Tesco brings the supermarket to time - poor commuters in South Korea [EB/OL]. [2015 - 03 - 07]. http://tinyurl.com/6bbr8cm.html.

[253] SUNADA M. Network Effects with Quality Change: An Empirical Analysis of the Japanese Mobile Telecommunications Market, 1995 - 2001 [J]. Managerial & Decision Economics, 2010, 29 (8): 657 - 674.

[254] SHIRA OVIDE, GREG BENSINGER. Mobile ads: Here's what works and what doesn't [EB/OL]. (2012 - 09 - 27), https://

www.wsj.com/articles/SB10000872396390444083304578016373342878556.html.

[255] SCHARL A, DICKINGER A, Murphy J. Diffusion and success factors of mobile marketing [J]. Electronic commerce research and applications, 2005, 4 (2): 159 – 173.

[256] SCHMITT R C, ZANE L Y S, NISHI S. Density, health and social disorganization revisited [J]. Journal of the American Institute of Planners, 1978, 44 (2): 209 – 211.

[257] SCHONFELD ASSOCIATES. Advertising ratios and budgets [R]. Libertyville, 2011.

[258] SCOTT D M. Real – Time Marketing and PR: How to Instantly Engage Your Market, Connect with Customers, and Create Products that Grow Your Business Now [M]. America: Wiley Publishing, 2010.

[259] SENGUPTA J, ZHOU R. Understanding Impulsive Eaters´Choice Behaviors: The Motivational Influences of Regulatory Focus [J]. Journal of Marketing Research, 2007, 44 (2): 297 – 308.

[260] SHAFFER G, ZHANG Z J. Competitive Coupon Targeting [J]. Marketing Science, 1995, 14 (4): 395 – 416.

[261] SHEPARD A. Price discrimination and retail configuration [J]. Journal of Political Economy, 1991, 99 (1): 30 – 53.

[262] SHERROD D R. Crowding, perceived control, and behavioral aftereffects [J]. Journal of Applied Social Psychology, 2010, 4 (2): 171 – 186.

[263] SHRIVER, SCOTT K, NAIR, HARIKESH, HOFSTETTER, RETO. Social ties and user – generated content: evidence from an online so-

cial network [J]. Management scienceence, 2013, 59 (6): 1425 – 1443.

[264] SHUGAN S M. The impact of advancing technology on marketing and academic research [J]. Marketing Science, 2004, 23 (4): 469 – 475.

[265] SANZ – BLAS S, RUIZ – MAFÉ C, MARTÍ – PARREÑO J. Message – driven factors influencing opening and forwarding of mobile advertising messages [J]. International Journal of Mobile Communications, 2015, 13 (4): 339 – 357.

[266] SKELDON P. Location – based ads starting to drive mobile and high street shopping, us study finds [EB/OL]. (2011 – 02 – 10), http://internetretailing.net/2011/02/location – based – ads – starting – to – drive – mobile – and – high – street – shopping – usstudy – finds.html.

[267] SMITH A K, BOLTON R N. The effect of customers' emotional responses to service failures on their recovery effort evaluations and satisfaction judgments [J]. Journal of the Academy of Marketing Science, 2002, 30 (1): 5 – 23.

[268] SONNIER G P, MCALISTER L, RUTZ O J. A Dynamic Model of the Effect of Online Communications on Firm Sales [M]. Maryland: INFORMS, 2011.

[269] SOROA – KOURY S, YANG K C C. Factors affecting consumers' responses to mobile advertising from a social norm theoretical perspective [J]. Telematics & Informatics, 2010, 27 (1): 103 – 113.

[270] SPIEKERMANN S, ROTHENSEE M, KLAFFT M. Street marketing: how proximity and context drive coupon redemption [J]. Social Sci-

ence Electronic Publishing, 2012, 28 (4): 280 -289.

[271] SQUIRE, J E. The movie business book [M]. New York: Simon and Schuster, 2004.

[272] STAUSS B. Service Problem Deployment: Transformation of problem information into problem prevention activities [J]. International Journal of Service Industry Management, 1993, 4 (2): 41 -62.

[273] STEENKAMP J B E M, NIJS V R, HANSSENS D M, et al. Competitive reactions to advertising and promotion attacks [J]. Marketing Science, 2005, 24 (1): 35 -54.

[274] STEPHEN A T, Toubia O. Deriving value from social commerce networks [J]. Social Science Electronic Publishing, 2008, 47 (2): 215 -228.

[275] STILLEY, KAREN M, INMAN, et al. Spending on the fly: mental budgets, promotions, and spending behavior [J]. Journal of Marketing, 2010, 74 (May): 34 -47.

[276] STOKOLS D. On the distinction between density and crowding: some implications for future research [J]. Psychological review, 1972, 79 (3): 275 -277.

[277] STOLE L. Price Discrimination in Competitive Environments [J]. Social Science Electronic Publishing, 2014.

[278] TAMBE P, HITT L M. The productivity of information technology investments: new evidence from IT labor data [J]. Information Systems Research, 2012, 23 (1): 599 -617.

[279] TANNER R J, FERRARO R, CHARTRAND T L, et al. Of chameleons and consumption: the impact of mimicry on choice and prefer-

ences [J]. Journal of Consumer Research, 2007, 34 (6): 754 - 766.

[280] TAX S S, BROWN S W, CHANDRASHEKARAN M. Customer evaluations of service complaint experiences: implications for relationship marketing [J]. The journal of marketing, 1998, 62 (2): 60 - 76.

[281] TMI. The national complaints culture survey [R]. Australia, 2006.

[282] Thibaut J W, Walker L. Procedural justice: A psychological analysis [M]. Denmark: L. Erlbaum Associates, 1975.

[283] THISSE J F, VIVES X. On the strategic choice of spatial price policy [J]. The American Economic Review, 1988: 122 - 137.

[284] THOMAS J S, SULLIVAN U Y. Managing marketing communications with multichannel customers [J]. Journal of Marketing, 2005, 69 (4): 239 - 251.

[285] THOMAS M, TSAI C I. Psychological distance and subjective experience: how distancing reduces the feeling of difficulty [J]. Journal of Consumer Research, 2011, 39 (2): 324 - 340.

[286] TODE C. Location targeting more than doubles performance of mobile ads: report [EB/OL]. (2013 - 02 - 06). https://www.mobilemarketer.com/ex/mobilemarketer/cms/news/research/14731.html.

[287] TROPE Y, LIBERMAN N. Construal - level theory of psychological distance [J]. Psychological review, 2010, 117 (2): 440 - 463.

[288] TSANG M M, HO S C, LIANG T P. Consumer attitudes toward mobile advertising: an empirical study [J]. International journal of electronic commerce, 2004, 8 (3): 65 - 78.

[289] TSE A C B, SIN L, YIM F H K. How a crowded restaurant affects consumers' attribution behavior [J]. International Journal of Hospitality Management, 2002, 21 (4): 449 – 454.

[290] TW ANDREASSEN. Antecedents to satisfaction with service recovery [J]. European journal of marketing, 2013, 34 (1/2): 156 – 175.

[291] UNNI R, HARMON R. Perceived effectiveness of push vs. pull mobile location based advertising [J]. Journal of Interactive advertising, 2007, 7 (2): 28 – 40.

[292] VANHONACKER W R, MAHAJAN V, BRONNENBERG B J. The Emergence of Market Structure in New Repeat – Purchase Categories: The Interplay of Market Share and Retailer Distribution [J]. Journal of Marketing Research, 2000, 37 (1): 16 – 31.

[293] VANHONACKER W R, MAHAJAN V, BRONNENBERG B J. The Emergence of Market Structure in New Repeat – Purchase Categories: The Interplay of Market Share and Retailer Distribution [J]. Journal of Marketing Research, 2000, 37 (1): 16 – 31.

[294] VENKATESH SHANKAR, SRIDHAR BALASUBRAMANIAN. Mobile marketing: a synthesis and prognosis [J]. Journal of Interactive Marketing, 2009, 23 (2): 118 – 129.

[295] VÁZQUEZ – CASIELLES R, SUÁREZ ÁLVAREZ L, DIAZ MARTIN A M. Perceived justice of service recovery strategies: impact on customer satisfaction and quality relationship [J]. Psychology & Marketing, 2010, 27 (5): 487 – 509.

[296] VALENTINI S, MONTAGUTI E, NESLIN S A. Decision process evolution in customer channel choice [J]. Journal of Marketing, 2011,

75 (6): 72 - 86.

[297] VALENTINI S. Customer Evolution in Sales Channel Migration [D]. Alma, 2008.

[298] VAN VAERENBERGH Y, LARIVIèRE B, VERMEIR I. Assessing the additional impact of process recovery communications on customer outcomes: a comprehensive service recovery approach [R]. Ghent University, Faculty of Economics and Business Administration, 2009.

[299] VARIAN H R. Price discrimination [J]. Handbook of industrial organization, 1989, 1: 597 - 654.

[300] VARNALI K, TOKER A E L. Mobile marketing research: the - state - of - the - art [J]. International journal of information management, 2010, 30 (2): 144 - 151.

[301] VENKATESAN R, KUMAR V, RAVISHANKER N. Multichannel shopping: causes and consequences [J]. Journal of Marketing, 2007, 71 (2): 114 - 132.

[302] VERVERIDIS C, POLYZOS G. Mobile marketing using a location based service [C]. Proceedings of the First International Conference on Mobile Business, Athens, Greece, 2002.

[303] VODANOVICH S, SUNDARAM D, MYERS M. Research commentary—digital natives and ubiquitous information systems [J]. Information Systems Research, 2010, 21 (4): 711 - 723.

[304] WALSTER E, WALSTER G W, BERSCHEID E. Equity: Theory and research [M]. Boston: Allyn and bacon. 1978.

[305] WALSH, MARK. Geo - conquesting drives higher mobile click rates [EB/OL]. (2013 - 05 - 17) [2015 - 06 - 09]. http: //www.

mediapost. com/publications/ article/200578/geo – conquesting – drives – higher – mobile – clickrates. html.

[306] WALSTER E, BERSCHEID E, WALSTER G W. New directions in equity research [J]. Journal of personality and social psychology, 1973, 25 (2): 151 – 176.

[307] WARRINGTON P, SHIM S. An empirical investigation of the relationship between product involvement and brand commitment [J]. Psychology & Marketing, 2000, 17 (9): 761 – 782.

[308] WICKLUND R A. Freedom and reactance [M]. Denmark: Lawrence Erlbaum, 1974.

[309] WIRTZ J, MATTILA A S. Consumer responses to compensation, speed of recovery and apology after a service failure [J]. International Journal of service industry management, 2004, 15 (2): 150 – 166.

[310] WOKKE A D. NS – APP Laat Realtime Drukte in Treinen Zien [EB/OL]. [2013 – 04 – 02], https://tweakers. net/nieuws/87045/ns – app – laat – realtime – drukte – in – treinen – zien. html.

[311] X LUO, GB BHATTACHARYA. Corporate Social Responsibility, Customer Satisfaction, and Market Value [J]. Journal of Marketing, 2006, 70 (4): 1 – 18.

[312] XU J, SHEN H, WYER JR R S. Does the distance between us matter? Influences of physical proximity to others on consumer choice [J]. Journal of Consumer Psychology, 2012, 22 (3): 418 – 423.

[313] XAD. Mobile – location insights: Q2 2013, White paper [EB/OL]. [2015 – 06 – 09]. http://info. xad. com/q2 – 2013 – report.

[314] XU A J, WYER JR R S. The effect of mind-sets on consumer decision strategies [J]. Journal of Consumer Research, 2007, 34 (4): 556-566.

[315] XU H, LUO X R, CARROLL J M, et al. The personalization privacy paradox: an exploratory study of decision making process for location-aware marketing [J]. Decision support systems, 2011, 51 (1): 42-52.

[316] XU H, OH L B, TEO H H. Perceived effectiveness of text vs. multimedia location-based advertising messaging [J]. International Journal of Mobile Communications, 2009, 7 (2): 154-177.

[317] XU H, TEO H H, TAN B C Y, et al. The role of push-pull technology in privacy calculus: the case of location-based services [J]. Journal of Management Information Systems, 2009, 26 (3): 135-174.

[318] XU X, VENKATESH V, TAM K Y, et al. Model of migration and use of platforms: role of hierarchy, current generation, and complementarities in consumer settings [J]. Management scienceence, 2010, 56 (8): 1304-1323.

[319] Y BART, AT STEPHEN, M SARVARY. Which Products Are Best Suited to Mobile Advertising? A Field Study of Mobile Display Advertising Effects on Consumer Attitudes and Intentions [J]. Social Science Electronic Publishing, 2014, 51 (3): 270-285.

[320] YAN D, SENGUPTA J. The influence of base rate and case information on health-risk perceptions: A unified model of self-positivity and self-negativity [J]. Journal of Consumer Research, 2012, 39

(5): 931-946.

[321] YAVAS U, KARATEPE O M, BABAKUS E, et al. Customer complaints and organizational responses: A study of hotel guests in Northern Cyprus [J]. Journal of Hospitality & Leisure Marketing, 2004, 11 (2-3): 31-46.

[322] YOUSAFZAI S Y, PALLISTER J G, FOXALL G R. Strategies for building and communicating trust in electronic banking: a field experiment [J]. Psychology & Marketing, 2005, 22 (2): 181-201.

[323] ZEITHAML V A. Consumer perceptions of price, quality, and value: a means-end model and synthesis of evidence [J]. The Journal of marketing, 1988.

[324] ZHANG J, KRISHNAMURTHI L. Customizing promotions in online stores [J]. Marketing science, 2004, 23 (4): 561-578.

[325] ZHANG J, MAO E. Understanding the acceptance of mobile SMS advertising among young Chinese consumers [J]. Psychology & Marketing, 2008, 25 (8): 787-805.

[326] ZHANG J, WEDEL M. The effectiveness of customized promotions in online and offline stores [J]. Journal of marketing research, 2009, 46 (2): 190-206.

[327] ZIMBARDO P G. The human choice: Individuation, reason, and order versus deindividuation, impulse, and chaos. [C]. Nebraska Symposium on Motivation. Nebraska: University of Nebraska Press, 1969: 237-307.